“十四五”职业教育河南省规划教材



# 审计原理与实务

（第三版）

主　编　荣国萱　肖虹霞
副主编　王亚萍　彭　爽　汪志鹏
张斐然　彭可欣　曾　毅

微信扫码
查看更多资源

南京大学出版社

**图书在版编目(CIP)数据**

审计原理与实务 / 荣国萱,肖虹霞主编. — 3 版.
— 南京 ：南京大学出版社，2023.6(2025.1 重印)
ISBN 978 - 7 - 305 - 27000 - 0

Ⅰ. ①审… Ⅱ. ①荣… ②肖… Ⅲ. ①审计学
Ⅳ. ①F239.0

中国国家版本馆 CIP 数据核字(2023)第 091229 号

出版发行　南京大学出版社
社　　址　南京市汉口路 22 号　　　　邮　　编　210093

**书　　名　审计原理与实务**
　　　　　SHENJI YUANLI YU SHIWU
主　　编　荣国萱　肖虹霞
责任编辑　武　坦　　　　　　　　　编辑热线　025 - 83592315

照　　排　南京开卷文化传媒有限公司
印　　刷　南京人民印刷厂有限责任公司
开　　本　787 mm×1092 mm　1/16 开　印张 18　字数 438 千
版　　次　2023 年 6 月第 3 版
印　　次　2025 年 1 月第 2 次印刷
ISBN 978 - 7 - 305 - 27000 - 0
定　　价　49.80 元

网　　址：http://www.njupco.com
官方微博：http://weibo.com/njupco
微信服务号：njuyuexue
销售咨询热线：(025)83594756

# 前言

感谢广大教师和读者的厚爱,《审计学原理与实务》在 2021 年 1 月推出了第二版,及时跟进审计准则变化,更新审计学原理与实务内容,是编者的责任和使命。

与第二版相比,本次修订依据我国最新审计准则,对相关内容进行更新调整,主要修订完善内容如下:

(1) 增加内容:

① 以习近平新时代中国特色社会主义思想为根本遵循,突出了十八大以来党和国家对审计工作的新要求及审计领域的新发展,同时融入二十大精神,通过在章节中增加思政园地,挖掘审计知识中的“爱国、敬业、公正、法治”等思政元素,帮助读者在学习审计理论与实务知识的基础上,有效认识审计工作在党和国家监督体系中发挥的重要作用,将审计教育与读者的人生观、价值观、理想信念的培育相结合,提升读者的职业道德素养,形成良好的审计思维与正确的审计理念。

② 在教材中加入考试试卷,帮助读者对整本书的内容有一个整体的把握,更加便于读者及时评估自身的知识掌握程度。

(2) 修订内容:

① 对全书进行了系统地梳理,对部分案例及错误内容进行了更新和修正。

② 对上一版中增加的拓展链接内容重新进行了归纳与整理,细化了各个章节的课件、音频、拓展知识阅读与思政园地,进一步提升了本书的可视化程度,方便读者在自主学习时能够及时、准确、充分地利用配套资源。

整体而言,本书在编写与修订上,力求新颖,既广泛借鉴了国内外著作的精华部分,又充分参考了最新研究成果。在审计理论的基础之上,按照“风险导向的审计模式和思路”,由浅入深,循序渐进,整体内容上更加充实与丰富,在理论与实践的紧密结合上做到了更进一步。对于读者来说,借助本书既能学习到最新的审计知识,又能熟练掌握审计专业实践技能,从而可以满足各方人员学习与工作的需要,具备较强的科学性、系统性、实用性和前瞻性。除此之外,修订内容中涉及的思政园地与拓展阅读内容均参考中国注册会计师协会官网与中华人民共和国审计署官网,读者可通过教材内容自行查阅相关网站,以进一步获取专业知识与行业资讯。

本书不仅适用高等职业教育财经类专业的教学用书,也可作为会计、审计、管理等相关领域从业人员的自学、培训用书。

本书修订编写由信阳农林学院荣国萱、湖北商贸学院肖虹霞担任主编，由西安明德理工学院王亚萍，信阳农林学院彭爽、汪志鹏、张斐然、彭可欣、曾毅担任副主编，最后由荣国萱统稿定稿。

由于编写与修订时间较紧，书中疏漏及不足之处在所难免，竭诚希望得到广大读者和同行的批评与指正，恳请将意见及时反馈给我们，以便再版时进行更加详细地完善与修订。

编　者

2023 年 2 月

# 目　录

## 项目一

# 认知审计

### 知识目标

1. 了解我国审计的产生与发展。
2. 熟悉我国现行的审计准则体系。
3. 理解审计的含义及特征。

### 技能目标

1. 能以审计入门者的角色解读审计产生的客观基础。
2. 能鉴别不同主体的审计组织。
3. 能规避审计法律责任。

### 案例导入

**郭美美炫富事件**

2011年6月21日,"郭美美炫富事件"在网络引起轩然大波。该事件引发的全社会捐款数以及慈善组织所收捐赠数额大幅下降,使得中国红十字会遭遇自1904年成立以来最大的公众信任危机。为了重拾社会信任,继提前邀请中华人民共和国审计署进驻审计监督后,2012年3月13日中国红十字会在中国政府采购网发布审计服务招标公告,首次开启中国红十字会审计服务会计师事务所招标工作,4月24日揭晓的中标单位为北京兴华会计师事务所有限责任公司等5家会计师事务所。中国红十字会此次公开面向社会招标审计服务,目的就是选聘综合实力、技术力量和社会公信力强的审计机构来参与审计工作,以提升中国红十字会总会工作的透明度和公信力。中国红十字会除了通过国家审计机关和注册会计师审计等外部审计以外,还可以建立内部审计机构,依法对自身财务收支等情况进行内部审计监督。

**思考:**

审计在社会经济生活中发挥了重要作用,那么,什么是审计?审计的主体又有哪些?

# 任务一　认知审计

## 一、审计的产生与发展

### (一) 审计产生与发展的客观基础

审计产生的基础

审计是社会经济发展到一定阶段的产物，是在财产的所有权和经营管理权分离而形成的受托经济责任关系下，基于经济监督的客观需要而产生的。

审计的产生奠定了审计关系人理论，即审计行为的发生必须有审计人、被审计人和审计委托人三方面关系人。它们相互之间的关系如图 1－1 所示。

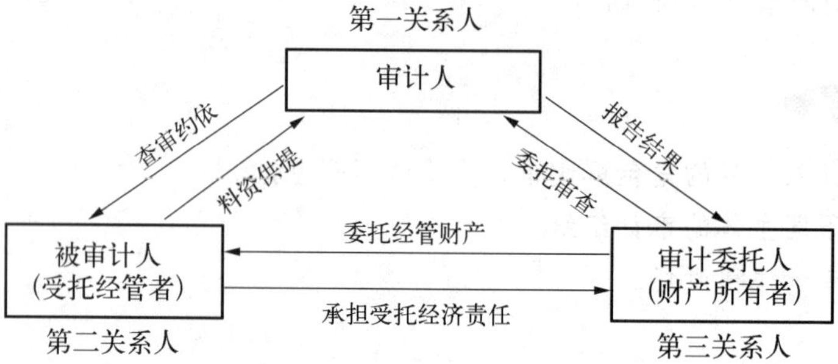


**图 1－1　三方关系人审计关系**

**【注意事项 1－1】** 受托经济责任关系是审计产生和发展的客观基础；财产的所有权和经营管理权的分离，是审计存在和发展的社会条件；财产所有者对经营管理者无法直接监督，是审计产生和发展的直接动因。

**【例 1－1 · 单选题】**（　　）是审计产生的客观基础。

A. 受托经济责任关系　　　　B. 会计

C. 经济监督　　　　　　　　D. 独立性

**【答案】** A。

### (二) 政府审计的产生与发展

1. 我国政府审计的产生与发展

我国审计的最初形态是政府审计，也叫国家审计，它产生于人类社会发展的奴隶制社会末期。我国审计的发展大致分为以下几个时期：西周时期我国审计初步形成；秦汉时期我国审计最终确立；隋唐至宋代我国审计日臻健全；元、明、清三代我国审计停滞不前；“中华民国”时期我国审计不断演进；中华人民共和国成立后我国审计不断振兴。

中华人民共和国成立后，最初没有设置独立的政府审计机关。1982 年修改的《中华人民共和国宪法》规定在我国建立审计制度。1983 年 9 月成立了我国国家审计的最高机关——审计署，在县以上各级人民政府设置各级审计机关。1985 年 8 月发布了《国务院关于审计工作的暂行规定》。1995 年 1 月 1 日《中华人民共和国审计法》的实施，在法律上确立了政府审计的地位。1998 年 11 月颁布了《中华人民共和国审计条例》。2000 年 1 月，审计署发布《中华人民共和国国家审计基本准则》。2006 年 2 月 28 日通过修正的《中华人民共和国审计法》并予以发布实施，为政府审计进一步发展奠定了良好基础。2010 年审计署修订了《中华人民共和国国家审计准则》，新准则于 2011 年 1 月 1 日起施行。

2. 西方国家政府审计的产生与发展

在西方国家，最早出现政府审计萌芽的是奴隶制度下的古罗马、古埃及和古希腊等国家，政府设有官厅审计机构，审计人员以“听证”方式对掌管国家财物和税赋的官吏进行考核，即为具有审计性质的经济监督工作；封建社会时期，虽设有审计机构和人员，但当时的审计，无论在组织机构、审计职权还是审计方式上，都处于很不完善的阶段；资本主义时期，西方国家的政府审计有了进一步的发展和完善。在现代资本主义国家中，大多实行立法、行政、司法三权分立。议会为国家的最高立法机关。在议会下设有专门的审计机构，由议会或国会授权，对政府及国家企事业单位的财政财务收支进行独立的审计监督。

### （三）注册会计师审计的产生与发展

1. 我国注册会计师审计的产生与发展

我国注册会计师审计的历史比西方国家要短很多。1918 年 9 月，北洋政府农商部颁布了我国第一部注册会计师法规——《会计师暂行章程》，并于同年批准著名会计学家谢霖先生为中国的第一位注册会计师。谢霖先生创办了中国第一家会计师事务所——正则会计师事务所。在新中国成立初期，注册会计师在经济恢复工作中发挥了积极作用。后来，由于我国推行苏联高度集中的计划经济模式，注册会计师便悄然退出了经济舞台。

1980 年恢复和重建注册会计师制度。1988 年 11 月，中国注册会计师协会（简称中注协）成立。1991 年，举办全国注册会计师统一考试。1993 年 10 月，我国颁布了《中华人民共和国注册会计师法》。1996 年 1 月 1 日颁布并实施了《中国独立审计准则》。2006 年 2 月 15 日财政部发布《中国注册会计师鉴证业务基本准则》《中国注册会计师审计准则第 1101 号——财务报表审计的目标和一般原则》等 48 项审计准则。其中 22 项为新发布，26 项为修订，这标志着适应我国市场经济发展要求、与国际惯例趋同的注册会计师审计准则体系基本建立。2009 年，审计环境发生了重大变化，国际审计准则做出了重大修订，我国审计实务中也面临一些新的需要解决的问题。为此，中注协为实现我国审计准则与国际审计准则的持续趋同，根据国际审计准则明晰项目，启动了对 38 项审计准则的修订，2010 年 11 月正式发布，2012 年 1 月 1 日实施。2014 年 8 月 31 日对《中华人民共和国注册会计师法》进行修正。2016 年 12 月 23 日新制定 1 项审计准则，实质性修订 6 项审计准则，文字调整 5 项审计准则。2019 年 2 月又修订了 18 项审计准则，从 2019 年 7 月 1 日实施。2022 年 1 月新修订了 11 项审计准则和 15 项应用指南，于发布之日起施行。

2. 西方注册会计师审计的产生与发展

注册会计师审计产生于意大利合伙企业制度，形成于英国股份制企业制度，发展和完善于美国的资本市场。

(1) 注册会计师审计的起源——意大利合伙企业制度。

16 世纪末期,地中海沿岸国家的商品贸易等到了发展,出现了为筹集大量资金进行贸易活动的合伙经营方式。合伙制企业的产生,使得财产的所有权和经营权分离,基于对经营管理者监督的需要,所有者便聘请会计工作者来承担对合伙企业经济活动进行查证工作,这就是注册会计师审计的起源。

此阶段的审计目标是对合伙企业经济活动进行查证。审计方法为查账,公证。

(2) 注册会计师审计的形成——英国股份制企业制度。

1721 年,南海公司破产案是注册会计师审计产生的“催化剂”,对南海公司进行审计的查尔斯·斯奈尔以“会计师”的名义提出了“查账报告书”,从而宣告了注册会计师的诞生。1844 年英国颁布的《合股公司法》规定股份公司必须设监察人,负责审查公司账目。这一规定无疑对发展注册会计师审计起到推动作用。1853 年在苏格兰的爱丁堡成立的“爱丁堡会计师协会”,是世界上第一个职业会计师的专业团体,标志着注册会计师职业的诞生。

此阶段为账项基础审计,也叫英式详细审计。审计目标是查错防弊,保护资产的安全和完整。审计方法是对会计账目详细审计。审计报告使用者为股东。

(3) 注册会计师审计的发展——美国的资本市场。

① 19 世纪末至 20 世纪 30 年代初——美式资产负债表审计。

19 世纪末 20 世纪初,全球经济发展的重心由欧洲转向美国,美国的民间审计得到迅猛发展。1896 年,美国通过《注册会计师法案》,标志着经济立法的开端。1917 年,美国公共会计师协会编制了《关于资产负债表的备忘录》,从而开创了信用审计的时代。审计对象由会计账项扩大到资产负债表。

此阶段为资产负债表审计。审计目标是检查资产负债表数据,判断企业信用状况。对历史财务信息进行鉴证,查错防弊这一目标依然存在,但已退居第二位,审计的功能从防护性发展为公证性。审计方法由详细审计初步转为抽样审计。审计报告使用者除股东外,扩大到债权人。

② 20 世纪 30—40 年代——会计报表审计。

1933 年颁布的《证券法》和 1934 年颁布的《证券交易法》,规定上市企业的财务报表必须接受注册会计师审计,标志着法定审计的出台,使美国进入会计报表审计时代。

会计报表审计,也叫制度基础审计。审计目标是对会计报表发表意见,以确定其可信性。审计范围扩大到测试相关的内部控制,并广泛采用审计抽样。审计报告使用者扩大到股东、债权人及政府部门。

③ 20 世纪 40 年代以后——国际管理审计。

第二次世界大战后到现在,审计竞争日益激烈,国际会计公司的出现标志着注册会计师审计开始走向国际化。事务所之间合并加剧,目前有“四大”国际会计师事务所,分别是普华永道、德勤、安永、毕马威。

国际管理审计,也叫财务报表审计。审计目标是对财务报表发表审计意见。审计方法是风险导向审计。报告使用者扩大到股东、债权人、政府部门以及潜在的投资者。

### (四) 内部审计的产生与发展

1. 我国内部审计的产生与发展

我国现在的内部审计是伴随政府审计的恢复和重建而产生与发展的。在国家与国家审计署早期阶段颁布的法律法规中,一般都有关于内部审计的规定和说明。1985 年 10 月发布了《审计署关于内部审计工作的若干规定》(简称《规定》),在各级审计机关、各级主管部门积极推动下,内部审计蓬勃发展。2003 年 3 月,对《规定》进行第一次修订。同年 6 月,颁布并实施了《中国内部审计准则》,标志着我国内部审计走上法制化、规范化的轨道。2013 年 8 月对《内部审计准则》进行修订,并于 2014 年 1 月 1 日起施行。新准则标志着我国内部审计准则体系进一步完善和成熟,并逐步与国际惯例接轨。2018 年 1 月对《规定》进行再次修订,并于 2018 年 3 月 1 日起施行。新“规定”针对内部审计工作中出现的新情况、新问题,在职能权限、职责范围、审计结果运用等方面做出调整。

2. 西方内部审计的产生与发展

西方内部审计大致经历了三个发展阶段:20 世纪 20—40 年代的财务审计阶段、20 世纪 50 年代—20 世纪末的经营管理审计阶段、21 世纪至今的战略审计阶段。

## 二、审计的含义与特征

### (一) 审计的含义

对于审计的概念,最具代表性的是美国会计学会审计基本概念委员会发表于 1973 年的《基本审计概念说明》,该说明将审计定义为:审计是一个系统化过程,即通过客观地获取和评价有关经济活动与经济事项认定的证据,以证实这些认定与既定标准的符合程度,并将结果传达给有关使用者。

“审计”一词的产生

我国对审计的概念比较认同的是:审计是由国家授权或接受委托的专职机构和人员,依照国家法规、审计准则和会计准则,运用专门的方法,对被审计单位的财政、财务收支、经营管理活动及其相关资料的真实性、公允性、合规性、合法性、效益性进行审查和监督,评价经济责任、鉴证经济业务,用以维护财经法纪、改善经营管理、提高经济效益的一项独立性的经济监督活动。

**【例 1-2・多选题】** 在财务报表审计中,以下对注册会计师审计理解恰当的有(　　)。

A. 注册会计师应根据被审计单位适用的财务报表编制基础判断其财务报表编制是否公允

B. 注册会计师必须查出财务报表中所有重大舞弊

C. 审计的核心环节是“识别、评估和应对”财务报表重大错报风险

D. 注册会计师必须获取基于认定的充分、适当的审计证据才能对财务报表发表意见

**【答案】** ACD。

**【解析】** 选项 A 恰当,适用的财务报表编制基础是注册会计师判断的“既定标准”;选项 B 不恰当,注册会计师很难查出管理层所有重大的串通舞弊;选项 C 恰当,现代风险

导向审计准则对审计工作核心环节的要求是"识别、评估和应对"财务报表重大错报风险的;选项D恰当,注册会计师应当实施风险评估程序,识别财务报表重大错报风险,合理设计和有效实施有针对性的审计程序,获取充分适当的审计证据,形成审计结论,发表审计意见,出具审计报告。

### (二) 审计的本质特征

独立性是审计的灵魂。审计的独立性体现在审计关系中。审计者作为独立的第三方,接受财产所有者的委托或授权对财产经营管理者执行审计。审计者的审计监督权是审计授权人或委托人所赋予的。审计者不参与被审计者(财产经营管理者)的经营管理活动,与被审计者之间没有隶属关系和关联关系,相对于被审计者而言,审计者始终处于独立的地位。在注册会计师审计中,审计者不仅独立于被审计者,还独立于审计委托人。审计独立性是保证审计结论客观、公正的前提和基础。因此,独立性是审计的本质特征,也是审计区别于其他经济监督的关键所在。

**【例1-3·单选题】** 审计的本质特征是(　　)。

A. 独立性　　B. 权威性　　C. 客观性　　D. 公正性

**【答案】** A。

## 三、审计的对象和职能

### (一) 审计的对象

审计对象是指审计监督的客体,包括审计对象的实体和内容两个层次。

1. 审计对象的实体

审计对象的实体,即被审计单位。政府审计的对象主要是各级政府机关、国有企业和事业单位;内部审计的对象为本组织;注册会计师审计的对象主要是审计委托人指定的单位。

2. 审计对象的内容

审计对象的内容,即经济活动,具体来说是指被审计单位的财政财务活动、经济效益活动、财政法纪的遵守情况以及被审计单位的业务经营活动和管理活动。

**【注意事项1-2】** 通常所说的审计的对象是指被审计单位的财政、财务收支及其相关的经营管理活动,以及作为提供这些经济活动信息载体的会计报表和其他有关资料。会计资料及其他相关资料是审计对象的表象,其所反映的被审计单位的财政、财务收支及其有关的经营管理活动才是审计对象的本质。

### (二) 审计的职能

审计的职能是指审计本身所固有的内在功能。它不以人的主观意志为转移,是适应社会经济发展需要所具备的能力。

1. 经济监督

经济监督职能是指通过审计,监察和督促被审计单位的经济活动,在规定的范围内、在正常的轨道上进行。监督是审计最基本的职能。

2. 经济评价

经济评价职能是通过审核检查，评定被审计单位的计划、预算、决策、方案是否先进可行，经济活动是否按照既定的决策和目标进行，经济效益的高低优劣，以及内部控制制度是否健全、有效等，从而有针对性地提出意见和建议，以促使其改善经营管理，提高经济效益。

3. 经济鉴证

经济鉴证职能是指通过对被审计单位的会计报表及有关经济资料所反映的财政、财务收支和有关经济活动的公允性、合法性的审核检查，确定其可依赖程度，并做出书面证明，以取得审计委托人或其他有关方面的信任。

**【例 1－4·单选题】** 审计的职能不包括（　　）。

A. 经济监督　　B. 经济评价　　C. 经济鉴证　　D. 经济咨询

**【答案】** D。

**【解析】** 审计具有经济监督、经济评价和经济鉴证的职能。

## 四、审计组织

### （一）政府审计机关

在我国，政府审计机关（也叫国家审计机关）是指代表国家依法行使审计监督权的行政机关，包括国务院和县级以上地方各级人民政府的审计机关。

1. 中央审计机关

《中华人民共和国审计法》规定："国务院设审计署，在国务院总理领导下，主管全国的审计工作。"审计署是最高国家审计机关，按照统一领导、分级负责的原则组织和领导全国的审计工作。审计署对国务院负责。

2. 地方审计机关

《中华人民共和国审计法》规定："省、自治区、直辖市、设区的市、自治州、县、自治县、不设区的市、市辖区的人民政府的审计机构，分别在省长、自治区主席、市长、县长、区长和上一级审计机关的领导下，负责本行政区域内的审计工作。"地方各级审计机关对本级人民政府和上一级审计机关负责并报告工作，审计业务以上一级审计机关领导为主。

3. 审计特派员办事处

《中华人民共和国审计法》规定："审计机关根据工作需要，经本级人民政府批准，可以在其审计管辖范围内设立派出机构。派出机构根据审计机关的授权，依法进行审计工作。"

### （二）社会审计组织

社会审计组织是指根据国家法律规定，经政府有关部门审核批准、注册登记的会计师事务所。

1. 会计师事务所的组织形式

世界范围内的会计师事务所有独资、普通合伙制、有限责任公司制、有限责任合伙制四种形式。

我国《注册会计师法》规定，合伙制和有限责任制是会计师事务所的法定组织形式。

(1) 合伙制会计师事务所。

合伙制会计师事务所是指由两个或两个以上的注册会计师组成的合伙组织。合伙人按出资比例或协定，以个人财产承担会计师事务所的债务，并且合伙人对会计师事务所的债务承担连带责任。

普通合伙会计师事务所包含一般合伙会计师事务所和特殊普通合伙会计师事务所两类。对于一般合伙会计师事务所中所有的合伙人，承担无限连带责任；对于特殊普通合伙会计师事务所中的合伙人，从其规定。即无过失合伙人承担有限责任，有过失合伙人承担无限责任。

**【注意事项 1-3】** 在我国，注册会计师只有加入会计师事务所，才能承办审计业务。

(2) 有限责任制会计师事务所。

有限责任制会计师事务所是指由一定数量的股东出资组成，每个股东以其所认缴的出资额为限对会计师事务所承担责任，事务所以其全部财产对事务所的债务承担责任。

2. 会计师事务所的业务范围(即注册会计师的业务范围)

《中国注册会计师执业准则》规定，注册会计师的业务范围包括鉴证业务和相关服务业务。

(1) 鉴证业务。

鉴证业务是指注册会计师对鉴证对象信息提出结论，以增强除责任方之外的预期使用者对鉴证对象信息信任程度的业务。鉴证业务的保证程度分为合理保证和有限保证。按照提供的保证程度和鉴证对象的不同分审计业务、审阅业务和其他鉴证业务。

审计业务是指注册会计师执行历史财务信息的审计业务，属于合理保证(高水平保证)的鉴证业务，注册会计师将审计风险降至可接受的低水平，以积极方式得出结论，如财务报表审计、验资、特殊目的审计等。

**【知识链接 1-1】**《中国注册会计师审计准则第 1101 号——注册会计师的总体目标和审计工作的基本要求》第十二条规定，合理保证是指注册会计师在财务报表审计中提供的一种高度但非绝对的保证。要求注册会计师通过不断修正的、系统的执业过程，获取充分、适当的证据，对财务报表整体发表审计意见，是一种高水平的保证。即当注册会计师获取充分、适当的审计证据将审计风险降至可接受的低水平时，就获取了合理保证。

审阅业务是指注册会计师执行历史财务信息的审阅业务，属于有限保证的鉴证业务，以消极方式提出结论，如财务报表审阅等。

**【知识链接 1-2】**《中国注册会计师审阅准则第 2101 号——财务报表审阅》第八条规定，审阅业务对所审阅的财务报表不存在重大错报提供有限保证。有限保证是指注册会计将鉴证业务风险降至该业务环境下可接受的水平，对审阅后的信息提供低于审计中的高水平的保证。

其他鉴证业务是指除历史财务信息审计和审阅业务之外的鉴证业务。根据鉴证业务的性质和业务约定的要求，其保证程度可能是合理保证也可能是有限保证，如内部控制鉴证、预测性财务信息审核等。

**【例 1-5·多选题】** 下列属于审计业务的有(　　)。

A. 审查企业财务报表,出具审计报告

B. 合同的遵守情况,如对贷款合同遵守情况发表审计意见

C. 办理企业合并、分立、清算事宜中的审计业务,出具有关报告

D. 验证企业资本,出具验资报告

**【答案】** ABCD。

**【例 1-6·单选题】** 下列有关注册会计师执行的业务提供的保证程度的说法中,正确的是(　　)。

A. 鉴证业务提供高水平保证

B. 代编财务信息提供合理保证

C. 对财务信息执行商定程序提供低水平保证

D. 财务报表审阅提供有限保证

**【答案】** D。

**【解析】** 选项 A,鉴证业务还包括审阅业务,而审阅业务提供的是有限保证;选项 B、C,代编财务信息和对财务信息执行商定程序不属于鉴证业务,没有保证程度这一说。

(2) 相关服务业务。

相关报务业务是指注册会计师执行除鉴证业务外的其他相关服务业务。例如,对财务信息执行商定程序、代编财务信息、税务咨询和管理咨询等。

**【例 1-7·多选题】** 下列属于相关服务业务的有(　　)。

A. 对财务信息执行商定程序　　B. 代编财务信息

C. 税务咨询　　D. 管理咨询

**【答案】** ABCD。

**(三) 内部审计机构**

《中华人民共和国审计法》规定:"属于审计机关审计监督对象的单位,应当按照国家有关规定建立健全内部审计制度。"国家机关、金融机构、企事业单位、社会团体及其组织,其内部审计机构应当在本单位主要负责人或者权力机构的领导下开展工作。

由于我国内部审计机构建立较晚,加之在借鉴国外经验方面不一致,以至于我国内部审计机构的模式多种多样。以企业为例,其内部审计机构主要有以下五种模式:

(1) 隶属于财会部门的内部审计机构。

(2) 隶属于总经理的内部审计机构。

(3) 监事会下设的内部审计机构。

(4) 董事会下设的内部审计机构。

(5) 董事会下设审计委员会并由审计委员会领导的内部审计机构。

# 任务二　审计准则

## 一、审计准则的含义及结构

### (一) 审计准则的含义

审计准则是由国家审计部门或注册会计师职业团体制定的,用以规定审计人员应有的素质和专业资格,规范和指导其执业行为,衡量和评价其工作质量的权威性标准。

审计准则是审计人员进行审计工作时必须遵循的行为规范和行为准则;是执行审计业务,获取审计证据,形成审计结论,出具审计报告的专业标准;是判断审计工作质量权威性的准绳;是判断审计人员职责履行情况的一个法定依据。

### (二) 审计准则的结构内容

综观中外审计准则,无论是国家审计准则、内部审计准则还是社会审计准则,一般都包括三个层次:基本审计准则、具体审计准则和执业规范指南。

## 二、我国审计准则体系

### (一) 政府审计准则

政府审计准则是由审计署牵头制定的。政府审计准则体系是中国审计法律规范的组成部分,由国家审计基本准则、国家审计具体准则和国家审计规范指南三个层次组成。其中,国家审计基本准则是制定其他审计准则和审计指南的依据,是国家审计准则的总纲,是审计机关和审计人员依法办理审计事项时应当遵循的行为规范,是衡量审计质量的基本尺度。国家审计具体准则是审计机关和审计人员依法办理审计事项、提交审计报告、评价审计事项、出具审计意见书、做出审计决定时应当遵循的一般具体规范。国家审计规范指南是对审计机关和审计人员办理审计事项提出的审计操作规程和方法,为审计机关和审计人员从事专门审计工作提供了可操作的指导性意见。

### (二) 注册会计师执业准则体系

中国注册会计师执业准则体系包括中国注册会计师鉴证业务准则、中国注册会计师相关服务准则和会计师事务所质量控制准则,共计51项。

1. 鉴证业务准则

鉴证业务准则由鉴证业务基本准则统领,按照鉴证业务提供的保证程度和鉴证对象的不同,分为中国注册会计师审计准则、中国注册会计师审阅准则和中国注册会计师其他鉴证业务准则。其中审计准则是整个执业准则体系的核心。

(1) 审计准则。审计准则用以规范注册会计师执行历史财务信息的审计业务,分六大类,共45项准则。在提供审计服务时,注册会计师对所审计信息是否不存在重大错报提供合理保证,并以积极方式提出结论。

(2) 审阅准则。审阅准则用以规范注册会计师执行历史财务信息的审阅业务。在提供审阅时,注册会计师对所审阅信息是否不存在重大错报提供有限保证,并以消极方式提出结论。目前只有1项审阅准则。

(3) 其他鉴证业务准则。其他鉴证业务准则用以规范注册会计师执行历史财务信息审计或审阅以外的其他鉴证业务。根据鉴证业务的性质和业务约定要求,提供有限保证或合理保证。目前有2项其他鉴证业务准则。

**【例1-8·多选题】** 注册会计师鉴证业务准则包括(　　)。

A. 审计业务　　B. 审阅业务　　C. 相关服务业务　　D. 其他鉴证业务

**【答案】** ABD。

2. 相关服务准则

相关服务准则用以规范注册会计师代编财务信息、执行商定程序、税务询问和管理咨询等其他服务业务。在提供相关服务时,注册会计师不提供任何程度的保证。目前有2项相关服务准则。

3. 会计师事务所质量控制准则

会计师事务所质量控制准则是用以规范会计师事务所在执行各类业务时应当遵守的质量控制政策和程序,是对会计师事务所质量控制提出的制度要求,其目的是规范会计师事务所及其人员的质量控制责任,降低审计风险。会计师事务所质量控制准则目前有1项。

**(三) 内部审计准则**

内部审计准则是制约、协调与评价内部审计活动和内部审计人员的规范性、权威性要求,包括内部审计基本准则、内部审计具体准则和内部审计实务指南三个层次。其中,基本准则是总纲,具体准则是规范,实务指南是可操作性的指导性意见。目前,我国颁布并实施的内部准则共有34项,包括29个内部审计具体准则和5个内部审计实务指南。

# 任务三　注册会计师职业道德与法律责任

## 一、注册会计师的职业道德

### (一) 注册会计师职业道德的含义

注册会计师的职业道德,是注册会计师职业品德、专业胜任能力、职业责任及职业行为的总称。

### (二) 注册会计师职业道德基本原则

与职业道德有关的基本原则包括诚信、独立性、客观和公正、专业胜任能力和应有的关注、保密、良好职业行为。

职业道德基本原则

1. 诚信

诚信，是指诚实、守信。诚信原则要求注册会计师在所有的职业关系和商业关系中，应当保持正直和诚实，秉公处事、实事求是。

2. 独立性

独立性，是指不受外来力量控制、支配，按照一定之规行事，是注册会计师执业鉴证业务的灵魂，是客观、公正的基础，是职业道德的精髓。在执行鉴证业务时，注册会计师必须保持独立性。注册会计师的独立性包括实质上的独立和形式上的独立。

所谓实质上独立，是一种内心状态，使得注册会计师在提出结论时不受损害职业判断的因素影响，诚信行事，遵循客观和公正原则，保持职业怀疑态度。

所谓形式上的独立，是一种外在表现，使得理性且掌握充分信息的第三方，在权衡所有相关事实和情况后，认为会计师事务所或审计项目组成员没有损害诚信、客观和公正原则或职业怀疑态度。

3. 客观和公正

客观，是指按照事物的本来面目去考察，不添加个人的偏见。公正，是指公平、正直，不偏袒。客观和公正原则要求注册会计师应当公正处事、实事求是，不得由于偏见、利益冲突或他人的不当影响而损害自己的职业判断。

4. 专业胜任能力和应有的关注

专业胜任能力是指注册会计师具有专业知识、技能和经验，能够经济、有效地完成客户委托的业务。专业胜任能力分两个阶段：一是专业胜任能力的获取；二是专业胜任能力的保持。注册会计师通过教育、培训和执业实践获取和保持专业胜任能力。注册会计师应当持续了解并掌握当前法律、技术和实务的发展变化，将专业知识和技能始终保持在应有的水平上，确保为客户提供具有专业水准的服务。

应有的关注是指注册会计师遵守执业准则和职业道德规范的要求，勤勉尽责，认真、全面、及时地完成工作任务。在审计过程中，注册会计师应当保持职业怀疑态度，运用专业知识、技能和经验，获取和评价审计证据。

**【知识链接 1-3】**《中国注册会计师审计准则第1101号——注册会计师的总体目标和审计工作的基本要求》第十七条规定：职业怀疑，是指注册会计师执行审计业务的一种态度，包括采取质疑的思维方式，对可能表明由于错误或舞弊导致错报的迹象保持警觉，以及对审计证据进行审慎评价。

5. 保密

注册会计师应当对职业活动中获知的客户涉密信息及所在会计师事务所的涉密信息予以保密。未经客户授权或法律法规允许，不得向会计师事务所以外的第三方披露其所获知的涉密信息。不得利用所获知的涉密信息为自己或第三方牟取利益。

**【注意事项 1-4】** 下列情形下注册会计师可以披露涉密信息：法律法规允许披露，并且取得客户的授权；根据法律法规的要求，为法律法规和仲裁准备文件或提供证据，以及向有关监管机构报告发现的违法行为；法律法规允许的情况下，在法律诉讼和仲裁中维护自己的合法权益;接受注册会计师协会或监管机构的执业质量检查,答复其询问和调查;法律法规、执业准则和职业道德规范规定的其他情形。

6. 良好职业行为

注册会计师应当遵守相关法律法规,避免发生任何损害职业声誉的行为。在向公众传递信息以及推介自己和工作时,应当客观、真实、得体,不得夸大宣传所提供的服务、拥有的资质或获得的经验;不得贬低或无根据地比较其他注册会计师的工作。

**【例 1-9·多选题】** 注册会计师的职业道德包括(　　)。

A. 职业品德　　B. 职业行为　　C. 专业胜任能力　　D. 职业责任

**【答案】** ABCD。

**(三) 对遵循职业道德基本原则产生不利影响的因素及防范措施**

1. 不利影响

注册会计师对职业道德基本原则的遵循可能受到多种因素的不利影响。可归纳为以下五大类:

(1) 自身利益。如果经济利益或其他利益对注册会计师的职业判断或行为产生不当影响,将对审计工作产生自身利益导致的不利影响。

(2) 自我评价。如果注册会计师对其(或其所在会计师事务所的其他人员)以前的服务结果做出不恰当的评价,并且将据此形成的判断作为当前服务的组成部分,将对审计工作产生自我评价导致的不利影响。

(3) 过度推介。如果注册会计师过度推介客户的某种立场或意见,使其客观性受到损害,将对审计工作产生过度推介导致的不利影响。

(4) 密切关系。如果注册会计师与客户存在长期或亲密的关系,而过于倾向他们的利益,或认可他们的工作,将对审计工作产生密切关系导致的不利影响。

(5) 外在压力。如果注册会计师受到实际的压力或感受到压力(包括对注册会计师实施不当影响的意图)而无法客观行事,将对审计工作产生外在压力导致的不利影响。

**【例 1-10·业务题】** ABC 会计师事务所首次接受委托,承办 XYZ 公司 20×3 年度财务报表审计业务,并于 20×3 年年底与 XYZ 公司签订审计业务约定。假定存在以下情况:

(1) ABC 会计师事务所以明显低于前任审计人员的收费承接了业务,并通过与前任审计人员和当地相同规模的其他会计师事务所进行比较,向 XYZ 公司保证,在审计中能够遵循职业准则,审计质量不会因降低收费而受到影响。

(2) 在签订业务约定书后,ABC 会计师事务所的注册会计师李小样受聘担任 XYZ 公司的独立董事。李小样为该审计项目的外勤审计负责人。

(3) ABC 会计师事务所聘用律师协助开展工作,要求律师书面承诺按照中国审计人员职业道德规范的要求提供服务。

(4) XYZ 公司在某国设有分支机构,该国允许会计师事务所通过广告承揽业务,因此 ABC 会计师事务所委托该分支机构在该国媒体进行广告宣传,以招揽该国在中国设立的企业的审计业务。相关广告费用由 ABC 会计师事务所支付。

**要求:** 根据上述情况,判断 ABC 会计师事务所是否违反中国审计人员职业道德规范的要求，并简要说明理由。

【参考答案】

(1) 违反中国审计人员职业道德规范的要求。与同行进行比较有贬低同行、抬高自己之嫌疑。

(2) 违反中国审计人员职业道德规范的要求。会计师事务所的高级管理人员或员工不得担任鉴证客户的独立董事，否则应当拒绝接受委托。

(3) 不违反中国审计人员职业道德规范的要求。会计师事务所应当要求律师就遵守中国审计人员职业道德规范提供书面承诺。

(4) 违反中国审计人员职业道德规范的要求。中国审计人员职业道德规范规定会计师事务所不得对其能力进行广告宣传。因此，在允许做广告的国家做广告也属于违反中国审计人员职业道德规范。

2. 防范措施

防范措施是指可以消除不利影响或将其降至可接受水平的行动或其他措施。

(1) 法律法规和职业规范规定的防范措施。主要包括取得注册会计师资格必需的教育、培训和经验要求；持续的职业发展要求；公司治理方面的规定；执业准则和职业道德规范的规定；监管机构或注册会计师协会的监控和惩戒程序；由依法授权的第三方对注册会计师编制的业务报告、申报资料或其他信息进行外部复核。

(2) 具体工作中采取的防范措施。主要包括对已执行的非鉴证业务，由未参与该业务的注册会计师进行复核，或在必要时提供建议；对已执行的鉴证业务，由鉴证业务项目组以外的注册会计师进行复核，或在必要时提供建议；将相关人员调离项目组；对关键的职业判断向客户审计委员会、监管机构或注册会计师协会咨询；与客户治理层讨论有关的职业道德问题；向客户治理层说明提供服务的性质和收费的范围；由其他会计师事务所执行或重新执行部分业务；轮换项目组合伙人和高级员工；处置经济利益；合理安排项目成员的职责，使该成员的工作不涉及其近亲属或与其他有密切关系的员工的职责范围；进行独立的项目质量控制复核；修改审计计划；向项目组委派经验更丰富的人员等。

## 二、注册会计师的法律责任

注册会计师的法律责任是指注册会计师或会计师事务所在履行审计职责的过程中因损害法律上的义务关系所应承担的法律后果。

### (一) 注册会计师法律责任产生的原因

注册会计师执业时没有遵循注册会计师职业道德和执业准则，存在下列行为时，要承担相应的法律责任。

1. 违约

违约是指合同的一方或多方未能履行合同条款所规定的义务。

对注册会计师而言，违约是指注册会计师未能按照合同条款履行规定的义务。当注册会计师因违约给他人造成损失时，应承担违约责任。例如，注册会计师未能在约定的期限内完成任务，或违反了与被审计单位订立的保密协议等。

2. 过失

过失是指在一定条件下，缺少应具有的合理的谨慎，以致给他人造成损失。

对于注册会计师而言，过失主要是指未能遵循独立审计准则的要求执行业务。当注册会计师因过失给他人造成损害时，应负过失责任。评价注册会计师的过失，是以其他合格注册会计师在相同条件下可做到的谨慎为标准。过失按其程度不同分为普通过失和重大过失。

普通过失也称一般过失，是指注册会计师执业时没有完全遵循执业准则的要求。

重大过失是指注册会计师执业时完全没有遵循执业准则的要求。

3. 欺诈

欺诈是以欺骗或坑害他人为目的的一种故意的错误行为。具有不良动机是欺诈的重要特征，也是欺诈与过失的主要区别之一。

对于注册会计师而言，欺诈主要指以下几种行为：明知委托单位的财务报表有重大错报，却加以虚伪的陈述，出具无保留意见的审计报告；明知委托单位有严重损害国家或其他经济单位的不法行为，而违反注册会计师的职业道德接受委托的示意或谋取私利，对事实加以掩饰、缩小或完全加以篡改，致使国家或其他经济单位、个人遭受严重的损失；明知委托单位的财务报表无重大错报，但出于注册会计师的个人目的，有意制造不符合事实的审计事项，仿造审计证据，或夸大事实，致使委托单位的正当权益受到损害。

**【例 1－11·单选题】** （　　）是注册会计师没有完全遵循执业准则的要求进行执业。

A. 普通过失　　B. 重大过失　　C. 违约　　D. 欺诈

**【答案】** A。

**(二) 注册会计师法律责任的类型**

注册会计师法律责任可分为行政责任、民事责任和刑事责任。这三种责任可单处，也可并处。

1. 行政责任

行政责任是指社会审计组织或其人员违反法律、法规的有关规定，政府主管部门依法对其进行行政处罚。对于注册会计师而言，追究行政责任包括警告、暂停营业、吊销注册会计师证书等；对于会计师事务所而言，追究行政责任包括警告、没收违法所得、罚款、暂停营业、撤销等。

2. 民事责任

民事责任是指社会审计组织或其人员对他人造成经济损失的，应予以赔偿的责任。主要包括赔偿经济损失、支付违约金等。

3. 刑事责任

刑事责任是指社会审计组织或其人员犯有刑律禁止的行为将会受到刑事追究的责任。主要包括管制、拘留、判刑、剥夺政治权利和罚金、没收财产等。

**(三) 注册会计师规避审计法律责任的措施**

注册会计师要避免法律诉讼，防范法律责任风险，就必须在执行审计业务时尽量减少发生过失行为，更不能违反执业道德准则而出具不实审计报告。要防止发生执业过错行为，注册会计师必须做到：增强执业独立性；保持应有的职业谨慎；强化执业质量控制。具体措施如下。

1. 遵守执业准则和职业道德的要求

注册会计师保持良好的职业道德行为，严格遵循执业准则的要求执行工作、出具报告，对于避免法律诉讼或在诉讼中保护自己具有非常重要的作用。

2. 谨慎选择客户

注册会计师要避免法律诉讼，必须谨慎选择客户。一是要选择正直的客户；二是对陷入财务和法律困境的客户要尤为注意。

3. 建立、健全会计师事务所质量控制制度

会计师事务所必须建立、健全一套严密科学的质量控制制度，并把这套制度落实到整个审计过程和各个审计环节，促使注册会计师按照执业准则的要求执业，保证审计业务质量。

4. 严格签订审计业务约定书

审计业务约定书具有法律效力，是确定注册会计师和委托人责任的一个重要文件，会计师事务所不论承办何种业务，都要按照准则的要求与委托人签订审计业务约定书，这样才能在发生法律诉讼时将一切口舌争辩减少到最低程度。

5. 深入了解委托单位的业务

风险导向的审计模式就是要了解被审计单位及其环境，识别和评估财务报表的重大错报风险。只有了解被审计单位所在行业的情况及业务状况，才能发现错误。

6. 提取风险基金或者购买责任保险

尽管提取风险基金或购买责任保险不能免除可能受到的法律诉讼，但能够防止或减少诉讼失败时给会计师事务所造成的损失。

7. 聘请懂行的律师

在执业过程中如遇到重大法律问题，注册会计师应同本所的律师或外聘的律师详细讨论所有潜在的危险情况，并仔细考虑律师的建议，一旦发生法律诉讼，应请有经验的律师参与诉讼。

8. 按规定妥善保管审计工作底稿

会计师事务所侵权赔偿责任的归责原则为过错推定原则，根据这一原则，会计师事务所只要能证明自己无过错，就可以不承担赔偿责任。而事务所有无过错，主要是看注册会计师在执行审计业务时，是否遵循了执业准则和相关规定。注册会计师审计工作的整个过程均应在审计工作底稿中予以记录，所以，会计师事务所在证明自己无过错时必须向法院提交审计工作底稿。

## 概念索引

审计　审计准则　独立性原则　注册会计师职业道德 注册会计师职业道德基本原则

## 项目总结

审计是社会经济发展到一定阶段的产物,是在财产的所有权和经营管理权分离的受托责任关系下,基于经济监督的客观需要而产生的。独立性是审计的本质特征。审计的对象是指被审计单位的财政、财务收支及与其有关的经济活动,以及作为提供这些经济活动信息载体的会计资料及其相关资料。

注册会计师执业准则体系由鉴证业务准则、相关服务准则和会计师事务所质量控制准则三部分构成。其中,鉴证业务准则又分审计准则、审阅准则和其他鉴证业务准则。审计准则是整个执业准则的核心。

注册会计师职业道德是注册会计师的职业品德、专业胜任能力、职业责任及职业行为的总称。注册会计师或会计师事务所在履行审计职责的过程中违约、过失或欺诈,应当承担相应的法律责任。

## 项目练习

### 一、单选题

1. 纵观中外发展史,最早出现的审计是(　　)。

A. 国家审计　B. 注册会计师审计　C. 内部审计　D. 独立审计

2. 注册会计师执业准则体系的核心是(　　)。

A. 审计准则　B. 审阅准则

C. 其他鉴证业务准则　D. 相关服务准则

3. 审计最基本的职能是(　　)。

A. 鉴证　B. 评价　C. 监督　D. 查账

4. 审计业务是(　　)。

A. 合理保证　B. 有限保证　C. 绝对保证　D. 无须保证

5. (　　)是注册会计师完全没有遵循执业准则的要求执业。

A. 普通过失　B. 重大过失　C. 欺诈　D. 违约

### 二、多选题

1. 审计关系人是由(　　　　)组成。

A. 审计人　B. 被审计人　C. 审计载体　D. 审计委托人

2. 审计的独立性主要表现在(　　　)三个方面。

A. 人员独立　　B. 机构独立　　C. 经济独立　　D. 单位独立

3. 注册会计师执业准则体系包括(　　　)。

A. 鉴证业务准则　　B. 相关服务准则　　C. 质量控制准则　　D. 会计准则

4. 注册会计师业务准则体系包括(　　　)。

A. 相关服务准则　　B. 注册会计师职业道德规范

C. 会计师事务所质量控制准则　　D. 鉴证业务准则

5. 注册会计师职业道德独立性原则要求注册会计师执行鉴证业务时,应当保持(　　)。

A. 形式上的独立　　B. 实质上的独立　　C. 时间上的独立　　D. 地点上的独立

## 三、判断题

1. 受托经济责任关系是审计产生的基础。(　　)

2. 审计就是查账。(　　)

3. 如果注册会计师未查出被审计单位财务报表中的错报,则注册会计师应当承担法律责任。(　　)

4. 如果注册会计师存在过失,可能承担会计责任和审计责任。(　　)

5. 注册会计师依照执业准则进行审计,应能发现被审计单位财务报表中存在的所有错误和舞弊。(　　)

## 四、思考题

1. 如何理解审计的本质特征?

2. 注册会计师应当采取哪些措施来避免法律诉讼?

## 五、案例题

**资料:**

XYZ 银行拟公开发行股票,委托 ABC 会计师事务所审计其 20×1 年度、20×2 年度和 20×3 年度的会计报表。双方于 20×3 年年底签订审计业务约定书。假定 ABC 会计师事务所及其审计小组成员与 XYZ 银行存在以下情况:

(1) ABC 会计师事务所与 XYZ 银行签订的审计业务约定书约定:审计费用为 1 500 000元,XYZ 银行在 ABC 会计师事务所提交审计报告时支付 50%的审计费用,剩余 50%视股票能否上市决定是否支付。

(2) 20×2 年 7 月,ABC 会计师事务所按照正常借款条件和程序,向 XYZ 银行以抵押贷款方式借款 10 000 000 元,用于购置办公用房。

(3) ABC 会计师事务所的合伙人 A 注册会计师目前担任 XYZ 银行的独立董事。

(4) 审计小组负责人 B 注册会计师担任 XYZ 银行年度财务报表审计业务的项目经理长达 6 年。

(5) 审计小组成员 C 注册会计师自 20×1 年以来一直协助 XYZ 银行编制会计报表。

(6) 审计小组成员D注册会计师为XYZ银行提供资产评估服务,且评估结果对财务报表具有重大影响。

**要求:**请分别针对上述情况,判断ABC会计师事务所或相关注册会计师的独立性是否会受到损害,并简要说明理由。

拓展阅读资料　　思政园地

# 项目二 接受审计业务委托

## 知识目标

1. 了解初步业务活动的目的和内容。
2. 熟悉审计业务约定书的基本内容。

## 技能目标

1. 能判断是否接受审计业务委托。
2. 能在开展初步业务的基础上编制审计业务约定书。

## 案例导入

**初步业务活动**

2019年8月14日，河南省注册会计师协会发布《2019年河南省A类、B类会计师事务所分类评价信息》，共涉及200家会计师事务所，其中A类会计师事务所50家（能够为大型企事业单位提供审计、咨询等综合服务的大型会计师事务所），B类会计师事务所150家（能够为中大型企事业单位提供专业服务的中型会计师事务所），大华会计师事务所等名列A类会计师事务行列。正常情况下，会计师事务所在接受客户审计委托前，应进行初步业务活动，对被审计单位的基本情况进行了解，以决定是否接受或者保持审计业务。郑州宇通客车股份有限公司（简称宇通客车）是河南省客车龙头企业，也是我国客车第一品牌。多年以来一直聘请大华会计师事务所作为其年度财务报告及内部控制审计机构。对于大华会计师事务所来说，对宇通客车进行审计是连续审计。

**思考：**

对于大华会计师事务所来说，接受宇通客车连续审计委托时，需要做哪些工作？如果宇通客车更换其他会计师事务所，那么首次接受审计委托的会计师事务所需要考虑哪些因素？

# 任务一 初步业务活动

## 一、初步业务活动的目的、内容和时间

初步业务活动是指注册会计师在本期审计业务开始时开展的有利于计划和执行审计工作，实现审计目标的活动的总称。初步业务活动包括对被审计单位的情况和注册会计师自身的情况进行了解和评价，确定是否接受或保持审计业务。这是控制审计风险的第一道屏障。

初步业务活动

【知识链接 2-1】《中国注册会计师审计准则第 1121 号——对财务报表审计实施的质量控制》及《质量控制准则第 5101 号——会计师事务所对执行财务报表审计和审阅、其他鉴证和相关服务业务实施的质量》含有与客户关系和具体业务的接受与保持相关的要求，注册会计师应当按照其规定开展初步业务活动。

### （一）初步业务活动的目的

注册会计师在计划审计工作前，需要开展初步业务活动，以实现以下三个主要目的：

第一，具备执行业务所需要的独立性和能力。

第二，不存在因管理层诚信问题而可能影响注册会计师保持该项业务意愿的事项。

第三，与被审计单位之间不存在对业务约定条款的误解。

### （二）初步业务活动的内容

注册会计师应当开展下列初步业务活动。

1. 针对保持客户关系和具体审计业务实施相应的质量控制程序

包括两个方面：

（1）初步了解被审计单位及其环境。

了解被审计单位的业务性质、组织结构、经营规模、经营状况、财务状况、以前年度接受审计情况、所在行业的市场竞争状况与发展趋势、技术变动、行业适用的法律法规、环境保护问题等。通过对上述内容的了解，会计师事务所确定是否接受或保持审计业务。如果决定接受或保持审计业务，这种了解就为计划审计工作奠定了基础。

（2）评价被审计单位的治理层和管理层。

选择诚信的被审计单位是有效控制审计风险和避免法律后果的重要措施。如果被审计单位的治理层和管理层缺乏诚信，该单位财务报表很容易出现舞弊导致的重大错报。故会计师事务所不应与不诚信的被审计单位签约。

2. 评价遵守相关职业道德要求的情况

评价会计师事务所和注册会计师职业道德情况，重点包括评价其独立性、专业胜任能力以及是否拥有必要的时间和资源。如果会计师事务所和注册会计师不独立，专业胜任能力欠缺或者时间与资源不足，则会计师事务所应当拒绝承接审计业务。

3. 就审计业务约定条款达成一致意见

在做出接受或保持审计业务的决策后，在审计业务开始前，注册会计师与被审计单位商定审计收费，应就审计业务约定条款达成一致意见，及时签订或修改审计业务约定书，以避免双方对审计业务的理解产生分歧。

**【知识链接2-2】** 注册会计师应当按照《中国注册会计师审计准则1111号——就审计业务约定条款达成一致意见》的规定，在审计业务开始前，与被审计单位就审计业务约定条款达成一致意见，签订或修改审计业务约定书，以避免双方对审计业务的理解产生分歧。

**【注意事项2-1】** 初步业务活动中的前两项内容贯穿审计业务全过程。

**【例2-1·多选题】** 注册会计师与管理层就审计业务约定条款达成一致意见。在双方签订审计业务约定书前需要在(　　)环节开展初步业务活动。

A. 了解被审计单位及其环境，包括了解内部控制，评估重大错报风险

B. 针对保持客户关系和具体审计业务实施相应的质量控制程序

C. 评价事务所与审计项目组遵守职业道德要求的情况

D. 判断是否就审计业务约定条款达成了一致意见

**【答案】** BCD。

**【解析】** 选项A是注册会计师承接业务后进行的，属于计划审计工作的内容。不是承接业务前或承接业务过程中的工作。

**(三) 初步业务活动的时间**

注册会计师在计划审计工作前，需要开展初步业务活动。

注册会计师在首次接受委托时，计划审计工作是在初步业务活动之后，初步业务活动的结果体现在注册会计师已经与管理层就审计业务约定条款达成一致意见，并签订了审计业务约定书。

**【例2-2·单选题】** 计划审计工作十分重要，对于任何一项审计业务，注册会计师在执行具体审计程序之前，都必须根据具体情况制定科学、合理的计划，使审计业务以有效的方式得到执行。以下说法中正确的是(　　)。

A. 为保持一定的独立性，被审计单位的相关人员不可以介入工作底稿的编制工作

B. 如果事务所注册会计师均不具备专业胜任能力，可以借助专家的工作

C. 在商定审计费用时，注册会计师可按照审计后资产总额的一定比例确定本次审计费用

D. 在编制审计计划前，需要开展初步业务活动

**【答案】** D。

**【解析】** 被审计单位的财会人员及相关人员在适当情况下可以为注册会计师提供必要的工作条件和协助，如代编某些工作底稿等，因而选项A不正确；如果事务所所有的注册会计师均不具备专业胜任能力，应当拒绝接受委托，假如仅仅在某些特殊领域不了解，则可以借助专家的工作，因而选项B不正确；在商定审计费用时，不可以以审计后资产总额的一定比例确定审计费用，这属于或有收费，因而选项C不正确。

## 二、承接或保持审计业务的初步业务活动

无论是连续审计还是首次接受审计委托，注册会计师均应考虑下列事项，以确定保持客户关系和具体审计业务的结论是恰当的：

(1) 被审计单位的主要股东、关键管理人员和治理层是否诚信；

(2) 该项目组是否具备执行审计业务的专业胜任能力以及必要的时间和资源；

(3) 会计师事务所和项目组能否遵守职业道德规范。

注册会计师只有通过实施下列工作就执行审计工作的基础达成一致意见后，才承接或保持审计业务：

(1) 确定审计的前提条件存在；

(2) 确认注册会计师和管理层已就审计业务约定书条款达成一致意见。

**【例 2-3·多选题】** 承接或保持审计业务的初步业务活动包括(　　)。

A. 初步了解被审计单位及其环境

B. 评价被审计单位管理层和治理层是否诚信

C. 评价会计师事务所和注册会计师遵守职业道德的情况

D. 签订或修改审计业务约定书

**【答案】** ABCD。

## 三、编制初步业务活动程序表

实务中，初步业务活动通常要编制初步业务活动程序表(见表 2-1)。

**表 2-1 初步业务活动程序表**

被审计单位：　　索引号：

项　目：　　截止日/期间：

编　制：　　复　核：

日　期：　　日　期：

| 初步业务活动程序 | 索引号 | 执行人 |
|---|---|---|
| 一、初步了解被审计单位及其环境，评价被审计单位的治理层与管理层<br>1. 如果首次接受审计委托，实施下列程序<br>(1) 与被审计单位相关人员面谈，讨论下列事项：<br>① 审计的目标。<br>② 审计报告的用途。<br>③ 管理层对财务报表的责任。<br>④ 审计范围。<br>⑤ 执行审计工作的安排，包括出具审计报告的时间要求。<br>⑥ 审计报告格式和对审计结果的其他沟通方式。<br>⑦ 管理层提供必要的工作条件和协助。<br>⑧ 注册会计师不受限制地接触任何与审计有关的记录、文件和所需要的其他信息。<br>⑨ 利用被审计单位专家或内部审计工作人员的程度(必要时)。<br>⑩ 审计收费。 | | |

续　表

| 初步业务活动程序 | 索引号 | 执行人 |
| --- | --- | --- |
| (2) 初步了解被审计单位及其环境，并予以记录。<br>(3) 征得被审计单位书面同意后，与前任注册会计师沟通。<br>2. 如果是连续审计，实施下列程序<br>(1) 了解审计的目的、审计报告的用途、审计范围和时间安排等。<br>(2) 查阅以前年度审计工作底稿，重点关注非无保留意见审计报告涉及的说明事项、管理建议书的具体内容、重大事项概要等。<br>(3) 初步了解被审计单位及其环境发生的重大变化，并予以记录。<br>(4) 考虑是否需要修改业务约定条款，以及是否需要提醒被审计单位注意现有的业务约定条款 | | |
| 二、评价会计师事务所与注册会计师遵守职业道德的情况 | | |
| 三、完成业务承接评价表或业务保持评价表 | | |
| 四、签订审计业务约定书（适用于首次接受业务委托，以及连续审计中修改长期审计业务约定书条款的情况） | | |

# 任务二　签订审计业务约定书

## 一、审计业务约定书的基本内容

审计业务约定书

审计业务约定书是指会计师事务所与被审计单位签订的，用以记录和确认审计业务的委托与受托关系、审计目标和范围、双方的责任以及报告的格式等事项的书面协议。会计师事务所承接的任何审计业务，都应与被审计单位签订审计业务约定书。

审计业务约定书的具体内容和格式可能因被审计单位不同而不同，但根据《中国注册会计师审计准则第 1111 号——就审计业务约定条款达成一致意见》第十条的规定，审计业务约定条款应当包括以下主要内容：

(1) 财务报表审计的目标与范围；

(2) 注册会计师的责任；

(3) 管理层的责任；

(4) 指出用于编制财务报表所适用的财务报告编制基础；

(5) 提及注册会计师拟出具的审计报告的预期形式和内容，以及对在特定情况下出具的审计报告可能不同于预期形式和内容的说明。

**【例 2－4·多选题】** 下列有关审计业务约定书的说法中正确的是（　　）。

A. 审计业务约定书是会计师事务所与被审计单位签订的

B. 审计业务约定书的具体内容和格式不会因不同的被审计单位而不同

C. 审计业务约定书具有经济合同的性质，它的目的是为了明确约定各方的权利和义务。约定书一经约定各方签字认可，即成为法律上生效的契约，对各方均具

有法定约束力

D. 会计师事务所承接任何审计业务，均应与被审计单位签订审计业务约定书

【答案】 ACD。

## 二、审计业务约定书的格式

实务中，审计业务约定书可以采用合同式或信函式两种形式。尽管形式不同，但其实质内容是相同的。审计业务约定书格式不具有强制性，仅作为一种指引。合同式审计业务约定书范例如下：

### 审计业务约定书(合同式)

甲方：ABC股份有限公司

乙方：XYZ会计师事务所

兹由甲方委托乙方对20×1年度财务报表进行审计，经双方协商，达成以下约定：

一、审计的目标和范围

1. 乙方接受甲方委托，对甲方按照企业会计准则编制的20×1年12月31日的资产负债表，20×1年度的利润表、股东权益变动表和现金流量表以及财务报表附注(以下统称财务报表)进行审计。

2. 乙方通过执行审计工作，对财务报表的下列方面发表审计意见：① 财务报表是否在所有重大方面按照企业会计准则的规定编制；② 财务报表是否在所有重大方面公允反映甲方20×1年12月31日的财务状况以及20×1年度的经营成果和现金流量。

二、甲方的责任

1. 根据《中华人民共和国会计法》和《企业财务会计报告条例》，甲方及甲方负责人保证会计资料的真实性和完整性。因此，甲方管理层有责任妥善保存和提供会计记录(包括但不限于会计凭证、会计账簿及其他会计资料)，这些记录必须真实、完整地反映甲方的财务状况、经营成果和现金流量。

2. 按照企业会计准则的规定编制并公允列报财务报表是甲方管理层的责任。这种责任包括：① 按照企业会计准则的规定编制财务报表，并使其实现公允反映；② 设计、执行和维护必要的内部控制制度，以使财务报表不存在舞弊或错误导致的重大错报。

3. 及时为乙方的审计工作提供与审计有关的所有记录、文件和所需的其他信息，并保证所提供资料的真实性和完整性。

4. 确保乙方不受限制地接触其认为必要的甲方内部人员和其他相关人员。

5. 甲方管理层对其做出的与审计有关的声明予以书面确认。

6. 为乙方派出的有关工作人员提供必要的工作条件和协助，乙方将于外勤工作开始前提供主要事项的清单。

7. 按照本约定书的约定及时足额支付审计费用。

8. 乙方的审计不能减轻甲方及甲方管理层的责任。

三、乙方的责任

1. 乙方在执行审计工作的基础上对甲方财务报表发表审计意见。乙方按照中国注册会计师审计准则(以下简称审计准则)的规定进行审计工作。审计准则要求注册会计师遵

守中国注册会计师职业道德守则，计划和执行审计工作以对财务报表是否不存在重大错报获取合理保证。

2. 审计工作涉及审计实施程序，以获取有关财务报表金额和披露的审计证据。选择的审计程序取决于乙方的判断，包括对舞弊或错误导致的财务报表重大错报风险的评估。在进行风险评估时，乙方考虑与财务报表编制和公允列报相关的内部控制，以设计恰当的审计程序，但目的并非对内部控制的有效性发表意见。审计工作还包括评价管理层选用会计政策的恰当性、做出会计估计的合理性，以及评价财务报表的总体列报。

3. 由于审计和内部控制的固有限制，即使按照审计准则的规定适当地计划和执行审计工作，仍不可避免地存在财务报表的某些重大错报在审计后可能未被乙方发现的风险。

4. 在审计过程中，乙方若发现甲方存在乙方认为值得关注的内部控制缺陷，应以书面形式向甲方管理层或治理层通报。但乙方通报的各种事项，并不代表已全面说明所有可能存在的缺陷或已提出所有可行的建议。甲方在实施乙方提出的改进建议前应全面评估其影响。未经乙方书面许可，甲方不得向任何第三方提供乙方出具的沟通文件。

5. 按照约定时间完成审计工作，出具审计报告。

6. 除下列情况外，乙方应当对执行业务过程中知悉的甲方信息予以保密：法律法规允许披露，并取得甲方的授权；根据法律法规的要求，为法律诉讼、仲裁准备文件或提供证据，以及向监管机构报告发现的违法行为；在法律法规允许的情况下，在法律诉讼、仲裁中维护自己的合法权益；接受注册会计师协会或监管机构的执业质量检查；法律法规、执业准则和职业道德规范规定的其他情形。

四、审计收费

1. 本次审计服务的收费是以乙方各级别工作人员在本次工作中所耗费的时间为基础计算的，乙方预计本次审计服务的费用总额为人民币××万元。

2. 甲方应于本约定书签署之日起××日内支付×%的审计费用，剩余款项于××审计报告草稿完成日结清。

3. 如果由于无法预见的原因，乙方从事本约定书所涉及的审计服务实际时间较本约定书签订时预计的时间有明显的增加或减少时，甲乙双方应通过协商，相应调整本部分第一条所述的审计费用。

4. 如果由于无法预见的原因，乙方人员抵达甲方的工作现场后，本约定书所涉及的审计服务不再进行，甲方不得要求退还预付的审计费用。

5. 与本次审计有关的其他费用(如交通费、食宿费等)由甲方承担。

五、审计报告和审计报告的使用

1. 乙方按照中国注册会计师审计准则规定的格式和类型出具审计报告。

2. 乙方向甲方致送审计报告一式×份。

3. 甲方在提交或对外公布乙方出具的审计报告及后附的已审的财务报表时，不得对其进行修改。当甲方认为有必要修改会计数据、报表附注和所做的重要说明时，应当事先通知乙方，乙方将考虑有关的修改对审计报告的影响，必要时，将重新出具审计报告。

六、本约定书的有效期间

本约定书自签署之日起生效，并在双方履行完毕本约定书的所有义务后终止。但其中第三项第六条，第四、五、七、八、九、十项并不因本约定书终止而失效。

七、约定事项的变更

如果出现不可预见的情况，影响审计工作如期完成，或需要提前出具审计报告时，甲、乙双方均可要求变更约定事项，但应及时通知对方，并由双方协商解决。

八、终止条款

1. 如果根据乙方的职业道德及其他有关专业职责、适用的法律法规要求或其他任何法定的要求，乙方认为已不适宜继续为甲方提供本约定书约定的审计服务，乙方可以采取向甲方提出合理通知的方式终止履行本约定书。

2. 在本约定书终止的情况下，乙方有权就其于终止之日前对约定的审计服务项目所做的工作收取合理的审计费用。

九、违约责任

甲、乙双方按照《中华人民共和国合同法》的规定承担违约责任。

十、适用法律和争议解决

本约定书的所有方面均应适用中华人民共和国法律及其解释并受其约束。本约定书履行地为乙方出具审计报告所在地，因本约定书所引起的或与本约定书有关的任何纠纷或争议（包括关于本约定书条款的存在、效力及终止，或无效之后果），双方协商确定采取以下方式予以解决：

(1) 向有管辖权的人民法院提起诉讼。

(2) 提交××仲裁委员会仲裁。

十一、双方对其他有关事项的约定

本约定书一式两份，甲、乙双方各执一份，具有同等法律效力。

ABC股份有限公司（盖章）　　　　XYZ会计师事务所（盖章）
授权代表：（签名并盖章）　　　　授权代表：（签名并盖章）
20××年×月×日　　　　　　　　20××年×月×日

## 概念索引

初步业务活动　初步业务活动的目的　初步业务活动的内容　审计业务约定书

## 项目总结

初步业务活动是指注册会计师在本期审计业务开始时开展的有利于计划和执行审计工作，实现审计目标的活动的总称。在计划审计工作之前，注册会计师要开展初步业务活动。

初步业务活动的目的是确保注册会计师已具备执行业务所需要的独立性和专业胜任能力；确定不存在因管理层诚信问题而影响注册会计师保持该项业务意愿的情况；确保与被审计单位不存在约定条款的误解。

初步业务活动的内容是针对保持客户关系和具体审计业务实施相应的质量控制程序；评价遵守职业道德规范的情况；及时签订或修改审计业务约定书。

审计业务约定书是指会计师事务所与被审计单位签订的，用以记录和确认审计业务的委托与受托关系、审计目标和范围、双方的责任以及报告的格式等事项的书面协议。

## 项目练习

### 一、单选题

1. 审计业务约定书是由会计师事务所与(　　)共同签订的。

A. 注册会计师　　B. 被审计单位监管部门

C. 被审计单位　　D. 财务报表使用者

2. 某注册会计师负责对甲公司某年度的财务报表进行审计。在本期审计业务开始时，该注册会计师应当开展的初步业务活动是(　　)。

A. 就审计范围与甲公司管理层沟通　　B. 获取甲公司管理层声明书

C. 就审计责任与甲公司治理层沟通　　D. 评价项目组成员的独立性

3. 会计师事务所开展初步业务活动，下列属于确保在计划审计工作时执行审计工作的注册会计师应具备的要求的是(　　)。

A. 按适当的方式收费　　B. 对客户的商业机密保密

C. 独立性和专业胜任能力　　D. 合理利用专家的工作

4. 进行初步业务活动的目的，下列表述中不正确的是(　　)。

A. 具备执行业务所需的独立性和能力

B. 不存在因管理层诚信问题而可能影响注册会计师保持该项业务的意愿的事项

C. 确定进一步审计程序

D. 与被审计单位之间不存在对业务约定条款的误解

5. (　　)主要用于对被审计单位的情况和注册会计师自身的能力进行了解和评估，确定是否接受或保持审计业务，它是控制审计风险的第一道屏障。

A. 初步业务活动　　B. 风险识别　　C. 风险评估　　D. 风险应对

### 二、多选题

1. 在签署审计业务约定书前，会计师事务所评价自身的专业胜任能力包括(　　　)。

A. 执行审计的能力　　B. 控制审计风险的能力

C. 独立性　　D. 能否保持应有关注的能力

2. 审计业务约定书应当包括(　　　)。

A. 重要性水平　　　　　　　　B. 会计责任与审计责任

C. 审计收费　　　　　　　　　D. 审计范围

3. 在实务中,审计业务约定书可以采用的形式有(　　)。

A. 合同式　　　B. 口头约定式　　　C. 媒体公告式　　　D. 信函式

4. 注册会计师开展初步业务活动有助于确保在计划审计工作时达到(　　　)要求。

A. 注册会计师已具备执行业务所需要的独立性和专业胜任能力

B. 不存在因管理层诚信问题而影响注册会计师保持该业务意愿的情况

C. 与被审计单位不存在对业务的约定条款的误解

D. 风险评估程序的合理运用

5. 下列属于初步业务活动内容的有(　　　)。

A. 针对保持客户关系和具体审计业务实施相应的质量控制程序

B. 报告目标、时间安排及所需沟通

C. 就业务约定条款与被审计单位达成一致理解

D. 评价遵守职业道德规范的情况

## 三、判断题

1. 审计业务约定书具有经营合约性质,一经签署则具有法律效力,所以它应受合同法的约束。(　　)

2. 审计业务约定书的双方中,一方是注册会计师,另一方是委托单位的法人代表或授权代表。(　　)

3. 审计业务约定书既可采用书面形式,也可采用口头形式。(　　)

4. 审计业务约定书既可证明被审计单位管理层承担的责任,又可证明会计师事务所应履行的义务。(　　)

5. 计划审计工作之前,注册会计师应当开展初步业务活动。(　　)

## 四、思考题

1. 开展初步业务活动的目的是什么?

2. 初步业务活动的主要内容包括哪些?

3. 简述审计业务约定书的基本内容。

## 五、案例题

**资料:**

20×1 年 2 月 3 日,ABC 会计师事务所的 A 注册会计师接到妻子电话,说她弟弟开办了专门收购和买卖古董字画的 XYZ 文化贸易公司,20×0 年度的会计报表拟委托会计师事务所审计,正在寻找合适的会计师事务所,希望 A 注册会计师能够承接对 XYZ 文化贸易公司会计报表的审计。A 注册会计师觉得,一方面受爱妻所托,另一方面也是一个开拓新客户的机会,于是非常爽快地答应了,并于 20×1 年 2 月 6 日亲自带领审计小组到

XYZ文化贸易公司实施审计。XYZ文化贸易公司属于民营公司，开业5年来业务发展很好，但从未接受过审计。A注册会计师是ABC会计师事务所的合伙人之一，业务特长是对工业企业，尤其是国有工业企业进行会计报表审计。

**要求：**

(1) 结合本案例讨论A注册会计师承接业务时应当考虑的因素。

(2) 指出本案例中承接业务时存在的不当之处。

(3) 就ABC会计师事务所如何承接业务(包括承接业务的质量控制、创建业务、签订业务约定书等)提出建议。

拓展阅读资料

思政园地

# 项目三
# 审计目标

## 知识目标

1. 了解审计目标及审计目标层次。
2. 熟悉管理层认定的类型及内容。
3. 理解管理层的会计责任和注册会计师的审计责任。
4. 掌握管理层认定与具体审计目标的关系。

## 技能目标

1. 能制定恰当的审计总体目标。
2. 能熟练地根据管理层认定确定对应的具体审计目标。
3. 能针对不同的具体审计目标实施相应的审计程序。

## 案例导入

### 注册会计师的审计目标

自国外的安然，国内的银广厦、蓝田股份、红光实业等众多重大审计失败事件发生以后，注册会计师行业越来越受到社会公众的关注。注册会计师可能因为被审计单位经营失败而承担法律责任。这是因为在社会公众的心理，注册会计师是财务报表的保证人，当被审计单位发生经营失败致使投资者遭受损失时，投资者很容易将经营失败归咎于审计失败，或者出于寻找替罪羊的心理，投资者希望从注册会计师那里获取补偿。不管是负责安然审计工作的责任会计师，还是银广厦的审计人员均认为自己按照业务约定书如期完成审计目标，并未渎职失职，并认为他们自己是受害者。

**思考：**

注册会计师的审计目标是不是查出被审计单位财务报表的重大错弊？

# 任务一 总体审计目标

审计目标

审计目标分为总体审计目标和具体审计目标。总体审计目标是指注册会计师为完成整体审计工作而达到的预期目的。具体审计目标是指注册会计师通过实施审计程序以确定管理层在财务报表中确认的各类交易、账户余额、披露层次认定是否恰当。

## 一、审计的总体目标

财务报表审计的总体目标是注册会计师对财务报表整体是否不存在舞弊或错误导致的重大错报获取合理保证，使得注册会计师对财务报表的合法性和公允性发表审计意见。

**【知识链接 3-1】** 根据《中国注册会计师审计准则第 1101 号——注册会计师的总体目标和审计工作的基本要求》第十八条规定："审计的目的是提高财务报表预期使用者对财务报表的信赖程度。这一目的可以通过注册会计师对财务报表是否在所有重大方面按照适用的财务报告编制基础编制发表审计意见得以实现。就大多数通用目的财务报告编制基础而言，注册会计师针对财务报表是否在所有重大方面按照财务报告编制基础编制并实现公允反映发表审计意见。注册会计师按照审计准则和相关职业道德要求执行审计工作，能够形成这样的意见。"

在审计的总体目标下，注册会计师需要运用审计准则规定的目标以评价是否已获取充分、适当的审计证据。由于审计存在固有限制，注册会计师据以得出结论和形成意见的大多数审计证据是说服性而非结论性的，因此，审计只能提供合理保证，不能提供绝对保证。

合理保证，是指注册会计师在财务报表审计中提供的一种高度但非绝对的保证。这是一种高水平保证。当注册会计师获取充分、适当的审计证据将审计风险降至可接受的低水平时，就获取了合理保证。

**【注意事项 3-1】** 在任何情况下，如果不能获取合理保证，并且在审计报告中发表保留意见也不足以实现向预期使用者报告的目的，注册会计师应当按照审计准则的规定出具无法表示意见的审计报告，或者在法律法规允许的情况下终止审计业务或解除业务约定书。

当注册会计师在审计工作的终结阶段发表审计意见、出具审计报告时，应当对财务报表的合法性和公允性做出判定，至此财务报表审计总体目标得以实现。

合法性是指被审计单位的财务报表是否按照适用的财务报表编制基础编制。

公允性是指被审计单位的财务报表是否在所有重大方面公允反映其财务状况、经营成果和现金流量。

【例3－1·多选题】　财务报表审计总体目标是注册会计师对财务报表整体是否不存在舞弊或错误导致的重大错报获取合理保证，使得注册会计师对财务报表的（　　）发表审计意见。

A. 合法性　　B. 公允性

C. 重大错报风险　　D. 重要性水平

【答案】　AB。

【解析】　当注册会计师在审计工作的终结阶段发表审计意见、出具审计报告时，应当对财务报表的合法性和公允性做出判定，至此财务报表审计总体目标得以实现。

## 二、会计责任与审计责任

在财务报表审计中，被审计单位管理层和治理层与注册会计师承担着不同的责任，不能相互混淆和替代。明确划分责任，不仅有助于被审计管理层和治理层与注册会计师认真履行各自的职责，为财务报表及其审计报告的使用者提供有用的经济决策信息，还有利于保护相关各方的正当权益。

### （一）管理层和治理层的责任（会计责任）

1. 管理层对财务报表的责任

管理层是指对被审计单位经营活动的执行负有经营管理责任的人员。在某些被审计单位，管理层包括部分或全部的治理层成员，如治理层中负有经营管理责任的人员，或参与日常经营管理的业主等。

在被审计单位治理层的监督下，按照相关法律法规的规定确定适用的财务报告编制基础编制财务报表是被审计单位管理层的责任。管理层对编制财务报表的责任具体包括：

（1）按照适用的财务报告编制基础编制财务报表，并使其实现公允反映（如适用）；

（2）设计、实施和维护必要的内部控制，以使财务报表不存在由于舞弊或错误而导致的重大错报；

（3）向注册会计师提供必要的工作条件，包括允许注册会计师接触与编制财务报表相关的所有信息（如记录、文件和其他事项），向注册会计师提供所需的其他信息，允许注册会计师在获取证据时不受限制地接触其认为必要的内部人员和其他相关人员。

2. 治理层对财务报表的责任

治理层是指对被审计单位战略方向以及管理层履行经营管理责任负有监督责任的人员或组织。治理层的责任包括监督财务报告过程。在某些被审计单位，治理层可能包括管理层，如治理层中负有经营管理责任的人员，或参与日常经营管理的业主等。根据公司治理结构要求，治理层应当对管理层编制财务报表的过程实施有效的监督。为履行编制财务报表的职责，管理层和治理层通常设计、执行和维护必要的内部控制，以使财务报表不存在由于舞弊或错误导致的重大错报。

【知识链接3－2】　根据《中国注册会计师审计准则第1101号——注册会计师的总体

目标和审计工作的基本要求》第十九条规定:“财务报表是由被审计单位管理层在治理层的监督下编制的。审计准则不对管理层或治理层设定责任,也不超越法律法规对管理层或治理层责任做出的规定。管理层和治理层(如适用)认可与财务报表相关的责任,是注册会计师执行审计工作的前提,构成注册会计师按照审计准则的规定执行审计工作的基础。财务报表审计并不减轻管理层或治理层的责任。”

被审计单位的管理层和治理层通过签署财务报表确认其责任。

**(二)注册会计师的责任(审计责任)**

注册会计师是指取得注册会计师证书并在会计师事务所执业的人员,通常是指项目合伙人或项目组其他成员,有时也指所在的会计师事务所。按照中国注册会计师审计准则的规定对财务报表发表审计意见是注册会计师的责任。

审计责任是指注册会计师在执行审计业务、发表审计意见、出具审计报告所应负的责任,包括注册会计师的审计法律责任和审计职业责任。

法律责任是指注册会计师违约、过失或欺诈时,在法律上应承担的责任;职业责任是指注册会计师在承办审计业务时应履行的义务和职责。法律责任和职业责任是审计责任的两个方面,两者互相补充、紧密相连。

**【知识链接3-3】**《中华人民共和国注册会计师法》第二十一条规定:“注册会计师执行审计业务,必须按照执业准则、规则确定的工作程序出具报告。”中国注册会计师审计准则对注册会计师的审计责任也做了详细的规定。注册会计师应当按照审计准则的要求出具审计报告,并对发表的审计意见负责。

为履行这一职责,注册会计师应当遵守职业道德规范,按照审计准则的规定计划和实施审计工作,获取充分、适当的审计证据,并根据获取的审计证据得出合理的审计结论,发表恰当的审计意见。

注册会计师通过签署审计报告确认其责任。

**(三)两种责任不能互相取代**

会计责任和审计责任是两种不同性质的责任,既不能相互替代,也不能相互转嫁。

财务报表的编制和财务报表的审计是财务信息生成链条中的不同环节,两者各司其职。法律法规要求管理层和治理层对编制财务报表承担责任,有利于从源头上保证财务信息质量。保证会计资料的真实、完整,被审计单位负责人责无旁贷。因为单位负责人是单位的法定代表人,代表单位依法行使职权,应当对本单位的会计行为负责,成为承担会计责任的主体,这一责任不应由注册会计师承担,也不应转嫁给注册会计师。也就是说,注册会计师的审计责任不能替代、减轻或免除被审计单位负责人的会计责任。因此,被审计单位的管理层和治理层理应对编制财务报表承担完全责任。

尽管在审计过程中,注册会计师可能向管理层和治理层提出调整建议,甚至在不违反独立性的前提下为管理层编制财务报表提供协助,但被审计单位的管理层仍对编制财务报表承担责任,并通过签署财务报表确认这一责任。

**【例3-2·多选题】** 关于注册会计师的审计责任，下列说法正确的有（　　）。

A. 注册会计师作为独立的第三方，对财务报表发表审计意见有利于提高财务报表的可信赖程度

B. 财务报表审计责任不能减轻被审计单位管理层和治理层的责任

C. 管理层、治理层和注册会计师对编制财务报表共同承担责任

D. 在审计过程中，注册会计师为编制财务报表提供协助，所以要对编制财务报表承担部分责任

**【答案】** AB。

**【解析】** 选项C管理层和治理层对编制财务报表承担完全责任，按照审计准则的规定对财务报表发表审计意见是注册会计师的责任；选项D，尽管注册会计师为编制财务报表提供协助，但管理层仍然对编制财务报表承担责任，并通过签署财务报表确认这一责任。

# 任务二　具体审计目标

## 一、管理层认定

### （一）认定的含义

认定是指管理层对财务报表组成要素的确认、计量、列报做出的明确或隐含的表达。认定与目标密切相关，注册会计师的基本职责就是确定被审计单位管理层对其财务报表的认定是否恰当。

管理层认定

管理层在财务报表上的认定有些是明确表达的，有些则是隐含表达的。例如，管理层在资产负债表中列报存货及金额，意味着管理层做出了下列明确的认定：① 记录的存货是存在的（存在）；② 存货以恰当的金额包括在财务报表中，与之相关的计价或分摊调整已恰当记录（计价和分摊）。同时，管理层也做出下列隐含的认定：① 所有应当记录的存货均已记录（完整性）；② 记录的存货都由被审计单位拥有（权利和义务）；③ 记录的存货账户是恰当的（分类）；④ 与存货有关的列报披露是恰当的（列报）。

### （二）管理层对财务报表的认定

1. 各类交易事项及相关披露的认定

注册会计师对审计期间各类交易和事项运用的认定通常分为下列类别：

（1）发生。记录或披露的交易和事项已发生，且与被审计单位有关。

（2）完整性。所有应当记录的交易和事项均已记录，所有应当包含在财务报表中的相关披露均已包括。

（3）准确性。与交易和事项有关的金额及其他数据已恰当记录，相关披露已得到恰当的计量和描述。

(4) 截止。交易和事项已记录于正确的会计期间。

(5) 分类。交易和事项已记录于恰当的账户。

(6) 列报。交易和事项已被恰当地汇总或分解且表述清楚，相关披露在适用的财务报表编制基础下是相关的、可理解的。

**【例 3-3·单选题】** 对于销售收入，通过比较资产负债表日前后几天的发货单日期与记账日期，注册会计师认为最有可能证实的认定是（　　）。

A. 发生　　B. 完整性

C. 截止　　D. 分类

**【答案】** C。

**【解析】** 检查资产负债表日前后几天的发货单日期与记账日期，看销售收入是否记录在正确的会计期间，是否存在提前或推后入账。

2. 期末账户余额及相关披露的认定

注册会计师对期末账户余额运用的认定通常分为下列类别：

(1) 存在。记录的资产、负债和所有者权益是存在的。

(2) 权利和义务。记录的资产由被审计单位拥有或控制，记录的负债是被审计单位应当履行的偿还义务。

(3) 完整性。所有应当记录的资产、负债和所有者权益均已记录，所有应当包括在财务报表中的相关披露均已包括。

(4) 准确性、计价和分摊。资产、负债和所有者权益以恰当的金额包括在财务报表中，与之相关的计价或分摊调整已恰当记录，相关披露已得到恰当计量和描述。

(5) 分类。资产、负债和所有者权益已记录于恰当的账户。

(6) 列报。资产、负债和所有者权益已被恰当地汇总或分解且表述清楚，相关披露在适用的财务报告编制基础下是相关的、可理解的。

**【例 3-4·单选题】** 注册会计师发现被审计单位当年已经达到预定可使用状态的在建工程并未转入固定资产，在此情况下，注册会计师应界定其违反了固定资产项目的（　　）认定。

A. 存在　　B. 完整性

C. 权利与义务　　D. 计价与分摊

**【答案】** B。

**【解析】** 在建设工程应当转入固定资产，固定资产实有而账未记。

## 二、具体审计目标

具体审计目标是总体审计目标的细化，具体审计目标必须根据审计总体目标和被审计单位管理层的认定来确定。注册会计师了解认定后，就很容易确定每个项目的具体审计目标，通过考虑可能发生的不同类型的潜在错报，评估重大错报风险，并据此设计和实施进一步审计程序以应对评估的风险。

### (一) 各类交易事项及披露相关的审计目标

1. 与“发生”认定对应的具体审计目标

由发生认定推导的审计目标是确认已记录的交易是真实的。例如，如果没有发生销售交易，但在销售日记账中记录了一笔销售，则违反了该目标，即不真实。

发生认定所要解决的问题是管理层是否把那些没有发生的项目记入财务报表中，它主要与财务报表组成要素的高估有关。

2. 与“完整性”认定对应的具体审计目标

由完整性认定推导的审计目标是确认已发生的交易确实已经记录。例如，如果发生了真实的销售交易，但没有在销售日记账和总账中记录，则违反了该目标。

**【注意事项 3-2】** 发生和完整性两者强调的是相反的关注点。发生目标针对潜在的高估，而完整性目标则针对漏记交易(低估)。

3. 与“准确性”认定对应的具体审计目标

由准确性认定推导的审计目标是确认已记录的交易是按正确的金额反映的。例如，如果在销售交易中，发出商品的数量与账单上的数量不符，或是开账单时使用了错误的销售价格，或是账单中乘积或加总有误，或是在销售明细账中记录了错误的金额，则违反了该目标。

**【注意事项 3-3】** 发生指确认已记录的交易是真实的。准确性指确认已记录的交易金额是正确的。例如，若已记录的销售交易是不应当记录的(如发出的商品是寄销商品)，则即使发票金额是准确计算的，仍违反了发生目标。再如，若已入账的销售交易是对正确发出商品的记录，但金额计算错误，则违反了准确性目标，但没有违反发生目标。

4. 与“截止”认定对应的具体审计目标

由截止认定推导出的审计目标是确认接近于资产负债表日的交易记录于恰当的期间。例如，如果本期交易推到下期，或下期的交易提到本期，均违反了截止目标。

5. 与“分类”认定对应的具体审计目标

由分类认定推导出的审计目标是确认被审计单位记录的交易经过适当分类。例如，如果将现销记录为赊销，将出售经营性固定资产所得的收入记录为营业收入，则导致交易分类错误，违反了分类的目标。

6. 与“列报”认定对应的具体审计目标

由列报认定推导出的审计目标是确认被审计单位的交易和事项已被恰当地汇总或分解且表述清楚，相关披露在适用的财务报告编制基础下是相关的、可理解的。

各类交易和事项相关的认定、审计目标、审计程序及考虑见表 3-1。

**表 3－1　交易事项相关的认定、审计目标、审计程序及考虑**

| 认　定 | 具体审计目标 | 审计程序 | 考　虑 | 特　点 |
|---|---|---|---|---|
| 1. 发生:记录的交易或事项已发生,且与被审计单位有关 | 已记录的交易是真实的 | 从明细账→原始凭证(从账到证) | 是否多列,是否虚列(高估) | 动态(利润表) |
| 2. 完整性:所有应当记录的交易和事项均已记录 | 已发生的交易确实已经记录 | 从原始凭证→明细账(从证到账) | 是否漏记,是否少记(低估) | |
| 3. 准确性:与交易和事项有关的金额及其他数据已恰当记录 | 已记录的交易是按正确金额反映的 | 检查、重新计算 | 是否错记 | |
| 4. 截止:交易和事项已记录于正确的会计期间 | 接近于资产负债表日的交易记录于恰当的期间 | 截止测试:① 资产负债表日前后从明细账→原始凭证;② 资产负债表日前后从原始凭证→明细账(资产负债表日前后证、账、表) | (结合销售与收款循环审计中营业收入的截止测试) | |
| 5. 分类:交易和事项已记录于恰当的账户 | 被审计单位记录的交易经过适当分类 | 抽查 | 是否错分类 | |

**【例 3－5·单选题】** 财务审计项目的一般审计目标中,真实性指的是(　　)。

A. 记录或列报的金额是实际存在或发生的

B. 实际存在或发生的金额均已记录或列报

C. 各类业务记录于正确的会计期间

D. 记录或列报的金额确属于本单位所有或所欠

**【答案】** A。

**【解析】** 选项 B 对应完整性;选项 C 对应截止;选项 D 对应权利和义务。

### (二) 期末账户余额及披露相关的审计目标

1. 与"存在"认定对应的具体审计目标

由存在认定推导的审计目标是确认记录的金额确实存在。例如,如果不存在某顾客的应收账款,在应收账款试算平衡表中却列入了该顾客的应收账款,则违反了存在目标。

2. 与"权利和义务"认定对应的具体审计目标

由权利和义务认定推导的审计目标是确认资产归属于被审计单位,负债属于被审计单位的义务。例如,将他人寄售商品记入被审计单位的存货中,违反了权利目标;将不属于被审计单位的债务记入账内,违反了义务目标。

3. 与"完整性"认定对应的具体审计目标

由完整性认定推导的审计目标是确认已存在的金额均已记录。例如,如果存在某顾客的应收账款,而应收账款明细表中却没有列入,则违反了完整性目标。

4. 与“准确性、计价与分摊”认定对应的具体审计目标

由准确性、计价和分摊认定推导的审计目标是资产、负债和所有者权益以恰当的金额包括在财务报表中，与之相关的计价或分摊调整已恰当记录。

5. 与“分类”认定对应的具体审计目标

由分类认定推导的审计目标是资产、负债和所有者权益已记录于恰当的账户。

6. 与“列报”认定对应的具体审计目标

由列报认定推导出的审计目标是确认资产、负债和所有者权益已被恰当地汇总或分解且表述清楚，相关披露在适用的财务报告编制基础下是相关的、可理解的。

期末账户余额相关的认定、审计目标、审计程序及考虑如表3-2所示。

**表3-2 期末账户余额相关的认定、审计目标、审计程序及考虑**

| 认 定 | 具体审计目标 | 审计程序 | 考 虑 | 特 点 |
|---|---|---|---|---|
| 1. 存在：记录的资产、负债和所有者权益是存在的 | 记录的金额确实存在 | 检查、函证、从明细账→原始凭证（从账到证） | 是否多列，是否虚列 | 静态（资产负债表） |
| 2. 权利和义务：记录的资产由被审计单位拥有或控制，记录的负债是被审计单位应当履行的偿还义务 | 资产归属于被审计单位，负债属于被审计单位的义务 | 查阅所有权证书、购货合同、结算单和保险单等 | 产权归属 | |
| 3. 完整性：所有应当记录的资产、负债和所有者权益均已记录 | 已存在的金额均已记录 | 从原始凭证→明细账（从证到账） | 是否漏记，是否少记（结合货币资金审计中银行存款完整性审计） | |
| 4. 准确性、计价与分摊：资产、负债和所有者权益以恰当的金额包括在财务报表中，与之相关的计价或分摊调整已恰当记录 | 资产、负债和所有者权益以恰当的金额包括在财务报表中，与之相关的计价或分摊调整已恰当记录 | 检查、重新计算 | 是否错记 | |
| 5. 分类：资产、负债和所有者权益已记录于恰当的账户 | 资产、负债和所有者权益已记录于恰当的账户 | 抽查 | 是否错分类 | |

**【例3-6·单选题】** 对于存货项目而言，注册会计师能够根据管理层的“计价与分摊”认定推导得出的具体审计目标是（　　）。

A. 存货的金额均已记录　　B. 存货是存在的

C. 存货的所有权是明确的　　D. 存货的减值准备是准确的

**【答案】** D。

**【解析】** 选项A的具体目标是由“完整性”认定推导得出；选项B的具体目标是由

“存在”认定推导得出；选项C的具体目标是由“权利和义务”认定推导得出。

**【例3－7·单选题】** 下列有关具体审计目标的说法中，正确的是（　　）。

A. 如果财务报表中没有将一年内到期的长期借款列报为短期借款，违反了准确性和计价目标

B. 如果财务报表附注中没有分别对原材料、在产品和成品等成本核算方法做出恰当的说明，违反了分类和可理解性目标

C. 如果财务报表中将低值易耗品列报为固定资产，违反了准确性和计价目标

D. 如果已入账的销售交易是对确已发出商品、符合收入确认条件的交易的记录，但金额计算错误，违反了准确性目标，但没有违反发生目标

**【答案】** D。

## 三、认定、具体审计目标和审计程序之间的关系举例

针对财务报表每一项目所表现出的各项认定，注册会计师相应地确定一项或多项审计目标，然后通过执行一系列审计程序获取充分、适当的审计证据以实现审计目标。

**【注意事项3－4】** 管理层的认定是确定具体审计目标的基础。在审计实务中，注册会计师通常是将管理层的认定转化为能够通过审计程序予以实现的审计目标。

管理层认定、具体审计目标和审计程序之间的关系如表3－3所示。

**表3－3　管理层认定、具体审计目标和审计程序之间的关系(举例)**

| 认　定 | 具体审计目标 | 审计程序 |
|---|---|---|
| 存在 | 资产负债表列示的存货确实存在 | 实施存货监盘程序 |
| 完整性 | 销售收入包括所有已发货的交易 | 检查发货单和销售发票是否连续编号以及销售明细账 |
| 准确性、计价与分摊 | 应收账款反映的销售业务是否基于正确的价格和数量，计算是否正确 | 比较价格清单与发票价格、发货单与销售订购单上的数量是否一致，重新计算发票上的金额 |
| 截止 | 销售业务记录在恰当的期间 | 比较上一年度最后几天和下一年度最初几天的发货单日期与记账日期 |
| 权利和义务 | 资产负债表中的固定资产确实为公司所有 | 查阅所有权书、购货合同、结算单和保险单 |
| 计价和分摊 | 以净值记录应收账款 | 检查应收账款账龄分析表、评估计提的坏账准备是否充分 |

**【例3－8·业务题】** XYZ公司为一家零售商，ABC会计师事务所在接受其审计委托后，委派甲注册会计师担任项目合伙人，并将签署审计报告。经审计预备调查，甲注册会计师确定存货项目为重点审计领域，同时决定根据财务报表认定确定存货项目的具体

审计目标,并选择相应的具体审计程序以保证审计目标的实现。财务报表认定与相关审计程序如下:

1. 财务报表认定

(1) 完整性。

(2) 存在。

(3) 分类和可理解性。

(4) 权利和义务。

(5) 计价与分摊。

2. 审计程序

(6) 检查现行销售价目表。

(7) 检查财务报表附注。

(8) 在监盘存货时,选择一定样本,确定其是否包括在盘点表内。

(9) 选择一定样本量的存货会计记录,检查支持记录的购货合同和发票。

(10) 在监盘存货时,选择盘点表内一定样本量的存货记录,确定存货是否在库。

(11) 测试直接人工费用的合理性。

**要求:**将相关序号填入下表。

| 财务报表认定 | 具体审计目标 | 审计程序 |
|---|---|---|
| | 公司对存货均拥有所有权 | |
| | 记录的存货数量包括了公司所有的在库存货 | |
| | 已按成本与可变现净值孰低法调整期末存货的价值 | |
| | 存货成本计算准确 | |
| | 存货的主要类别和计价基础已在财务恰当披露 | |

**【参考答案】**

| 财务报表认定 | 具体审计目标 | 审计程序 |
|---|---|---|
| (4) | 公司对存货均拥有所有权 | (9) |
| (1) | 记录的存货数量包括了公司所有的在库存货 | (8) |
| (5) | 已按成本与可变现净值孰低法调整期末存货的价值 | (6) |
| (5) | 存货成本计算准确 | (11) |
| (3) | 存货的主要类别和计价基础已在财务恰当披露 | (7) |

## 概念索引

审计总体目标　管理层认定　审计具体目标

## 项目总结

审计目标包括财务报表审计总体目标和各类交易、账户余额和披露相关的审计具体目标两个层次。

会计责任和审计责任是两种不同性质的责任，既不能相互替代，也不能相互转嫁。为履行编制财务报表的职责，管理层和治理层通常设计、执行和维护必要的内部控制，以使财务报表不存在由于舞弊或错误导致的重大错报。这是被审计单位管理层和治理层的会计责任，通过签署财务报表确认其责任。为履行审计财务报表的职责，注册会计师应当遵守职业道德规范，按照审计准则的规定计划和实施审计工作，获取充分、适当的审计证据，并根据获取的审计证据得出合理的审计结论，发表恰当的审计意见。这是注册会计师的审计责任，通过签署审计报告确认其责任。注册会计师的审计责任不能替代、减轻或免除被审计单位负责人的会计责任。

认定是指管理层对财务报表组成要素的确认、计量、列报做出的明确或隐含的表达。认定与目标密切相关，注册会计师的基本职责就是确定被审计单位管理层对其财务报表的认定是否恰当。注册会计师了解认定后，就很容易确定每个项目的具体审计目标，并以此作为评估重大错报风险以及设计和实施进一步审计程序的基础。

## 项目练习

### 一、单选题

1. 针对下列各项目分别提出的具体目标中，属于完整性目标的是(　　)。

A. 实现的销售是否均已登记入账

B. 关联交易类型、金额是否在附注中恰当披露

C. 将下期交易提前到本期入账

D. 有价证券的金额是否予以适当列示

2. 注册会计师在审计“应付账款”余额时，下列属于管理层明示性认定的是(　　)。

A. 权利和义务　　B. 完整性

C. 存在　　D. 分类与可理解性

3. 以下有关期末存货监盘程序中，与测试存货盘点记录的完整性不相关的是(　　)。

A. 从存货盘点记录中选取项目追查至存货实物

B. 从存货实物中选取项目追查至存货盘点记录

C. 在存货盘点过程中关注存货的移动情况

D. 在存货盘点结束前再次观察盘点现场

4. 下列应收账款的认定，通过实施函证程序，注册会计师认为最可能证实的是(　　)。

A. 计价和分摊　　B. 分类　　C. 存在　　D. 完整性

5. 注册会计师通过复查被审计单位的账龄分析表和坏账准备计算表这一审计程序最

有可能证实被审计单位应收账款的(　　)认定。

A. 存在　　　　B. 准确性

C. 计价和分摊　　　　D. 完整性

## 二、多选题

1. 注册会计师对财务报表实施审计的目标是对(　　)发表审计意见。

A. 被审计单位是否存在违法违规的行为

B. 财务报表是否按照适用的会计准则和相关会计制度的规定编制

C. 财务报表是否在所有重大方面公允反映被审计单位的财务状况、经营成果和现金流量

D. 财务报表是否真实反映了管理层的判断和决策

2. 具体审计目标是注册会计师根据被审计单位管理层对财务报表的认定推论得出的，具体审计目标一般包括(　　)。

A. 总体合理性与其他审计目标

B. 与所审期间各类交易和事项相关的审计目标

C. 与期末账户余额相关的审计目标

D. 与列报和披露相关的审计目标

3. 被审计单位已将固定资产做抵押，但未在财务报表附注中披露，则涉及的认定包括(　　)。

A. 计价与分摊　　　　B. 完整性

C. 发生以及权利和义务　　　　D. 分类和可理解性

4. 以下关于财务报表审计目标的说法中，正确的有(　　)。

A. 审计目标包括财务报表审计目标以及各类交易、账户余额和披露相关的审计目标两个层次

B. 财务报表审计目的是保证财务报表预期使用者对财务报表完全信赖

C. 注册会计师获取的审计证据是说服性而非结论性的，因此审计只能提供合理保证不能提供绝对保证

D. 由于利益冲突、财务信息的重要性、复杂性和间接性等原因，财务报表使用者希望注册会计师对财务报表的合法性和公允性发表意见

5. 某公司20×1年12月31日资产负债表流动资产项目下列示货币资金200万元，则隐含的认定包括(　　)。

A. 记录的货币资金是存在的

B. 记录的货币资金全部为本公司所有

C. 全部货币资金的使用不受任何限制

D. 所有的货币资金都包括在财务报表中

## 三、判断题

1. 审计只能提供合理保证，不能提供绝对保证。　　(　　)

2. 审计总目标是注册会计师必须确保对财务报表整体是否不存在由于舞弊或错误导致的重大错报。 （　）

3. 财务报表如果存在重大错报，而注册会计师通过审计没有能够发现，则可以减轻管理层对财务报表的编制责任。 （　）

4. 发生目标针对潜在的高估，而完整性目标则针对漏记交易。 （　）

5. 财务报表审计的总体目标对注册会计师的审计工作发挥着导向作用。因此，在开展审计工作设计具体的审计程序之前，有必要明确审计工作的总体目标。 （　）

## 四、思考题

1. 简述审计总体目标的内容。

2. 简述管理层认定和具体审计目标的对应。

3. 简述被审计单位管理层和注册会计师分别对财务报告承担的责任。

## 五、案例题

**资料：**

ABC会计师事务所对XYZ股份有限公司20×1年度的财务报表进行审计，A注册会计师担任外勤负责人，并将签署审计报告。经过风险评估，A注册会计师将购进和付款循环中的交易事项定为重点审计领域。A注册会计师选定XYZ股份有限公司购进和付款循环的有关审计具体目标并进行实质性测试程序。

1. 审计目标

(1) 所记录的采购交易和事项已发生，且与被审计单位有关。

(2) 所有应当记录的采购和事项均已记录。

(3) 与采购交易和事项有关的金额及其他数据已恰当记录。

(4) 采购交易和事项已记录于恰当的账户。

(5) 采购交易已记录于正确的会计期间。

2. 实质性程序

(6) 将采购明细账中记录的交易同购货发票、验收单和其他证明文件比较。

(7) 参照购货发票，比较会计科目表上的分类。

(8) 从购货发票追查至采购明细账。

(9) 从验收单追查至采购明细账。

(10) 将验收单和购货发票上的日期与采购明细账中的日期进行比较。

(11) 检查购货发票、验收单、订货单和请购单的合理性和真实性。

**要求：**

(1) A注册会计师确定上述具体审计目标的依据是什么？A注册会计师设计上述审计程序的主要依据是什么？

(2) 将审计目标对应的管理层认定以及执行的审计程序所实现的审计目标填入下表。

| 相关认定 | 审计目标(已知) | 实质性程序 |
| --- | --- | --- |
|  | (1) 所记录的采购交易已发生,且与被审计单位有关 |  |
|  | (2) 所有应当记录的采购和事项均已记录 |  |
|  | (3) 与采购交易有关的金额及其他数据已恰当记录 |  |
|  | (4) 采购交易已记录于恰当的账户 |  |
|  | (5) 采购交易已记录于正确的会计期间 |  |

拓展阅读资料

思政园地

# 项目四 审计计划

## 知识目标

1. 了解总体审计策略的含义和内容。
2. 理解具体审计计划的含义和内容。
3. 熟悉总体审计策略与具体审计计划之间的关系。
4. 理解审计重要性的含义及重要性水平的确定。

## 技能目标

1. 能制定总体审计策略。
2. 会设计和实施具体审计计划。
3. 能确定重要性水平。

## 案例导入

### 制定审计计划

某会计师事务所对甲公司(大型制造企业)连续审计多年,以前的审计结果显示,该公司的财务报表一直是合法公允的,出具的审计报告均为无保留意见审计报告。今年,会计师事务所委派一名新入职的职员王某负责该公司上一年财务报表的审计工作。审计期间王某向会计师事务所报告了如下事项:① 甲公司年初对存货系统进行了自动化改造;② 该公司总会计师在存货自动化改造期间辞职,其职位空闲长达3个月;③ 对该公司控制测试发现很多控制缺陷。王某向事务所报告相关事项后未对自动化系统进行测试,也没有执行偿债能力等指标分析程序。几个月后该公司陷入严重的财务危机,无法偿还到期债务。调查发现该公司计算机系统的存货定价错误,且未考虑存货的贬值问题,存货价值被严重高估。企业新任总会计师通过伪造出口报关单、伪造购销合同、虚开增值税专用发票等手段,虚构主营业务收入和巨额利润。负责存货审计的新职员王某,只测试了少量存货样本,认为样本中存在的存货计价错误不重要,未扩大审计程序,未保持应有的职业谨慎。这些情况最终导致审计失败。

**思考:**

该审计失败案例对我们有哪些启示?注册会计师在制定审计计划时,应考虑哪些内容?

# 任务一　总体审计策略

合理的审计计划有助于注册会计师关注重点审计领域，及时发现和解决潜在问题及恰当地组织和管理审计工作，以使审计工作更加有效。同时，充分的审计计划可以帮助注册会计师对项目组成员进行恰当分工和指导监督，并复核其工作。充分的审计计划还有助于协调其他注册会计师和专家的工作。

## 一、审计计划的两个层次

审计计划分为总体审计策略和具体审计计划两个层次，统称计划审计工作。计划审计工作是对审计预期的性质、时间和范围制定一个总体战略和一套详细方案。总体审计策略是具体审计计划的指导，具体审计计划是总体审计策略的延伸。计划审计工作对于审计人员顺利完成审计工作和控制审计风险具有非常重要的意义。

**【知识链接 4-1】**《中国注册会计师审计准则第 1201 号——计划审计工作》第三条规定："计划审计工作包括针对审计业务制订总体审计策略和具体审计计划。"

**【例 4-1·多选题】** 审计计划可分为(　　　　)两个层次。

A. 总体审计策略　　　　B. 具体审计计划

C. 全面审计计划　　　　D. 详细审计计划

**【答案】** AB。

## 二、总体审计策略

注册会计师应当为审计工作制定总体审计策略。总体审计策略用以确定审计范围、时间安排和方向，并指导制定具体审计计划。在制定总体审计策略时，注册会计师应当考虑以下主要事项。

总体审计策略

### (一) 审计范围

注册会计师在确定审计范围时，需要考虑下列具体事项：

(1) 编制拟审计的财务信息所依据的财务报告编制基础，包括是否需要将财务信息调整至按其他财务报告编制基础编制；

(2) 特定行业的报告要求，如某些行业监管机构要求提交的报告；

(3) 预期审计工作涵盖的范围，包括应涵盖的组成部分的数量及所在地点；

(4) 母公司和集团组成部分之间存在的控制关系的性质，以确定如何编制合并财务报表；

(5) 由组成部分注册会计师审计组成部分的范围；

(6) 拟审计的经营分部的性质，包括是否需要具备专门知识；

(7) 外币折算，包括外币交易的会计处理、外币财务报表的折算和相关信息的披露；

(8) 除为合并目的执行的审计工作之外，对个别财务报表进行法定审计的需求；

(9) 内部审计工作的可获得性及注册会计师拟信赖内部审计工作的程度；

(10) 被审计单位使用服务机构的情况，以及注册会计师如何取得有关服务机构内部控制设计和运行有效性的证据；

(11) 对利用在以前审计工作中获取的审计证据（如获取的与风险评估程序和控制测试相关的审计证据）的预期；

(12) 信息技术对审计程序的影响，包括数据的可获得性和对使用计算机辅助审计技术的预期；

(13) 协调审计工作与中期财务信息审阅的预期涵盖范围和时间安排，以及中期审阅所获取的信息对审计工作的影响；

(14) 与被审计单位人员的时间协调和相关数据的可获得性。

**【例 4-2·多选题】** 注册会计师 A 在制定甲公司 20×1 年度财务报表审计的总体审计策略时，为了界定审计范围，需要考虑的事项包括(　　)。

A. 甲公司编制拟审计的财务信息所依据的财务报告编制基础

B. 对利用在以前审计工作中获取的审计证据的预期

C. 内部审计工作的可获得性及注册会计师拟信赖内部审计工作的程度

D. 甲公司对外报告的时间表

**【答案】** ABC。

**【解析】** 选项 D 是在确定时间安排时应考虑的事项。

**(二) 报告目标、时间安排及所需沟通的性质**

为计划报告目标、时间安排和所需沟通，需要考虑下列事项：

(1) 被审计单位对外报告的时间表，包括中间阶段和最终阶段；

(2) 与管理层和治理层举行会谈，讨论审计工作的性质、时间安排和范围；

(3) 与管理层和治理层讨论注册会计师拟出具的报告的类型和时间安排以及沟通的其他事项（口头或书面沟通），包括审计报告、管理建议书和向治理层通报的其他事项；

(4) 与管理层讨论预期就整个审计业务中对审计工作的进展进行的沟通；

(5) 与组成部分注册会计师沟通拟出具的报告的类型和时间安排，以及与组成部分审计相关的其他事项；

(6) 项目组成员之间沟通的预期性质和时间安排，包括项目组会议的性质和时间安排，以及复核已执行工作的时间安排；

(7) 预期是否需要和第三方进行其他沟通，包括与审计相关的法定或约定的报告责任。

**【例 4-3·多选题】** 注册会计师在确定报告目标、时间安排和所需沟通时，需要考虑的事项包括(　　)。

A. 被审计单位对外报告的时间表

B. 由组成部分注册会计师审计组成部分的范围

C. 与管理层讨论预期就整个审计业务中对审计工作的进展进行的沟通

D. 项目组成员之间沟通的性质和时间安排

**【答案】** ACD。

**【解析】** 选项B属于注册会计师确定审计范围时需要考虑的事项。

### (三) 审计方向

在确定审计方向时,注册会计师需要考虑下列事项:

(1) 重要性方面。具体包括:

① 为计划目的确定重要性;

② 为组成部分确定重要性且与组成部分的注册会计师沟通;

③ 在审计过程中重新考虑重要性;

④ 识别重要的组成部分和账户余额。

**【注意事项4-1】** 注册会计师在制定总体审计策略时,必须明确财务报表整体重要性水平,否则将被视为存在过失。

(2) 重大错报风险较高的审计领域。

(3) 评估的财务报表层次的重大错报风险对指导、监督及复核的影响。

(4) 项目组人员的选择(在必要时包括项目质量控制复核人员)和工作分工,包括向重大错报风险较高的审计领域分派具备适当经验的人员。

(5) 项目预算,包括考虑为重大错报风险可能较高的审计领域分配适当的工作时间。

(6) 如何向项目组成员强调在收集和评价审计证据过程中保持职业怀疑必要性。

(7) 以往审计中对内部控制运行有效性评价的结果,包括所识别的控制缺陷的性质及应对措施。

(8) 管理层重视设计和实施健全的内部控制的相关证据,包括这些内部控制得以适当记录的证据。

(9) 业务交易量规模,以基于审计效率的考虑确定是否依赖内部控制。

(10) 对内部控制重要性的重视程度。

(11) 影响被审计单位经营的重大发展变化,包括信息技术和业务流程的变化,关键管理人员变化,以及收购、兼并和分立。

(12) 重大的行业发展情况,如行业法规变化和新的报告规定。

(13) 会计准则及会计制度的变化。

(14) 其他重大变化,如影响被审计单位的法律环境的变化。

**【例4-4·多选题】** 总体审计策略的制定应当包括考虑影响审计业务的重要因素,以确定项目组工作方向。这些因素包括(　　)。

A. 确定适当的重要性水平　　B. 重大错报风险较高的审计领域

C. 项目组人员的选择和工作分工　　D. 影响被审计单位经营的重大发展变化

**【答案】** ABCD。

### (四) 审计资源

注册会计师应当在总体审计策略中清楚地说明审计资源的规划和调配,包括确定执行审计业务所必须的审计资源的性质、时间安排和范围。

(1) 向具体审计领域调配的资源,包括向高风险领域分派有适当经验的项目组成员,就复杂的问题利用专家工作等。

(2) 向具体审计领域分配资源的多少,包括分派到重要地点进行存货监盘的项目组成员的数量,对其他注册会计师工作的复核范围,对高风险领域安排的审计时间预算等。

(3) 何时调配这些资源,包括是在期中审计阶段还是在关键的截止日期调配资源等。

(4) 如何管理、指导、监督这些资源,包括预期何时召开项目组预备会和总结会,预期项目负责人和经理如何进行复核,是否需要实施项目质量控制复核等。

**【例 4-5·多选题】** 注册会计师应当在总体审计策略中清楚地说明审计资源的规划和调配,包括(　　)。

A. 向具体审计领域调配的资源,包括向高风险领域分派有适当经验的项目组成员,就复杂的问题利用专家工作等

B. 如何管理、指导、监督这些资源,包括预期何时召开项目组预备会和总结会,预期项目合伙人和经理如何进行复核,是否需要实施项目质量控制复核等

C. 何时调配这些资源,包括是在期中审计阶段还是在关键的截止日期调配资源等

D. 向具体审计领域分配资源的多少,包括分派到重要地点进行存货监盘的项目组成员的人数,在集团审计中复核组成部分注册会计师工作的范围,向高风险领域分配的审计时间预算等

**【答案】** ABCD。

**【解析】** 注册会计师应当在总体审计策略中清楚地说明审计资源的规划和调配,包括确定执行审计业务所必需的审计资源的性质、时间安排和范围。

# 任务二　具体审计计划

## 一、具体审计计划

具体审计计划

注册会计师应当为审计工作制定具体审计计划。具体审计计划比总体审计策略更加详细,其内容包括为获取充分、适当的审计证据以将审计风险降至可接受的低水平,项目组成员拟实施的审计程序的性质、时间安排和范围。

### (一) 制定具体审计计划的目的

注册会计师制定具体审计计划以实现以下目的:

(1) 获取充分、适当的审计证据以将审计风险降至可接受的低水平。

(2) 确定审计程序的性质、时间安排和范围。

可以说,为获取充分、适当的审计证据而确定审计程序的性质、时间安排和范围的决策是具体审计计划的核心。

**【注意事项 4-2】** 具体审计计划中讨论的"审计证据""审计风险""审计程序"全部针对的是"认定"层次。

**(二) 具体审计计划的内容**

具体审计计划应当包括风险评估程序、计划实施的进一步审计程序和其他审计程序。

1. 风险评估程序

具体审计计划应当包括按照《中国注册会计师准则第 1211 号——通过了解被审计单位及其环境识别和评估重大错报风险》的规定，注册会计师为了了解被审计单位及其环境(包括内部控制)，以识别和评估财务报表层次和认定层次的重大错报风险(无论该错报由于舞弊或错误导致)而实施的审计程序。(详细内容见项目八风险评估)

2. 计划实施的进一步审计程序(控制测试和实质性程序)

具体审计计划应当包括按照《中国注册会计师准则第 1231 号——针对评估的重大错报风险采取的应对措施》的规定，注册会计师应当针对评估的认定层次的重大错报风险，设计实施进一步审计程序，包括审计程序的性质、时间安排和范围。(详细内容见项目九风险应对)

3. 计划实施的其他审计程序

计划的其他审计程序指上述进一步审计程序的计划中没有涵盖，根据其他审计准则的要求注册会计师应当执行的既定程序。

**【知识链接 4-2】** 在审计计划阶段，注册会计师除了按照《中国注册会计师准则第 1211 号——通过了解被审计单位及其环境识别和评估重大错报风险》进行计划工作外，还需兼顾其他准则中规定的、针对特定项目在审计计划阶段应执行的程序及记录要求。例如，《中国注册会计师审计准则第 1141 号——财务报表审计中舞弊相关的责任》《中国注册会计师审计准则第 1324 号——持续经营》《中国注册会计师审计准则第 1142 号——财务报表中对法律法规的考虑》及《中国注册会计师审计准则第 1323 号——关联方》等准则中对注册会计师针对这些特定项目在审计计划阶段应当执行的程序及其记录做出了规定。

**【例 4-6·多选题】** 以下事项属于注册会计师制定具体审计计划时应当考虑的内容的有(　　)。

A. 识别、评估与应对舞弊嫌疑或舞弊指控

B. 对销售业务流程内部控制的了解、评价以及设计的拟实施控制测试性质、时间安排和范围

C. 确定的财务报表整体重要性水平

D. 对被审计单位重要会计估计事项进行职业判断，必要时考虑利用专家工作

**【答案】** ABD。

**【解析】** 具体审计计划的内容涉及财务报表项目认定层次的审计程序，也涉及特殊项目风险的识别、评估与应对，选项 AD 属于针对涉及特殊项目的具体审计计划，选项 B 属于风险评估程序中用来了解被审计单位内部控制的具体审计计划，选项 C 属于总体审计策略的内容。

## 二、审计过程中对计划的更改

### （一）对计划审计工作的认识

计划审计工作是对审计预期的性质、时间和范围制定一个总体战略和一套详细方案。计划审计工作十分重要。如果没有恰当的审计计划，不仅无法获取充分、适当的审计证据，影响审计目标的实现，而且还会浪费有限的审计资源，影响审计工作的效率。因此，对于任何一项审计业务，注册会计师在执行具体审计程序之前，都必须根据具体情况制定科学、合理的审计计划，使审计业务以有效方式得到执行。

计划审计工作并非审计业务的一个孤立阶段，而是一个持续的、不断修正的过程，并贯穿整个审计过程的始终。审计实务中，注册会计师通常在前一期审计工作结束后即开展本期的审计计划工作，并直到本期审计工作结束为止。

**【例 4-7·单选题】** 下列关于总体审计策略和具体审计计划的说法中，不正确的是（　　）。

A. 注册会计师应当在总体审计策略中清楚地说明审计资源的规划和调配，包括确定执行审计业务所必需的审计资源的性质、时间安排和范围

B. 总体审计策略用以确定审计范围、时间安排和方向，并指导具体审计计划的制定

C. 具体审计计划应当包括风险评估程序、计划实施的进一步审计程序和计划的其他审计程序

D. 计划审计工作是审计业务的一个孤立阶段，一经确定不能更改

**【答案】** D。

**【解析】** 计划审计工作并非审计业务的一个孤立阶段，而是一个持续的、不断修正的过程，贯穿于整个审计业务的始终。

### （二）审计计划更改的基本要求

由于未预期事项、条件的变化或在实施审计程序中获取新的审计证据等原因，在审计过程中，注册会计师应当在必要时对总体审计策略和具体审计计划做出更新和修改。

### （三）导致审计计划修改的特别事项

审计过程可以分为不同阶段，通常前期阶段的工作结果会对后面阶段工作计划产生一定的影响，而后面阶段的工作过程中又可能发现需要对已制定的相关计划进行相应的更新和修改。通常来讲，这些更新和修改可能涉及比较重要的事项。

下列事项的修改会直接导致修改审计计划，而审计计划一旦被更新和修改，审计工作就要进行相应的修正和适时调整：

（1）对重要性水平的修改；

（2）对某类交易、账户余额和披露的重大错报风险评估的更新和修改；

（3）对进一步审计程序（包括总体方案和拟实施的具体审计程序）的更新和修改等。

如果注册会计师在审计过程中对总体审计策略或具体审计计划做出重大修改，应当在审计工作底稿中记录做出的重大修改及其理由。

### 三、指导、监督与复核

#### (一) 基本要求

注册会计师应当在评估重大错报风险的基础上,制定计划来确定对项目组成员的指导、监督以及对其工作进行复核的性质、时间安排和范围。当评估的重大错报风险增加时,注册会计师通常会扩大指导与监督的范围,增强指导与监督的及时性,执行更详细的复核工作。在计划复核的性质、时间安排和范围时,注册会计师还应考虑单个项目组成员的专业素质和胜任能力。

#### (二) 审计项目合伙人对项目组成员指导、监督和复核时应当考虑的因素

项目组成员的指导、监督以及对其工作进行复核的性质、时间安排和范围主要取决于下列因素:

(1) 被审计单位的规模和复杂程度;

(2) 审计领域;

(3) 评估的重大错报风险;

(4) 执行审计工作的项目组成员的专业素质和胜任能力。

## 任务三　重要性

### 一、重要性的含义

审计重要性是贯穿审计全过程的一个非常重要的概念,是注册会计师据以发表审计意见的基本要素。正确理解重要性含义并有效地加以运用,对于保证审计质量、实现审计目标具有十分重要的意义。

重要性的含义

重要性可从下列方面进行理解:

(1) 如果合理预期错报(包括漏报)单独或汇总起来可能影响财务报表使用者依据财务报表做出的经济决策,则通常认为错报是重大的。

重要性的确定要看错报(包括漏报)单独或汇总起来是否影响报表使用者决策。

(2) 对重要性的判断是根据具体环境做出的,并受错报金额或性质的影响,或受两者共同作用的影响。

重要性的确定离不开具体环境,并且需要考虑数量和性质两个方面。

**【知识链接 4-3】** 《中国注册会计师审计准则第 1221 号——计划和执行审计工作时的重要性》第七条规定,在计划审计工作时确定的重要性(即确定的某一金额),并不必然表明单独或汇总起来低于该金额的未更正错报一定被评价为不重大。即使某些错报低于重要性,与这些错报相关的具体情形可能使注册会计师将其评价为重大。此外,注册会计师在评价未更正错报对财务报表的影响时,不仅要考虑错报金额的大小,还要考虑错报的性质以及错报发生的特定环境。

(3) 判断某事项对财务报表使用者是否重大，是在考虑财务报表使用者整体共同的财务信息需求的基础上做出的。由于不同财务报表使用者对财务信息的需求可能差异很大，因此不考虑错报对个别财务报表使用者可能产生的影响。

重要性的确定要站在财务报表使用者整体的视角。

可见，重要性实质上强调的是一个“度”。在审计报告中，允许一定程度的不准确或不正确的存在，但是要以这个“度”为界。如果会计信息的错报或漏报单独或汇总起来可能影响到财务报表使用者的决策或判断，就认为其重要，否则就不重要。重要性的确定是一个复杂的过程，影响重要性的因素很多。不同的注册会计师在确定同一被审计单位的重要性时，得出的结果可能不同。因此，注册会计师应当根据被审计单位面临的环境，并综合考虑其他因素，运用职业判断来合理确定重要性。

**【知识链接4-4】**《中国注册会计师审计准则第1101号——注册会计师总体目标和审计工作的基本要求》第十六条规定：“职业判断是指在审计准则、财务报告编制基础和职业道德要求的框架下，注册会计师综合运用相关知识、技能和经验，做出适合审计业务具体情况、有根据的行为决策。”《中国注册会计师审计准则第1221号——计划和执行审计工作时的重要性》第五条规定：“注册会计师对重要性的确定属于职业判断，受注册会计师对财务报表使用者对财务信息需求的认识的影响。”

**【例4-8·多选题】** 在理解重要性概念时，下列表述中正确的有(　　)。

A. 重要性取决于在具体环境下对错报金额和性质的判断

B. 如果一项错报单独或连同其他错报可能影响财务报表使用者依据财务报表做出的经济决策，则该项错报是重大的

C. 判断一项错报对财务报表是否重大，应当考虑对个别特定财务报表使用者产生的影响

D. 较小金额错报的累计结果，可能对财务报表产生重大影响

**【答案】** ABD。

**【解析】** 根据准则的规定，判断一个事项对财务报表使用者是否重大，是将使用者作为一个群体对共同性的财务信息的需求来考虑的。没有考虑错报对个别特定使用者可能产生的影响，因为个别特定使用者的需求可能极其不同，所以选项C不正确。

**【例4-9·多选题】** 重要性取决于在具体环境下对错报金额和性质的判断。以下关于重要性的理解不正确的是(　　)。

A. 重要性的确定离不开具体环境

B. 重要性包括对数量和性质两个方面的考虑

C. 重要性是针对管理层决策的信息需求而言的

D. 对重要性的评估需要运用职业判断

**【答案】** ABD。

**【解析】** 重要性是针对财务报表使用者决策的信息需求而言的。

## 二、审计重要性的运用

### (一) 审计实务中运用审计重要性的意义

注册会计师在审计过程中应当运用重要性原则。审计重要性水平是重要性的数量表示,是一个数量门槛或金额临界点。设定重要性水平是现代审计的一个重要创新,在审计实务中运用重要性原则,具有十分重大的意义。

1. 有利于防范审计风险

重要性水平的恰当判断对降低审计风险、保证审计质量有重大帮助作用。在抽样审计情况下,注册会计师对未审计部分要承担一定的风险,而风险的大小与重要性水平的设定、重要性的判断有关。重要性水平越高,审计风险越低;反之,重要性水平越低,审计风险越高。

2. 有利于提高审计效率

由于社会经济环境的发展变化,被审计单位规模不断扩大,企业组织结构日趋复杂,经济事项日渐频繁,对审计工作提出了更高的要求,注册会计师在审计中使用审计抽样愈加普遍,而各类交易、账户余额及列报认定层次的重要性水平(即可容忍错报),在审计抽样确定样本规模及评价抽样结果时显得异常重要。重要性概念为解决注册会计师的抽样决策问题提供了极大的帮助,从而大大提高审计效率。

3. 有利于降低审计成本

从审计费用预算与时间预算方面考虑,注册会计师必须在成本与效益之间进行权衡。重要性原则的正确运用,可以适当减少审计程序、缩小测试范围,使注册会计师把审计重点放在那些可能影响财务报表使用者决策的方面。

### (二) 运用审计重要性的环节

1. 计划和执行财务报表审计工作时

注册会计师使用整体重要性(将财务报表作为整体)的目的有:

(1) 确定风险评估程序的性质、时间安排和范围;

(2) 识别和评估重大错报风险;

(3) 确定进一步审计程序的性质、时间安排和范围。

**【例 4-10·多选题】** 计划和执行财务报表审计工作时使用重要性水平,有助于实现(　　)目的。

A. 确定风险评估程序的性质、时间和范围　B. 识别和评估重大错报风险

C. 确定进一步审计程序的性质、时间和范围　D. 确定重大不确定事项发生的可能性

**【答案】** ABC。

**【注意事项 4-3】** 在审计计划阶段,注册会计师在确定审计程序的性质、时间和范围时,需要考虑重要性;在审计实施阶段,注册会计师应当根据被审计单位具体情况的变化或获取的新信息,及时评价计划阶段确定的重要性是否仍然适当,如果认为不适当,则要修改重要性,进而修改进一步审计程序的性质、时间和范围。另外,计划阶段注册会计师

要确定重要性水平，而实际审计阶段，注册会计师还应当制定一个比重要性水平更低的金额(实际执行的重要性)，以便评估风险和设计进一步审计程序。

2. 确定审计意见类型时

在形成审计结论，确定审计意见类型阶段，注册会计师要使用整体重要性水平和为了特定交易类别、账户余额和披露而确定的较低的重要性水平来评价已识别的错报对财务报表的影响和对审计报告中审计意见的影响。

运用审计重要性的环节如表 4-1 所示。

**表 4-1　运用审计重要性的环节**

| 环　节 | 要　求 | 考虑因素 |
| --- | --- | --- |
| 1 | 在计划和执行财务报表审计工作时，注册会计师运用重要性对重大金额的错报做出判断 | (1) 确定风险评估程序的性质、时间安排和范围<br>(2) 识别和评估重大错报风险<br>(3) 确定进一步审计程序的性质、时间安排和范围 |
| 2 | 确定审计意见类型，注册会计师需要考虑重要性水平评价识别出的错报对审计报告中审计意见的影响以及评价未更正错报对财务报表的影响 | (1) 错报重大但不广泛时，保留意见审计报告<br>(2) 错报重大且广泛时，否定意见或无法表示意见审计报告 |

**【知识链接 4-5】**《中国注册会计师审计准则第 1221 号——计划和执行审计工作时的重要性》第六条规定，在计划和执行审计工作，评价识别的错报对审计的影响，以及未更正错报对财务报表和审计意见的影响时，注册会计师需要运用重要性概念。

## 三、重要性水平的确定

在计划审计工作时，注册会计师应当确定一个可接受的重要性水平，以发现在金额上重大的错报。注册会计师在确定计划的重要性水平时，需要考虑对被审计单位及其环境的了解、审计的目标、财务报表各项目的性质及其相互关系、财务报表项目的金额及其波动幅度。

### (一) 财务报表整体的重要性

1. 财务报表整体重要性的含义

由于财务报表审计的目标是注册会计师通过执行审计工作对财务报表发表审计意见，因此，注册会计师应当考虑财务报表整体的重要性。如果一项错报单独或连同其他错报可能影响财务报表使用者依据财务报表做出的经济决策，则该项错报是重大的。

2. 确定财务报表整体重要性的目的

注册会计师在制定总体审计策略时，应当确定财务报表整体的重要性，以便能够得出财务报表整体是否公允反映的结论。

3. 确定财务报表整体重要性的方法

(1) 基本方法。

确定多大的错报会影响到财务报表使用者所做出的决策，是注册会计师运用职业判断的结果。很多注册会计师根据所在会计师事务所的惯例及自己的经验考虑重要性。

审计实务中，注册会计师通常采用一定方法计算确定重要性水平。其基本原理：先选择一个恰当的基准，再选用适当的百分比乘以该基准，从而得出财务报表整体的重要性。计算公式：

计划重要性水平＝基准(判断基础)×百分比(适用比率)

(2) 选择基准。

在选择基准时，注册会计师需要进行职业判断，根据被审计单位的具体情况合理加以选用。需要考虑的因素包括：① 财务报表要素(如资产、负债、所有者权益、收入和费用)；② 是否存在特定会计主体的财务报表使用者特别关注的项目；③ 被审计单位的性质、所处的生命周期阶段以及所处行业和经济环境；④ 被审计单位所有权结构和融资方式；⑤ 基准的相对波动性。

适当的基准取决于被审计单位的具体情况，包括各类报告收益(如税前利润、营业收入、毛利和费用总额)，以及所有者权益或净资产。对于以营利为目的的实体，通常以经常性业务的税前利润作为基准。如果经常性业务的税前利润不稳定，选用其他基准可能更加合适，如毛利或营业收入。就选定的基准而言，相关的财务数据通常包括前期财务成果和财务状况、本期最新的财务成果和财务状况、本期的预算和预测结果。当然，本期最新的财务成果和财务状况、本期的预算和预测结果需要根据被审计单位的相关变化等做出调整。

(3) 为选定的基准确定百分比。

为选定的基准确定百分比也需要运用职业判断。百分比和选定的基准之间存在一定的联系，如经营性业务的税前利润对应的百分比通常比营业收入对应的百分比要高。例如，对以营利为目的的制造行业实体，注册会计师可能认为经常性业务的税前利润的5%是适当的；而对非营利组织，注册会计师可能认为总收入或费用总额的1%是适当的。

**【注意事项4-4】** 百分比无论是高一些还是低一些，只要符合具体情况，都是适当的。

4. 财务报表整体重要性的选取

由于财务报表整体重要性水平的计算方法是多基准、多比率的，因而同一期间各财务报表整体确定的重要性水平可能不同，即使是同一张财务报表也可能会存在多个重要性水平。在这种情况下，注册会计师应当首先对每张财务报表确定一个重要性水平，然后再从中选择最低者作为财务报表整体重要性水平。也就是说，在计划审计工作时，注册会计师应当选择最低的重要性水平作为财务整体的重要性水平。

### (二) 实际执行的重要性

1. 实际执行的重要性含义

实际执行的重要性是指注册会计师确定的低于财务报表整体的重要性的一个或多个金额，旨在将未更正和未发现错报的汇总数超过财务报表整体的重要性的可能性降至适当的低水平。

2. 确定实际执行的重要性应考虑的因素

确定实际执行的重要性并非简单机械的计算，需要注册会计师运用职业判断，并考虑下列因素的影响：

(1) 对被审计单位的了解(这些了解在实施风险评估程序的过程中得到更新)；

(2) 前期审计工作中识别出的错报的性质和范围；

(3) 根据前期识别出的错报对本期错报做出的预期。

**【例 4-11·多选题】** 注册会计师在确定实际执行的重要性时，考虑的内容包括(　　)。

A. 对被审计单位的了解

B. 根据前期识别出的错报对本期错报做出的预期

C. 前期审计工作中识别出的错报的性质

D. 前期审计工作中识别出的错报的范围

**【答案】** ABCD。

3. 实际执行重要性水平的经验值

审计实务中，注册会计师遇到下列情形应当运用较低的经验百分比(50%)：

(1) 首次接受委托的审计项目；

(2) 连续审计项目，以前年度审计调整较多；

(3) 项目总体风险较高，如处于高风险行业、管理能力欠缺、经常面临较大的市场竞争压力等；

(4) 存在或预期存在值得关注的内部控制缺陷。

审计实务中，注册会计师遇到下列情形应当运用较高的经验百分比(75%)：

(1) 连续审计项目，以前年度审计调整较少；

(2) 项目总体风险低到中等，如处于低风险行业、管理层有足够能力、面临较低的业绩压力等；

(3) 以前期间的审计经验表明内部控制运行有效。

**【例 4-12·多选题】** 注册会计师确定实际执行的重要性水平常常根据被审计单位的情形，以接近财务报表整体重要性 50%或 75%来确定。以下情形中注册会计师不适合采用选择 75%经验百分比的是(　　)。

A. 连续审计，以前年度审计调整较少　　B. 处于低风险行业

C. 首次承接的审计项目　　D. 市场压力较小

**【答案】** C。

4. 计划的重要性水平与实际执行重要性水平之间的关系

计划的重要性水平是报表层次，是策略；实际执行重要性水平是认定层次，是战术。实际执行重要性水平一定低于计划的重要性水平。

不论是财务报表整体的重要性、实际执行的重要性，还是特定类别交易、账户余额或披露的重要性，重要性指的都是财务报表中错报的重大性。

### (三) 审计过程中修改重要性

在审计执行阶段,随着审计过程的推进,注册会计师应当及时评价计划阶段确定的重要性是否仍然合理,并根据具体环境的变化或在审计执行过程中进一步获取的信息,修正计划的重要性,进而修改进一步审计程序的性质、时间安排和范围。

由于下列原因,注册会计师可能需要修改财务报表整体的重要性和特定类别的交易、账户余额或披露的重要性水平(如适用):

(1) 审计过程中情况发生重大变化(如被审计单位决定处置被审计单位的一个重要组成部分);

(2) 获取新信息;

(3) 通过实施进一步审计程序,注册会计师对被审计单位及其经营的了解发生变化。

## 概念索引

总体审计策略　具体审计计划　重要性　财务报表整体重要性水平　实际执行的重要性水平

## 项目总结

审计计划分为总体审计策略和具体审计计划两个层次,统称为计划审计工作。总体审计策略是具体审计计划的指导,具体审计计划是总体审计策略的延伸。注册会计师应当为审计工作制定总体审计策略,并为审计工作制定具体审计计划。

计划审计工作并非审计业务的一个孤立阶段,而是一个持续的、不断修正的过程,贯穿整个审计过程的始终。由于未预期事项、条件的变化或在实施审计程序中获取的审计证据等原因,在审计过程中,注册会计师应当在必要时对总体审计策略和具体审计计划做出更新和修改。

注册会计师在审计过程中应当运用重要性原则。重要性取决于在具体环境下对错报金额和性质的判断。如果一项错报单独或连同其他错报可能影响财务报表使用者依据财务报表做出的经济决策,则该项错报是重大的。注册会计师在制定总体审计策略时,应当确定财务报表整体的重要性,以便能够评价财务报表整体是否公允反映的结论。在审计过程中,注册会计师应当考虑财务报表整体的重要性水平和特定类别交易、账户余额和披露的重要性水平,同时还要确定实际执行的重要性水平。随着审计过程的推进,注册会计师应当及时评价重要性是否仍然合理,并根据具体环境的变化或在审计执行过程中进一步获取的信息,修正计划的重要性,进而修改进一步审计程序的性质、时间安排和范围。

## 项目练习

### 一、单选题

1. 具体审计计划的内容不包括(　　)。

A. 风险评估程序　　B. 进一步审计程序

C. 初步业务活动　　D. 计划其他审计程序

2. (　　)用以确定审计范围、时间和方向。

A. 总体审计策略　　B. 审计业务约定书　　C. 审计依据　　D. 具体审计计划

3. 关于重要性的含义,下列说法中,不正确的是(　　)。

A. 如果合理预期错报可能影响财务报表使用者依据财务报表做出的经济决策,则认为错报是重大的

B. 判断某事项对财务报表使用者是否重大时,应考虑错报对个别财务报表使用者的影响

C. 对重要性的判断是根据具体环境做出的

D. 对重要性的判断受错报的金额或性质的影响,或受两者共同作用的影响

4. 在理解重要性概念时,下列表述中错误的是(　　)。

A. 重要性取决于在具体环境下对错报金额和性质的判断

B. 如果一项错报单独或连同其他错报可能影响财务报表使用者依据财务报表做出的经济决策,则该项错报是重大的

C. 判断一项错报对财务报表是否重大,应当将使用者作为一个群体对共同性的财务信息的需求来考虑

D. 在重要性水平之下的小额错报,无须关注

5. 注册会计师通常认为修改重要性水平的合理理由是(　　)。

A. 审计的时间预算重新调整

B. 约定的审计收费发生变化

C. 公司及其经营环境发生变化

D. 公司在下一年度采用新的固定资产折旧政策

### 二、多选题

1. 下列关于计划审计工作的说法中,不正确的有(　　)。

A. 计划审计工作前充分了解被审计单位及其环境,一旦确定,不需要进行修改

B. 计划审计工作通常由项目组中经验最多的人完成,项目负责人审核批准

C. 小型被审计单位无须制定总体审计策略

D. 项目负责人和项目组其他关键成员应当参与计划审计工作

2. 具体审计计划应包括(　　)。

A. 注册会计师计划实施的风险评估程序的性质、时间和范围

B. 注册会计师计划实施的进一步审计程序的性质、时间和范围
C. 注册会计师需要实施的其他审计程序
D. 导致注册会计师难以实施必要审计程序的情形
3. 注册会计师在确定计划的重要性水平时，需要考虑的因素包括(　　　　)。
A. 对被审计单位及其环境的了解　　　　B. 审计目标
C. 财务报表各项目的性质及其相互关系　　D. 财务报表项目的金额及其波动幅度
4. 下列关于重要性含义的表述中，恰当的有(　　　　)。
A. 如果合理预期错报(包括漏报)单独或汇总起来可能影响财务报表使用者依据财务报表做出的经济决策，则通常认为错报是重大的
B. 对重要性的判断是根据具体环境做出的，并受错报的金额或性质的影响，或受两者共同作用的影响
C. 对重要性的判断只需要考虑错报的金额
D. 判断某事项对财务报表使用者是否重大，是在考虑财务报表使用者整体共同的财务信息需求的基础上做出的
5. 下列有关财务报表层次重要性水平的说法中，正确的有(　　　　)。
A. 如果各个报表的重要性水平不同，应选取平均数作为重要性水平
B. 如所依据的财务报表尚未编制完成，可根据上年报表适当估计年末报表
C. 财务报表层次的重要性水平常常可以作为确定认定层次重要性水平的参考依据
D. 注册会计师需要不断地在审计执行过程中修正计划的重要性水平

## 三、判断题

1. 小型被审计单位无须制定总体审计策略。(　　)
2. 计划审计工作并非审计业务的一个孤立阶段，而是一个持续的、不断修正的过程，贯穿整个审计业务的始终。(　　)
3. 审计计划包括总体审计策略和具体审计计划两个层次。(　　)
4. 确定重要性水平主要是确定财务报表整体重要性和实际执行的重要性。(　　)
5. 运用财务报表整体的重要性确定进一步审计程序的性质、时间安排和范围。(　　)

## 四、思考题

1. 如何理解计划审计工作？
2. 如何理解重要性的含义？
3. 简述确定财务报表整体重要性水平的目的。

## 五、案例题

**资料：**

某注册会计师受委托对XYZ股份有限公司20×1年度的财务报表进行审计。该公司会计报表显示，该年实现利润800万元，资产总额4 000万元。根据XYZ公司的具体情况，假定以税前利润为基准，百分比为5%，以资产总额为基准，百分比为0.5%是恰当

的，注册会计师在审查和阅读该公司会计报表时，发现下列问题：

(1) 该公司10月份虚报冒领工资4万元，被会计人员占为己有；

(2) 11月15日收到业务咨询费8万元，列入小金库；

(3) 资产负债表中的存货低估16万元，原因尚待查明。

上述问题尚未调整。

**要求：**

(1) 对财务报表整体重要性水平进行初步判断；

(2) 根据上述问题，确定各事项是否重要，并简要说明理由；同时说明注册会计师在实施审计阶段和报告阶段应采取的对策。

拓展阅读资料　　思政园地

# 项目五
# 审计方法

## 知识目标

1. 了解常用的审计方法。
2. 熟悉审计抽样的概念、原理、步骤及其应用。

## 技能目标

1. 能运用正确的方法收集审计证据。
2. 能运用各种抽样方法获取审计样本。

## 案例导入

### 琼民源案

海南民源现代农业发展股份有限公司(简称琼民源公司)自1993年4月在深交所上市以来,估价一直表现平平。1996年下半年到1997年1月,海南民源公司(琼民源控股公司)与深圳有色金属财务公司(琼民源股东财务顾问)联手炒作琼民源公司股票,大肆渲染琼民源公司业绩,造成琼民源公司股票价格暴涨13倍,众多投资者盲目跟进,最终蒙受巨大损失。琼民源公司在其年度财务报告中披露其1996年实现净利润5.7亿元,净利润比去年同比增长1 290.68倍。海南中华会计师事务所对琼民源公司1996年的年度财务报告出具了无保留意见的审计报告。后经证券委员会、审计署等有关部门联合查实,琼民源公司在未取得土地使用权的情况下,通过与关联公司及其他方签订合作建房、权益转让等无效合同虚构利润合计5.4亿元。对琼民源公司财务报表进行审计的注册会计师既未对审计证据(无效合同)给予应有的关注,也没有执行必要的审计程序,就出具了无保留意见的审计报告。

**思考:**

海南中华会计师事务所的注册会计师犯了什么样的错误?注册会计师可以采取哪些审计方法获取审计证据?

# 任务一　审计基本方法

审计方法是指注册会计师为了达到特定的审计目的，在审计过程中获取审计证据，形成审计结论和意见而采取的措施、技术和手段。审计方法可按以下情形进行分类。

## 一、按审查书面资料的技术分类

按审查书面资料的技术可分为审阅法、核对法、验算法和分析法。

### (一) 审阅法

审阅法是指注册会计师对被审计单位的会计资料及其他资料进行详细阅读和审查的一种审查技术方法。其侧重于审查书面资料的真实性、合法性。审阅法是一种十分有效的查账技术，不仅可以取得一些直接证据，同时还可以取得一些间接证据。审阅内容主要包括原始凭证的审阅、记账凭证的审阅、账簿的审阅、会计报表的审阅及其他相关资料的审阅。

**【注意事项 5-1】** 注册会计师在审阅会计资料及其他相关资料时，应关注各种书面资料之间的勾稽关系是否存在以及是否存在错误和舞弊的可能。审计实务中，通常把审阅法与核对法结合起来加以运用。

### (二) 核对法

核对法是指注册会计师对被审计单位的书面资料(如凭证、账簿和报表等)记录之间，或对书面资料的记录与实物之间，进行相互勾对以验证其是否相符的一种稽查技术方法。其侧重于审查书面资料之间、书面资料与实物之间的一致性。核对内容主要包括证证核对、账证核对、账账核对、账表核对、表表核对、账实核对等。

**【例题 5-1·单选题】** 在审计实务工作中，往往把审阅法与(　　)结合起来加以运用。

A. 核对法　　B. 分析法　　C. 验算法　　D. 观察法

**【答案】** A。

### (三) 验算法

验算法是指注册会计师对被审计单位书面资料的有关数据进行重新计算，以验证原计算结果是否正确的一种审计方法。

**【例题 5-2·单选题】** 注册会计师对被审计单位书面资料的有关数据进行重新计算的方法属于(　　)。

A. 核对法　　B. 分析法　　C. 验算法　　D. 观察法

**【答案】** C。

### (四) 分析法

分析法是指注册会计师对被审计单位重要的比率或趋势进行的分析，包括调查异常变动及重要比率或趋势与预期数额和相关信息的差异。通常，在整个审计过程中，注册会计师都将会运用分析法。

## 二、按取证顺序与会计核算顺序的关系分类

按取证顺序与会计核算顺序的关系可分为顺查法和逆查法。

### （一）顺查法

顺查法是指审计的取证顺序与反映经济业务的会计资料形成过程相一致的方法。即按会计核算的处理顺序，依次对证、账、表各个环节进行审查的方法。具体操作如下：

顺查法，逆查法

（1）检查原始凭证真实、合法性，并核对记账凭证；

（2）以记账凭证或记账凭证汇总表核对日记账、明细账和总账，视其是否一致，并经过账账、账实的检查核对；

（3）经核实的账簿与财务报表相核对，审查调整结账所编制的报表是否一致，并分析确定财务报表编制的真实性、合法性。

### （二）逆查法

逆查法是指审计取证的顺序与反映经济业务的会计资料形成过程相反的方法。即按会计核算相反的处理顺序，依次对表、账、证各个环节进行审查的方法。具体操作如下：

（1）分析检查财务报表，从中发现异常变动和问题线索，确定审计重点；

（2）追查至相关的日记账、明细账和总账，通过账账、账实的检查核对，进一步确定需要重点检查的记账凭证；

（3）核对记账凭证直至原始凭证，以最终查明问题的原因和过程。

**【注意事项5-2】** 在审计实务中，检查是有方向的。顺查是证实“完整性”认定；逆查是证实“存在”“发生”认定。

## 三、按审计的详略程度分类

按审计的详略程度可分为详查法和抽查法。

### （一）详查法

详查法是指对被审计的某类经济业务和会计资料的全部内容（所有凭证、账簿、报表）毫无遗漏地进行全面详细审查的方法，目的是查找错弊。

### （二）抽查法

抽查法是指对被审计单位被审期内的部分经济业务和会计资料进行检查，并根据检查结果推断总体状况有无错弊的审计方法。（详细内容见本项目任务二审计抽样）

**【注意事项5-3】** 详查法不同于全部审计，全部审计是按审计范围大小进行的分类，与局部审计相对。全部审计不一定采用详查法。抽查法不同于局部审计。抽查法是一种审计方法。局部审计是一种审计类别，是按审计范围大小不同对审计进行的分类。局部审计不一定采用抽查法。

## 四、按对客观事物的证实分类

按对客观事物的证实可分为盘存法、函证法、观察法、调节法、鉴定法。

### （一）盘存法

盘存法是指对被审计单位各项财产、物资进行实地盘点，以确定其数量、品种、规格及其金额等实际情况，借以证实有关实物账户余额是否真实、正确，从中收集实物证据的一种方法。按照方式不同又分直接盘存和监督盘存。

1. 直接盘存

直接盘存是指注册会计师亲自到现场盘点实物，并要求被审计单位有关人员协同执行，以证实书面资料同有关的财产物资是否相符的方法。常用于数量较少但易出现舞弊行为的贵重财产物资的审计。

2. 监督盘存

监督盘存是指注册会计师现场监督被审计单位各种实物资产及现金、有价证券等的盘点，并进行适当的抽查。

**【注意事项5-4】** 实物盘点是被审计单位管理当局的责任，应由被审计单位进行计划、组织和实施，注册会计师只进行现场监督并适当抽查、复点。如发现差异，除应督促被审计单位更正外，还应扩大抽查范围；如发现差错过大，则应要求被审计单位重新盘点。另外，盘存法只能对实物资产是否确实存在提供有力的审计证据，无法验证实物资产的所有权和计价情况。

### （二）函证法

函证法是指注册会计师为印证被审计单位会计记录所载事项是否真实，直接向第三方发函询证以获取相关审计证据的一种方法。函证有两种方式。

函证法

1. 积极式函证

积极式函证要求被询证者在所有情况下必须回函，确认询证函所列示信息是否正确，或填列询证函要求的信息。积极式函证又分两种：一种是在询证函中列明拟函证的账户余额或其他信息，要求被询证者确认所函证的款项是否正确；一种是在询证函中不列明账户余额或其他信息，而要求被询证者填写有关信息或提供进一步信息。积极式函证适用于被审计单位内部控制差、会计核算质量差、金额大、疑点多的情况。

**【注意事项5-5】** 注册会计师采用积极式函证，只有收到回函，才能为财务报表认定提供审计证据。如果没有收到回函，无法证明所函证信息是否正确，必须实施替代程序。

2. 消极式函证

消极式函证要求被询证者仅在不同意询证函列示信息的情况下才予以回函。适用于被审计单位内部控制好，会计核算质量高、金额小、风险较低的情况。

一般情况下，消极式函证不如积极式函证可靠性高。在审计实务中，注册会计师也可将两种方式结合使用。

**【注意事项5-6】** 询证函收发均应由注册会计师控制，不能委托被审计单位代办，以保证审计证据的可靠性。对于无法进行函证的事项应当采用替代程序，以取得必要的审计证据。

**(三) 观察法**

观察法是指注册会计实地观察被审计单位的经营场所、实物资产、有关业务活动、内部控制的执行情况等，以获取审计证据的方法。

**【注意事项5-7】** 观察仅指观察时点，其本身不能作为充分的审计证据来使用，需要其他相关审计证据来佐证。

**(四) 调节法**

调节法是指在审查某个项目时，由于被审计单位结账日数据和审计日数据不一致，通过对有关数据进行增减调节，用来证实结账日数据账实是否一致的审计方法。调节法常用于以下两个方面。

1. 对未达账项的调节

通常编制银行存款余额调节表，对被审计单位与开户银行双方发生的未达账项进行增减调节，以验证银行存款账户的余额是否正确。

2. 对财产物资的调节

当财产物资的盘存日与结账日不同时，结合实物盘存，将盘存日期与结账日期之间新发生的出入库数量，通过一定的计算公式，对盘存日有关财产物资的盘存数进行增减调节，以验证或推算结账日有关财产物资的应结存数。其计算公式如下：

结账日数量＝盘存日盘点数量＋结账日至盘存日发出数量－结账日至盘存日收入数量

**(五) 鉴定法**

鉴定法是指对书面资料、实物和经济活动等的分析、鉴别超过注册会计师的能力和知识水平时，聘请有关专业部门或人员运用专门技术进行确定和识别以获取审计证据的方法。主要用于对书面资料真伪的鉴定，对实物性能、质量、价值的鉴定，以及对经济活动的合法性和有效性的鉴定等。应用鉴定法时，鉴定人员必须提供鉴定结论，鉴定结论必须客观和准确，并作为一种独立的审计证据详细地记入审计工作底稿。

# 任务二 审计抽样

## 一、审计抽样概述

为了在合理的时间内以合理的成本完成审计工作，审计抽样应运而生。审计抽样旨在帮助注册会计师确定实施审计程序的范围(测试低于百分之百的项目)，以获取充分、适当的审计证据，得到合理的结论，作为形成审计意见的基础。

**（一）审计抽样的定义**

审计抽样

审计抽样（即抽样）是指注册会计师对具有审计相关性的总体中低于百分之百的项目实施审计程序，使所有抽样单元都有被选取的机会，为注册会计师对整个总体得出结论提供合理基础。审计抽样能够使注册会计师获取和评价有关所选取项目某一特征的审计证据，以形成或有助于形成有关总体结论。

**【知识链接5－1】**《中国注册会计师审计准则第1314号——审计抽样》第五条规定，总体是指注册会计师从中选取样本并期望据此得出结论的整个数据集合。第六条规定，抽样单元是指构成总体的个体项目。某一特征审计证据包含两层含义：一是控制测试的某一认定控制运行是否有效；二是细节测试的某一认定是否存在重大错报。

**（二）审计抽样的特征**

审计抽样应当同时具备三个基本特征：

（1）对具有审计相关性的总体中低于百分之百的项目实施审计程序；

（2）所有抽样单元都有被选取的机会；

（3）可以根据样本项目的测试结果推断出有关抽样总体的结论。

**【例5－3·多选题】** 下列对审计抽样特征陈述中，恰当的包括（　　）。

A. 对某类交易或金额中低于百分之百的项目实施审计程序

B. 审计抽样是获取审计证据评价控制测试运行有效或验证某一认定金额是否正确

C. 抽样风险可以为零

D. 所有抽样单元都有被随机选取的机会

**【答案】** ABD。

**（三）审计抽样的范围**

审计抽样并非在所有审计程序中都可以使用。注册会计师拟实施的审计程序将对运用审计抽样产生重要影响。在风险评估程序、控制测试和实质性程序中，有些审计程序可以使用审计抽样，有些审计程序则不宜使用审计抽样。

（1）风险评估程序通常不涉及审计抽样。

（2）对于控制测试有的可以实施审计抽样，有的则不宜使用审计抽样。通常是当控制的运行留下轨迹时，注册会计师可以考虑使用审计抽样实施控制测试。但当控制的运行未留下轨迹时，注册会计师通常实施询问、观察、分析等审计程序，以获取有关控制运行有效性的审计证据，此时则不宜使用审计抽样。

（3）实质性程序包括对各类交易、账户余额和披露的细节测试，以及实质性分析程序。在实施细节测试时，注册会计师可以使用审计抽样获取审计证据，以验证有关财务报表金额的一项或多项认定（如应收账款的存在），或对某些金额做出独立估计（如陈旧存货的价值）。如果注册会计师将某类交易或账户余额的重大错报风险评估为可接受的低水平，也可不实施细节测试，此时则不需使用审计抽样。在实施实质性分析程序时，注册会计师也不宜使用审计抽样。

**【例5－4·多选题】** 下列审计程序中可以采用审计抽样的有（　　）。

A. 应收账款函证　　　　　　　　B. 实质性分析程序

C. 存货计价测试　　　　　　　　D. 风险评估程序

【答案】 AC。

## 二、抽样风险与非抽样风险

在获取审计证据时，注册会计师运用职业判断，评估重大错报风险，并设计进一步审计程序，以将审计风险降低至可接受的低水平。在使用审计抽样时，既可能受到抽样风险的影响，又可能受到非抽样风险的影响。抽样风险和非抽样风险通过影响重大错报风险的评估和检查风险的确定而影响审计风险。

### (一) 抽样风险

1. 抽样风险的含义

抽样风险是指注册会计师根据样本结果得出的结论与审计对象总体特征不相符的可能性。抽样风险是由抽样引起的，与样本规模和抽样方法相关。

2. 控制测试中的抽样风险

控制测试中的抽样风险包括信赖过度风险和信赖不足风险。

(1) 信赖过度风险。

信赖过度风险是指注册会计师推断的控制有效性高于其实际有效性的风险。也就是说，抽样结果使注册会计师对内部控制的信赖超过了其实际上应予信赖的可能性。信赖过度风险与审计的效果有关。

对于注册会计师而言，信赖过度风险更容易导致注册会计师发表不恰当的审计意见，因而应当尤为关注。

(2) 信赖不足风险。

信赖不足风险是指注册会计师推断的控制有效性低于其实际有效性的风险。也就是说，抽样结果使注册会计师没有充分信赖实际上应予以信赖的内部控制。信赖不足风险与审计的效率有关。

**【例 5-5·单选题】** 下列抽样风险中，属于注册会计师在控制测试时最容易导致其发表不恰当审计意见的是(　　)。

A. 信赖过度风险　　B. 误拒风险　　C. 信赖不足风险　　D. 误受风险

【答案】 A。

**【解析】** 选项 B、D 属于细节测试中的抽样风险。控制测试中的抽样风险包括信赖过度风险和信赖不足风险，其中信赖过度风险影响的是审计效果，容易导致注册会计师发表不恰当的审计意见；信赖不足风险影响的是审计效率。

3. 细节测试中的抽样风险

细节测试中的抽样风险包括误受风险和误拒风险。

(1) 误受风险。

误受风险是指注册会计师在审计抽样时，推断某一重大错报不存在而实际上存在的风险。也就是抽样结果表明账户余额不存在重大错报,而实际上存在重大错报的可能性。误受风险影响审计效果。

与信赖过度风险类似,误受风险影响审计效果,容易导致注册会计师发表不恰当的审计意见,因而应当尤为关注。

(2) 误拒风险。

误拒风险是指注册会计师推断某一重大错报存在而实际上不存在的风险。也就是抽样结果表明账余额存在重大错报,而实际上不存在重大错报的可能性。误拒风险影响审计效率。

审计测试对审计结果的影响如表 5－1 所示。

**表 5－1　审计测试与审计结果关系**

| 审计测试的种类 | 影响审计效率 | 影响审计结果 |
|---|---|---|
| 控制测试 | 信赖不足风险 | 信赖过度风险 |
| 细节测试 | 误拒风险 | 误受风险 |

无论在控制测试还是在细节测试中,抽样风险都可以分为两种类型:一类是影响审计效果的抽样风险,包括控制测试中的信赖过度风险和细节测试中的误受风险;另一类是影响审计效率的抽样风险,包括控制测试中的信赖不足风险和细节测试中的误拒风险。

**【知识链接 5－2】**《中国注册会计师审计准则第 1314 号——审计抽样》第八条规定:"抽样风险可能导致两种类型的错误结论:① 在实施控制测试时,注册会计师推断的控制有效性高于其实际有效性;或在实施细节测试时,注册会计师推断某一重大错报不存在而实际上存在。注册会计师主要关注这类错误结论,原因是其影响审计效果,非常有可能导致发表不恰当的审计意见。② 在实施控制测试时,注册会计师推断的控制有效性低于其实际有效性;或在实施细节测试时,注册会计师推断某一重大错报存在而实际上不存在。这类错误结论影响审计效率,原因是其通常导致注册会计师实施额外的工作,以证实初始结论是错误的。"

**【例 5－6·单选题】** 下列抽样风险中,属于注册会计师在细节测试时最容易导致其发表不恰当审计意见的是(　　)。

A. 信赖过度风险　　B. 误拒风险　　C. 信赖不足风险　　D. 误受风险

**【答案】** D。

**【解析】** 选项 A、C 属于控制测试中的抽样风险。细节测试中的抽样风险包括误受风险和误拒风险,其中误受风险影响的是审计效果,容易导致注册会计师发表不恰当的审计意见;误拒风险影响的是审计效率,注册会计师会将不存在重大错报的认为存在重大错报而扩大细节测试的范围,所以会影响审计效率,但不会导致发表不恰当的审计意见。

4. 降低抽样风险的对策

只要使用了审计抽样,抽样风险总会存在。在使用统计抽样时,注册会计师可以准确地计量和控制抽样风险。但在使用非统计抽样时,注册会计师无法量化抽样风险,只能根据职业判断进行定性的评价和控制。

抽样风险与样本规模反方向变动:样本规模越小,抽样风险越大;样本规模越大,抽样风险越小。

**【注意事项5-8】** 无论是控制测试还是细节测试,注册会计师都可以通过扩大样本规模降低抽样风险。如果对总体中的所有项目都实施检查,就不存在抽样风险,此时审计风险完全由非抽样风险产生。

**(二) 非抽样风险**

1. 非抽样风险的含义

非抽样风险是指注册会计师由于任何与抽样风险无关的原因而得出错误结论的风险。非抽样风险与抽样无关,主要由因其他因素引起。例如,注册会计师采用了不恰当的审计程序或方式,或因误解审计证据等而未能发现重大错报的可能性。

2. 可能导致非抽样风险的原因

在审计过程中,可能导致非抽样风险的原因包括:

(1) 注册会计师选择的总体不适合测试目标。

(2) 注册会计师未能适当地定义误差(包括控制偏差或错报),导致注册会计师未能发现样本中存在的偏差或错报。

(3) 注册会计师选择了不适于实现特定目标的审计程序。

(4) 注册会计师未能适当地评价审计发现的情况。

3. 降低非抽样风险的审计思路

非抽样风险对审计工作的效率和效果都有一定的影响。非抽样风险是人为错误造成的,虽不能量化非抽样风险,但通过采取适当的质量控制政策和程序,对审计工作进行适当的指导、监督和复核,仔细设计审计程序,以及对实务的适当改进,可以将非抽样风险降至可以接受的水平。

**【例5-7·单选题】** 关于抽样风险和非抽样风险的理解,以下表述中不正确的是(　　)。

A. 抽样风险与样本规模呈反方向变动,注册会计师可以通过扩大样本规模降低抽样风险

B. 通过采取适当的质量控制政策和程序可以将非抽样风险降至可接受的水平

C. 抽样风险和非抽样风险均不能量化

D. 非抽样风险对审计效率和效果均有影响

**【答案】** C。

## 三、统计抽样和非统计抽样

审计抽样时,注册会计师可以使用统计抽样方法,也可以使用非统计抽样方法。注册会计师应当根据具体情况,运用职业判断,考虑成本效益,确定使用统计抽样或非统计抽样,以最有效率地获取审计证据。

**(一) 统计抽样**

统计抽样是指同时具备下列特征的抽样方法:随机选取样本项目,运用概率论评价样

本结果，包括计量抽样风险。如果注册会计师严格按照随机原则选取样本，却没有对样本结果进行统计评估，或者基于非随机选择进行统计评估，都不能认为使用了统计抽样。

**(二) 非统计抽样**

不同时具备统计抽样两个基本特征的抽样方法为非统计抽样。不允许计量抽样的抽样方法都是非统计抽样，即便注册会计师按照随机原则选取样本项目，或使用统计抽样的表格确定样本规模，如果没有对样本结果进行统计评估，仍然是非统计抽样。非统计抽样与统计抽样最重要的区别是统计抽样能够客观地计量抽样风险，并通过调整样本规模精确地控制风险。当然非统计抽样如果设计适当，也能提供与统计抽样方法同样有效的结果。

不管统计抽样还是非统计抽样，两种方法都要求注册会计师在设计、实施和评价样本时运用职业判断。另外，对选取的样本项目实施的审计程序通常与使用的抽样方法无关。

**【注意事项5-9】** 只要使用了审计抽样，抽样风险总会存在。在使用统计抽样时，注册会计师可以准确地计量和控制抽样风险。在使用非统计抽样时，注册会计师无法量化抽样风险，只能根据职业判断对其进行定性的评价和控制。

**【例5-8·单选题】** 下列对统计抽样和非统计抽样说法中不恰当的是(　　)。

A. 统计抽样能客观地计量抽样风险并通过调整精确地控制风险

B. 非统计抽样不能有效设计样本

C. 统计抽样能够定量评价样本结果

D. 使用非统计抽样不能精确计量抽样风险

**【答案】** B。

**【解析】** 统计抽样和非统计抽样只要设计适当都能获取充分、适当的审计证据。

## 四、统计抽样方法

统计抽样方法包括属性抽样和变量抽样两大类。

**(一) 属性抽样**

属性抽样是一种用来对总体中某一事件发生率得出结论的统计抽样方法。属性抽样得出的结论与总体发生率有关。

属性抽样在审计中最常见的用途是测试某一设定控制的偏差率，以支持注册会计师评估的控制风险水平。在属性抽样中，设定控制的每一次发生或偏离都被赋予同样的权重，而不管交易的金额大小。

**(二) 变量抽样**

变量抽样是一种用来对总体金额得出结论的统计抽样方法。变量抽样得出的结论与总体的金额有关。

变量抽样在审计中的主要用途是进行细节测试，以确定记录金额是否合理。

统计抽样方法的应用如表5-2所示。

表 5-2 统计抽样方法的应用

| | | |
|---|---|---|
| 属性抽样 | 控制测试 | 对总体中某一事件发生率得出结论的统计抽样方法，其目的是测试控制的偏差率 |
| 变量抽样 | 细节测试 | 对总体金额得出结论的统计抽样方法，其目的是测试错报金额 |

# 任务三 审计抽样的一般程序

注册会计师实施审计抽样的目标是为得出有关抽样总体的结论提供合理的基础。注册会计师在控制测试和细节测试中使用审计抽样方法，主要分为三个阶段进行：第一阶段是样本设计阶段，旨在根据测试的目标和抽样总体，制定选取样本的计划；第二阶段是选取样本阶段，旨在按照适当的方法从相应的抽样总体中选取所需的样本，并对其实施检查，以确定是否存在误差；第三阶段是评价样本结果阶段，旨在根据对误差的性质和原因的分析，将样本结果推断至总体，形成对总体的结论。

## 一、样本设计阶段

样本设计阶段主要包括确定测试目标、定义总体、定义抽样单元、定义误差构成条件等。

### (一) 确定审计测试的目标

审计抽样必须紧紧围绕审计测试的目标展开，确定测试目标是样本设计阶段的第一项工作。控制测试的目标是获取关于某项控制的设计或运行在财务报表审计期间是否有效的证据，以支持计划的重大错报风险评估水平。细节测试的目标是识别财务报表中种类交易、账户余额和披露中存在的重大错报。

### (二) 定义总体

在实施抽样之前，注册会计师应当定义总体，确保总体的适当性和完整性。

1. 适当性

注册会计师应当确定总体适合于特定的审计目标，包括适合测试的方向。

例如，在控制测试中，如果测试用以保证所有发运商品均已开单的控制是否有效运行，注册会计师应将所有已发运的项目作为总体比较适当。

又如，在细节测试中，如果测试应付账款高估，注册会计师应将应付账款明细表定义为总体。但在测试应付账款低估时，注册会计师应将被审计单位供货商的对账单作为总体比较适当。当然，后来支付的证明、未付款的发票、未付款的验收报告等也可以作为总体，也能提供低估应付账款的证据。

2. 完整性

注册会计师应当从总体项目内容和涉及时间等方面确定总体的完整性，包括代表总体的实物的完整性。

例如，在控制测试中，从总体项目内容来看，如果注册会计师从档案中选取付款证明，除非确信所有的付款证明都已归档，否则注册会计师不能对该期间的所有付款证明做出结论。又如，从总体项目涉及时间来看，如果注册会计师对某一控制活动在财务报告期间是否有效运行做出结论，总体应包括来自整个报告期间的所有相关项目。

例如，在细节测试中，如果注册会计师将总体定义为特定日期的所有应收账款余额，代表总体的实物就是该日应收账款余额明细表。又如，如果总体是某一测试期间的销售收入，代表总体的实物就可能是销售明细账中的销售交易，也可能是销售发票。

**【注意事项5-10】** 注册会计师必须详细了解代表总体的实物，确定代表总体的实物是否包括整个总体。如果代表总体的实物和总体不一致，注册会计师可能对总体得出错误的结论。审计实务中，注册会计师通常通过加总或计算来完成这一工作。例如，注册会计师将发票金额总数与记入总账的销售收入金额总数进行核对。如果注册会计师将选择的实物和总体比较之后，认为代表总体的实物遗留了应包含在最终评价中的总体项目，注册会计师应选择新的实物，或对被排除的实物之外的项目实施替代程序。

### （三）定义抽样单元

在控制测试中，注册会计师定义的抽样单位应与审计测试目标相适应。抽样单元通常是能够提供控制运行证据的文件资料，一个记录或其中一行，每个抽样单元构成了总体中的一个项目。在控制测试中，注册会计师应根据被测试的控制定义抽样单元。例如，如果测试目标是确定付款是否得到授权，且设定的控制要求付款之前授权人在付款单据上签字，抽样单元可能被定为每一张付款单据。

在细节测试中，注册会计师应根据审计目标和所实施审计程序的性质定义抽样单元。抽样单元可能是一个账户余额、一笔交易或交易中的一项记录，甚至为每个货币单元。例如，如果抽样的目标是测试应收账款是否存在，注册会计师可能选择各应收账款明细账余额、发票或发票上的单个项目作为抽样单元。

分层是指将一个总体划分为多个子总体的过程，每个子总体由一组具有相同特征（通常为货币金额）的抽样单元组成。如果总体项目存在重大的变异性，注册会计师可以考虑将总体分层。分层可以降低每层中项目的变异性，从而在抽样风险没有成比例增加的前提下减小样本规模，提高审计效率。

分层可以使注册会计师根据项目的重要性、变化频率或其他特征选取不同的样本量，并针对不同的层次，实施不同的审计程序。例如，为了函证应收账账款，注册会计师可以将应收账款账户按其金额大小分为三层，即账户金额在100 000元及以上的，账户金额在5 000～100 000元的，账户金额在5 000元及以下的。然后根据各层的重要性分别采取不同的选样方法选取进行函证的样本。应收账款明细账户分层示例如表5-3所示。

**表5-3 应收账款明细账户分层示例**

| 层　次 | 分层标准 | 抽样方法 | 函证方式 |
| --- | --- | --- | --- |
| 1 | 金额在100 000元及以上 | 100%函证 | 积极式函证 |

续 表

| 层 次 | 分层标准 | 抽样方法 | 函证方式 |
|---|---|---|---|
| 2 | 金额在5 000～100 000元 | 随机选样 | 积极式函证 |
| 3 | 账户金额在5 000元及以下 | 系统选样 | 消极式函证 |

**【注意事项5-11】** 分层不适合控制测试。在实施细节测试时，注册会计师通常根据金额对总体进行分层。注册会计师应当仔细界定子总体，以使每一抽样单元只能属于一个层。

### (四) 定义误差构成条件

在控制测试中，误差是指控制偏差，注册会计师应根据对内部控制的了解，确定哪些特征能够显示被测试控制的运行情况，然后据此定义偏差构成条件。例如，设定的控制要求每笔支付都应附有发票、收据、验收报告和订购单等证明文件，且均盖上"已付"戳记。注册会计师认为盖上"已付"戳记的发票和验收报告足以显示控制的适当运行。在这种情况下，偏差可能被定义为缺乏盖有"已付"戳记的发票和验收报告等证明文件的款项支付。

在细节测试中，误差是指错报，注册会计师应根据审计目标界定错报。例如，应收账款的函证，客户在函证信息针对的截止日之前已支付而被审计单位在该日之后才收到的款项不构成错报。而且，被审计单位在不同客户之间误登明细账也不影响应收账款总账余额。即使在不同客户之间误登明细账可能对审计的其他方面(如舞弊的可能性或坏账准备的适当性的评估)产生重要影响，注册会计师在评价应收账款函证程序的样本结果时也不宜将其判定为错报。注册会计还可能将被审计单位自己发现并已在适当期间予以更正的错报排除在外。

## 二、选取样本阶段

### (一) 确定样本规模

样本规模是指从总体中选取样本项目的数量。在审计抽样中，如果样本规模过小，就不能反映出审计对象总体的特征，注册会计师就无法获取充分的审计证据，其审计结论的可靠性就会大打折扣，甚至可能得出错误的审计结论。因此，注册会计师应确定足够的样本规模，以将抽样风险降低至可接受的低水平。相反，如果样本规模过大，则会增加审计工作量，造成不必要的时间和人力上的浪费，加大审计成本，降低审计效率，就会失去审计抽样的意义。影响样本规模的因素主要包括有五个。

*1. 可接受的抽样风险——与样本规模反向变动*

注册会计师愿意接受的抽样风险越低，样本规模通常越大；反之，注册会计师愿意接受的抽样风险越高，样本规模通常越小。

在控制测试中，抽样风险包括信赖过度风险和信赖不足风险。信赖过度风险与审计效果有关，更容易导致注册会计师发表不恰当的审计意见，因此，在实施控制测试时，注册会计主要关注信赖过度风险。可接受的信赖过度风险与样本规模反向变动。注册会计师愿意接受的信赖过度风险越低，样本规模通常越大；反之，注册会计师愿意接受的信赖过度风险越高，样本规模通常越小。

在细节测试中，抽样风险包括误受风险和误拒风险。误受风险与审计的效果有关，注册会计师通常更为关注。可接受的误受风险与样本规模反向变动。在确定可接受的误受风险水平时，注册会计需要考虑愿意接受的审计风险水平；评估的重大错报水平；针对同一审计目标或财务报表认定的其他实质性程序的检查风险。在实务中，注册会计愿意承担的审计风险既定时，如果注册会计师将重大错报风险评估为低水平，或更为依赖针对同一审计目标或财务报表认定的其他实质性程序，就可以在计划的细节测试中接受较高的误受风险，从而降低所需要的样本规模；反之，如果注册会计师将重大错报风险水平评估为高水平，而且不执行针对同一审计目标或财务报表认定的其他实质性程序，可接受的误受风险将降低，所需要的样本规模随之增加。

**【例 5-9·单选题】** 可接受的抽样风险与样本规模之间的关系是(　　)。

A. 反向变动　　B. 正向变动　　C. 无关系　　D. 等于

**【答案】** A。

2. 可容忍误差——与样本规模反向变动

可容忍误差是指注册会计师在认为测试目标已实现的情况下准备接受的总体最大误差。

在控制测试中，可容忍误差指的是可容忍偏差率。可容忍偏差率是指注册会计师设定的偏离规定的内部控制程序的比率，注册会计师试图对总体中的实际偏差率不超过该比率获取适当水平的保证。换言之，可容忍偏差率是注册会计师能够接受的最大偏差数量；如果偏差超过这一数量则减少或取消对内部控制的信赖。可容忍偏差率与样本规模反向变动。在确定可容忍偏差率时，注册会计师应考虑计划评估的控制有效性，如果评估认定层次重大错报风险时预期控制的运行是有效的，注册会计师必须实施控制测试。也就是说，注册会计师在风险评估时越依赖控制运行的有效性，确定的可容忍偏差率越低，进行控制测试的范围及样本规模就越大。

在细节测试中，可容忍误差指的是可容忍错报。可容忍错报是指注册会计师设定的货币金额，注册会计师试图对总体的实际错报不超过该货币金额获取适当水平的保证。换而言之，可容忍错报是注册会计师能够接受的最大金额的错报。实际上，可容忍错报是实际执行的重要性这个概念在特定抽样程序中的运用。可容忍错报可能等于或低于实际执行的重要性，这取决于注册会计师的职业判断。可容忍错报与样本规模反向变动。当误受风险一定时，如果注册会计师确定的可容忍错报降低，为实现审计目标所需的样本规模就增加。

3. 预计总体误差——与样本规模同向变动

预计总体误差是指注册会计师根据以前对被审计单位的经验或实施风险评估程序的结果而估计总体可能存在的误差。

在控制测试中，预计总体误差指的是预计总体偏差率。预计总体偏差率与样本规模同向变动。在既定的可容忍偏差率下，预计总体偏差率越大，所需的样本规模越大，预计总体偏差率不应超过可容忍偏差率。如果预期总体偏差率高得无法接受，意味着控制有效性很低,注册会计师通常决定不实施控制测试,而实施更多的实质性程序。

在细节测试中,预计总体误差指的是预计总体错报。预计总体错报与样本规模同向变动。在既定的可容忍错报下,预计总体错报金额和频率越小,所需的样本规模也越小;相反,预计总体错报金额和频率越大,所需的样本规模也越大。预计总体错报不应超过可容忍错报。如果预期错报很高,注册会计师在实施细节测试时对总体进行100%检查或使用较大的样本规模可能较为适当。

4. 总体变异性——与样本规模同向变动

总体变异性是指总体的某一特征(如金额),在各项目之间的差异程度。

在控制测试中,注册会计师在确定样本规模时一般不考虑总体变异性。

在细节测试中,注册会计师确定适当的样本规模时要考虑特征的变异性。衡量这种变异或分散程度的指标是标准差。如果使用非统计抽样,注册会计不需量化期望的总体标准差,但要用"大"或"小"等定性指标来估计总体的变异性。总体项目的变异性越低,通常样本规模越小。注册会计师可以通过分层,将总体分为相对同质的组,以尽可能降低每一组中变异性的影响,从而减少样本规模。

**【例5-10·单选题】** 注册会计师在控制测试确定样本规模时,无须考虑的因素是( )。

A. 可接受的信赖过度风险　　B. 预计总体偏差率

C. 总体变异性　　D. 可容忍偏差率

**【答案】** C。

**【解析】** 控制测试的对象是测试控制活动的运行是否有效,控制测试的总体没有变异性。

5. 总体规模——对样本规模影响很小

除非总体非常小,一般而言,总体规模对样本规模的影响几乎为零。注册会计师通常将抽样单元超过5 000个的总体为大规模总体。对大规模总体而言,总体的实际容量对样本规模几乎没有影响;对小规模总体而言,审计抽样比其他选择测试项目的方法的效率低。

在控制测试和细节测试中影响样本规模的因素如表5-4所示。

**表5-4 影响样本规模的因素**

| 影响因素 | 控制测试 | 细节测试 | 与样本规模的关系 |
|---|---|---|---|
| 可接受的抽样风险 | 可接受的信赖过度风险 | 可接受的误受风险 | 反向变动 |
| 可容忍误差 | 可容忍偏差率 | 可容忍错报 | 反向变动 |
| 预计总体误差 | 预计总体偏差率 | 预计总体错报 | 同向变动 |
| 总体变异性 | — | 总体变异性 | 同向变动 |
| 总体规模 | 总体规模 | 总体规模 | 影响很小 |

**【例5-11·多选题】** 下列有关对样本规模的提法中,不正确的有( )。

A. 可接受的信赖过度风险越低，样本规模应越大

B. 可接受的信赖过度风险越低，样本规模应越小

C. 预计总体偏差率越高，样本规模应越大

D. 预计总体偏差率越高，样本规模应越小

**【答案】** BD。

**【解析】** 可接受的信赖过度风险与样本规模成反向关系；预计总体偏差率与样本规模成同向关系。

**（二）选取样本的基本方法**

不管使用统计抽样或是非统计抽样，在选取样本项目时，注册会计师应当使总体中的所有抽样单元均有被选取的机会。在统计抽样中，注册会计师选取样本项目时每个抽样单元被选取的概率是已知的。在非统计抽样中，注册会计师根据判断选取样本项目。由于抽样的目的是为注册会计师得出有关总体的结论提供合理的基础，因此，注册会计师通过选择具有总体典型特征的样本项目，从而选出有代表性的样本以避免偏向是很重要的。

选取样本的基本方法，包括简单随机选样、系统选样、随意选样和整群选样。

1. 简单随机选样

使用简单随机选样，相同数量的抽样单元组成的每种组合被选取的概率都相等。注册会计师可以使用计算机或随机数表获得所需的随机数，选取匹配的随机样本。

简单随机选样在统计抽样和非统计抽样中均适用。

2. 系统选样

系统选样也称等距选样，是指按照相同的间隔从审计对象总体中等距离地选取样本的一种选样方法。

采用系统选样方法，首先要计算选样间距，确定选样起点，然后再根据间距顺序地选取样本。选样间距的计算公式如下：

选样间距＝总体规模÷样本规模

例如，如果销售发票的总体范围652～3 151，设定的样本量是125。那么选样间距为20[＝(3 151－652＋1)÷125]。注册会计师必须从第一个间隔652～671中随机选取一个样本项目作为抽样起点。如果随机起点是660，其余的124个项目是680(＝660＋20)，700(＝680＋20)……依此类推，直至第3 140号。

系统选样方法的优点是使用方便，可用于无限总体，无须对总体中的项目编号，注册会计师只要简单数出每一个间距即可。但是，使用系统选样必须先确定总体是否随机排列，若不是随机排列，则不宜使用。

系统选样可以在非统计抽样中使用，在总体随机分布时也可适用于统计抽样。

3. 随意选样

随意选样也叫任意选样，是指注册会计师选取样本不采用结构化的方法，即注册会计师不考虑样本项目的性质、大小、外观、位置或其他特征而选取总体项目。

随意选样很难完全无偏见地选取样本项目，只能在非统计抽样中使用。在使用统计

抽样时，运用随意选样是不恰当的。

4. 整群选样

使用整群选样，注册会计师从总体中选取一群(或多群)连续的项目。例如，总体为20×1年的所有付款单据，从中选取3月3日、6月16日、9月29日这三天的所有付款单据作为样本。整群选样通常不能在审计抽样中使用。

**(三) 对样本实施审计程序**

(1) 注册会计师对样本实施审计程序通常与审计抽样方法无关。

(2) 注册会计师应当针对选取的每个项目，实施适合具体目的(控制测试目标或细节测试目标)的审计程序。例如，在控制测试中，注册会计师采用“检查”的具体审计程序，测试总经理是否在所有采购订单上签字授权。在细节测试中，注册会计师采用“函证”的具体审计程序，测试应收账款总金额中是否存在重大错报。

(3) 对选取的样本项目实施审计程序旨在发现并记录样本中存在的误差。

(4) 如果审计程序不适用于选取的项目，注册会计师应当针对替代项目实施该审计程序。例如，如果在测试付款授权时选取了一张作废的支票，并确信支票已经按照适当程序作废因而不构成偏差，注册会计师需要适当选择一个替代项目进行检查。

(5) 注册会计师通常对每一样本项目实施适合于特定审计目标的审计程序。有时，注册会计师可能无法对选取的抽样单元实施计划的审计程序(如由于原始单据丢失等原因)。

(6) 注册会计师对未检查项目的处理取决于未检查项目对评价样本结果的影响。如果注册会计师对样本结果的评价不会因为未检查项目可能存在错报而改变，就不需要对这些项目进行检查。如果未检查项目可能存在的错报会导致该类交易或账户余额存在重大错报，注册会计师就要考虑实施替代程序，为形成结论提供充分的证据。例如，注册会计师采用“函证”应收账款时，如果无法收回积极式询证函回函，即使再次发函后仍然未收到回函，则根据审计准则的要求，应当实施替代程序，获取应收账款是否存在重大错报的审计证据。

(7) 如果未能对某个选取的项目实施设计的审计或适当的替代程序，注册会计师应当将该项目视为控制测试中对规定的控制的一项偏差，或细节测试中的一项错报。

## 三、评价样本结果阶段

注册会计师必须运用恰当的审计技术对所选取的样本进行审查，并按步骤评价抽样结果。

**(一) 分析样本误差**

注册会计师应当调查识别出的所有偏差或错报的性质和原因，并评价其对审计程序的目的和审计的其他方面可能产生的影响。无论是统计抽样还是非统计抽样，对样本结果的定性评估和定量评估一样重要。即使样本的统计评估结果在可以接受的范围内，注册会计师也应对样本中的所有误差(包括控制测试中的控制偏差和细节测试中的金额错报)进行定性分析。

在极其特殊的情况下，如果认为样本中发现的某项偏差或错报是异常误差，注册会计师应当对该项偏差或错报对总体不具有代表性获取高度保证。异常误差，是指对总体中的错报或偏差明显不具有代表性的错报或偏差。在获取这种高度保证时，注册会计师应当实施追加的审计程序，获取充分、适当的审计证据，以确定该项偏差或错报不影响总体的其他部分。

### （二）推断总体误差

1. 计算偏差率或推断总体错报

在实施控制测试时，注册会计师应当将样本中发现的偏差数量除以样本规模计算出样本偏差率，样本偏差率就是注册会计师对总体偏差率的最佳估计，因而在控制测试中无须另外推断总体偏差率。但注册会计师必须考虑抽样风险。

在实施细节测试时，注册会计师应当根据样本结果推断总体的错报。如果注册会计在设计样本时将进行抽样的项目分为几层，则要在每层分别推断错报，然后将各层推断的金额加总，计算估计的总体错报。注册会计师还要将进行百分之百检查的个别重大项目中发现的所有错报与推断的错报金额汇总。

2. 考虑抽样风险

在控制测试中评价样本结果时，注册会计师应当考虑抽样风险。也就是说，如果总体偏差率（即样本偏差率）低于可容忍偏差率，注册会计师还要考虑实际的总体偏差率仍有可能大于可容忍偏差率的风险。

在细节测试中，推断的错报是注册会计师对总体错报做出的最佳估计。当推断的错报接近或超过可容忍错报时，总体中的实际错报金额很可能超过了可容忍错报。因此，注册会计师要将各交易类别或账户余额的错报金额与该类交易或账户余额的可容忍错报相比较，并适当考虑抽样风险，以评价样本结果。如果推断的错报总额低于可容忍错报，注册会计师还要考虑总体的实际错报金额仍有可能超过可容忍错报的风险。

### （三）评价样本结果

注册会计师应当评价样本结果，以确定对总体相关特征的评估是否得到证实或需要修正。

1. 控制测试中的样本结果评价

（1）统计抽样。在统计抽样中，注册会计师通常使用公式、表格或计算机程序直接计算在确定的信赖过度风险水平下可能发生的偏差率上限。计算出估计的总体偏差率上限后，注册会计师通常可以对总体进行如下判断：

如果估计的总体偏差率上限低于可容忍偏差率，则总体可以接受。这时注册会计师可以对总体得出结论，样本结果支持计划评估的控制有效性，从而支持计划的重大错报风险评估水平。

如果估计的总体偏差率上限大于或等于可容忍偏差率，则总体不能接受。这时注册会计师可以对总体做出结论，样本结果不支持计划评估控制有效性，从而不支持计划的重大错报风险评估水平。此时注册会计师应当修正重大错报风险评估水平，并增加实质性程序的数量。注册会计师也可以对影响重大错报风险评估水平的其他控制进行测试，以支持计划的重大错报风险评估水平。

如果估计的总体偏差率上限低于但接近可容忍偏差率，注册会计师应当结合其他审计程序的结果，考虑是否接受总体，并考虑是否需要扩大测试范围，以进一步证实计划评估的控制有效性和重大错报风险水平。

(2) 非统计抽样。在非统计抽样中，抽样风险无法直接计量，注册会计师通常将样本偏差率(即估计的总体偏差率)与可容忍偏差率相比较，运用职业判断确定总体是否可以接受。

如果样本偏差率大于可容忍偏差率，则总体不能接受。

如果样本偏差率大大低于可容忍偏差率，注册会计师通常认为总体可以接受。

如果样本偏差率虽然低于可容忍偏差率，但两者很接近，注册会计师通常认为总体实际偏差率高于可容忍偏差率的抽样风险很高，因而总体不可接受。

如果样本偏差率与可容忍偏差率之间的差额不是很大也不是很小，以至于不能认定总体是否可以接受时，注册会计师则要考虑样本规模，以进一步收集证据。

2. 细节测试中的样本结果评价

(1) 统计抽样。在统计抽样中，注册会计师利用计算机程序或数学公式计算出总体错报上限，并将计算的总体错报上限与可容忍错报比较。

如果计算的总体错报上限低于可容忍错报，则总体可以接受。这时注册会计师对总体得出结论，所测试的交易或账户余额不存在重大错报。

如果计算的总体错报上限大于或等于可容忍错报，则总体不能接受。这时注册会计师对总体得出结论，所测试的交易或账户余额存在重大错报。在评价财务报表整体是否存在重大错报时，注册会计师应将该类交易或账户余额的错报与其他审计证据一起考虑。通常，注册会计师会建议被审计单位对错报进行调查，且在必要时调整账面记录。

(2) 非统计抽样。在非统计抽样中，注册会计师运用其经验和职业判断评价抽样结果。

如果调整后的总体错报大于可容忍错报，或虽小于可容忍错报但两者很接近，注册会计师通常得出总体实际错报大于可容忍错报的结论。也就是说，该类交易或账户余额存在重大错报，因而总体不能接受。如果对样本结果的评价显示，对总体相关特征的评估需要修正，注册会计师可以单独或综合采取下列措施：提请管理层对已识别的错报和存在更多错报的可能性进行调查，并在必要时予以调整；修改进一步审计程序性质、时间安排和范围；考虑对审计报告的影响。

如果调整后的总体错报远远小于可容忍错报，注册会计师可以得出总体实际错报小于可容忍错报的结论，即该类交易或账户余额不存在重大错报，因而总体可以接受。

如果调整后的总体虽然小于可容忍错报但两者之间的差距很接近(即不很小又不很大)，注册会计师必须特别仔细地考虑，总体实际错报超过可容忍错的风险是否能够接受，并考虑是否需要扩大细节测试的范围，以获取进一步的证据。

**(四) 考虑误差的性质和原因**

在实施控制测试时，除了关注偏差率和抽样风险外，注册会计师还应当调查识别出所有的偏差的性质和原因，并评价其对审计程序的目的和审计的其他方面可能产生的影响。无论是统计抽样还是非统计抽样，对样本结果的定性评估和定量评估一样重要。即使样本的评价结果在可接受的范围内，注册会计师也应对样本中的所有控制偏差进行定性分析。注册会计师还应当考虑存在重大舞弊的可能性。分析偏差的性质和原因时，注册会计师还要考虑已识别的偏差对财务报表的直接影响。

在实施细节测试时，除了评价错报的金额和频率以及抽样风险之外，注册会计师还应当考虑：① 错报的性质和原因，是原则还是应用方面的差异？是错误还是舞弊导致？是误解指令还是粗心大意所致？② 错报与审计工作其他阶段之间可能存在的关系。

### （五）得出总体结论

1. 控制测试

在计算偏差率，考虑抽样风险，分析偏差的性质和原因之后，注册会计师需要运用职业判断得出总体结论。如果样本结果及其他相关审计证据支持计划评估的控制有效性，从而支持计划的重大错报评估水平，注册会计师可能不需要修改计划的实质性程序。如果样本结果不支持计划的控制运行有效性和重大错报风险的评估水平，注册会计师通常有两种选择：① 进一步测试其他控制（如补偿性控制），以支持计划的控制运行有效性和重大错报风险的评估水平；② 提高重大错报风险评估水平，并相应修改计划的实质性程序的性质、时间安排和范围。

2. 细节测试

在推断总体的错报、考虑抽样风险、分析错报的性质和原因之后，注册会计师需要运用职业判断得出总体结论。如果样本结果不支持总体账面金额，且注册会计师认为账面金额可能存在错报，注册会计师通常会建议被审计单位对错报进行调查，并在必要时调整账面记录。依据被审计单位已更正的错报对推断的总体错报额进行调整后，注册会计师应当将该类交易或账户余额中剩余的推断错报与其他交易或账户余额中的错报总额累计起来，以评价财务报表整体是否存在重大错报。无论样本结果是否表明错报总额超过了可容忍错报，注册会计师都应当要求被审计单位的管理层记录已发现的事实错报（除非明显微小）。

如果样本结果表明注册会计师做出抽样计划时依据的假设失误，注册会计师应当采取适当的行为。例如，如果细节测试中发现的错报金额或频率大于依据重大错报风险的评估水平做出的预期，注册会计师需要考虑重大错报风险的评估水平是否仍然适当。注册会计师也可能决定修改对重大错报风险评估水平低于最高水平的其他账户拟实施的审计程序。

## 概念索引

审阅法　核对法　验算法　分析法　顺查法　逆查法　详查法　抽查法　盘存法　函证法　观察法　调节法　鉴定法　审计抽样　统计抽样　非统计抽样　属性抽样　变量抽样　抽样风险　非抽样风险　信赖不足风险　信赖过度风险　误受风险　误拒风险　随机选样　系统选样　随意选样

## 项目总结

审计方法是指注册会计师为了达到特定的审计目的，对审计对象进行检查、分析、收集证据，形成审计结论和意见的手段。

审计抽样是指注册会计师对具有审计相关性的总体中低于百分之百的项目实施审计程序，使所有抽样单元都有被选取的机会，为注册会计师对整个总体得出结论提供合理基础。审计抽样能够使注册会计师获取和评价有关所选取项目(认定层次)某一特征的审计证据，以形成或有助于形成有关总体结论。审计抽样并非在所有审计程序中都可使用。审计抽样主要适用于控制的运行留下轨迹的控制测试以及实质性程序中的细节测试。而对于风险评估程序、未留下运行轨迹的控制测试以及实质性分析程序，则不适宜使用审计抽样。

抽样风险是指注册会计师根据样本结果得出的结论与审计对象总体特征不相符的可能性。无论在控制测试还是在细节测试中，抽样风险都可以分为两种类型：一类是影响审计效果的抽样风险，包括控制测试中的信赖过度风险和细节测试中的误受风险；另一类是影响审计效率的抽样风险，包括控制测试中的信赖不足风险和细节测试中的误拒风险。

统计抽样指注册会计师运用数理统计方法确定样本及样本量，进而随机选取样本，并根据样本的审查结果来推断总体特征的一种审计抽样方法。非统计抽样指注册会计师运用专业经验和主观判断来确定样本规模和选取样本的一种审计抽样方法。不管统计抽样还是非统计抽样都要求注册会计师在设计、实施和评价样本时运用职业判断。另外，对选取的样本项目实施的审计程序通常与使用的抽样方法无关。

注册会计师实施审计抽样的目标是为得出有关抽样总体的结论提供合理的基础。注册会计师在控制测试和细节测试中使用审计抽样方法，主要分为三个阶段进行：第一阶段是样本设计阶段，旨在根据测试的目标和抽样总体，制定选取样本的计划；第二阶段是选取样本阶段，旨在按照适当的方法从相应的抽样总体中选取所需的样本，并对其实施检查，以确定是否存在误差；第三阶段是评价样本结果阶段，旨在根据对误差的性质和原因的分析，将样本结果推断至总体，形成对总体的结论。

## 项目练习

### 一、单选题

1. 下列有关审计方法的表述中，错误的是(　　)。
A. 顺查法是指从检查原始凭证入手的审计方法
B. 顺查法一般适用于业务规模较小、会计资料较少的被审计单位
C. 逆查法是指从分析检查财务报表入手的审计方法
D. 逆查法一般适用于存在问题较多的被审计单位
2. (　　)是由注册会计师到被审计单位现场盘点实物，以证实书面资料同有关财产

物资相符的方法。

A. 盘存法　　B. 鉴定法　　C. 观察法　　D. 调节法

3. (　　)是指抽样结果使注册会计师对内部控制的信赖超过了其实际上应予信赖的可能性。

A. 信赖不足风险　　B. 信赖过度风险　　C. 误受风险　　D. 误拒风险

4. (　　)是指注册会计师采用不恰当的审计程序和方法,或因误解审计证据等而未能发现重大错报的可能性。

A. 信赖不足风险　　B. 信赖过度风险　　C. 误受风险　　D. 误拒风险

5. 从 4 000 张现金支出凭证中抽取 200 张进行审计,采用系统选样法,则抽样间隔为(　　)。

A. 10　　B. 20　　C. 30　　D. 40

## 二、多选题

1. 审计抽样应当具备的三个基本特征有(　　)。

A. 选样方法能够计量并控制审计风险在可接受的水平

B. 所有抽样单元都有被选取的机会

C. 审计测试的目的是为了评价该账户余额或交易类型的某一特征

D. 对某类交易或账户余额中低于百分之百的项目实施审计程序

2. 下列有关审计抽样的说法中,正确的有(　　)。

A. 在审计抽样中,抽样风险是客观存在的

B. 审计人员在统计抽样与非统计抽样方法之间进行选择时主要考虑成本效益

C. 非抽样风险是人为错误造成的,在审计中可以将其量化并加以控制

D. 审计抽样可以运用于所有的审计程序

3. 下列有关样本规模的说法中,正确的有(　　)。

A. 在控制测试中,审计人员确定的总体项目的变异性越低,样本规模就越小

B. 对小规模总体而言,审计抽样比其他选择测试项目的方法效率低

C. 审计人员愿意接受的抽样风险越低,样本规模就越大

D. 预期控制所影响账户的可容忍错报越小,则控制测试的样本规模就越大

4. 下列有关样本规模的说法中,不正确的有(　　)。

A. 可接受的信赖过度风险越低,样本规模应越大

B. 可接受的信赖过度风险越低,样本规模应越小

C. 在既定的可容忍偏差率下,预计总体偏差率越高,样本规模越大

D. 在既定的可容忍偏差率下,预计总体偏差率越高,样本规模越小

5. 非抽样风险可能来自(　　)。

A. 选择的总体不适合测试目标　　B. 控制偏差或错报的定义不恰当

C. 审计程序选择不当　　D. 对审计结果的评价不当

## 三、判断题

1. 顺查法就是详查法。 （ ）
2. 从某类交易中选取特定项目进行检查就是审计抽样。 （ ）
3. 可容忍误差越大，所需选取的样本量越大。 （ ）
4. 预期总体误差越大，所需的样本量就越多；反之，所需的样本量就越少。 （ ）
5. 信赖不足风险和误拒风险对注册会计师来说是最危险的风险。 （ ）

## 四、思考题

1. 简述顺查法、逆查法的特征和优缺点。
2. 简述详查法、抽查法的特征和优缺点。
3. 简述审计抽样的一般程序。
4. 什么是抽样风险？如何影响审计的效率和效果？

## 五、案例题

**资料：**

注册会计师审核某商场库存商品时，利用卖方发票测试了库存商品样本的成本记录。执行测试时，注册会计师验证了两页账页（随机抽自被审计单位的257页商品清单）上所列示的各个项目，在测试50 000元（总账面价值为5 000 000元）的样本中，发现样本中高估金额5 000元。由于事先决定库存商品账户中最大可容忍误差为100 000元，所以做出如下结论：被审计单位的库存商品账面价值是可信的。

**要求：**

(1) 试评价注册会计师的抽样审计方法和做出的审计结论的正确性。

(2) 针对上述情况，注册会计师应如何处理？

拓展阅读资料　　思政园地

# 项目六
# 审计证据与审计程序

## 知识目标

1. 了解审计证据的含义特征。
2. 熟悉审计证据的种类。
3. 掌握审计证据的特征。
4. 掌握收集审计证据的方法(审计程序)。

## 技能目标

1. 能运用正确的方法收集审计证据。
2. 能正确评价审计证据的充分性和适当性。

## 案例导入

### 安然事件

2001 年 12 月 2 日,安然公司突然向纽约破产法院申请破产保护,破产清单中所列资产高达 498 亿美元,成为美国当时最大的破产企业。负责安然会计报表审计的安达信会计师事务所,成立于 1913 年,至 2001 年安然事件发生,已有 88 年历史,曾被全美大学教授公开评选为最值得推荐的会计师事务所。然而,安达信会计师事务所既未能发现安然公司财务报表中的不实披露,更在法院审理安然破产案时,非法销毁与安然公司有关的数千页文件及电脑档案,公开挑衅会计职业道德。2002 年 3 月 14 日美国司法部以“妨碍司法”为由,对安达信会计师事务所提起刑事诉讼,从而开创了美国历史上第一起大型会计师事务所收到刑事调查的案例。数月后,安达信会计师事务所为自己的愚蠢行为买单——申请破产。

**思考:**

安达信会计师事务所对审计证据的处理对我们有什么警示?

# 任务一 审计证据

## 一、审计证据的含义及内容

### (一) 审计证据的含义

审计证据是指注册会计师为了得出审计结论、形成审计意见而使用的所有信息，包括构成财务报表基础的会计记录所含有的信息和其他信息。注册会计师在执行审计业务时，应当取得充分、适当的审计证据，以得出合理的审计结论，作为形成审计意见的基础。

**【注意事项6-1】** 理解“审计证据”的概念要抓住风险导向审计的精髓。注册会计师获取的审计证据不仅仅指财务报表项目存在错报的审计证据(实质性程序)，同样重要的还包括实施风险评估程序时识别、评估错报领域的审计证据，了解内部控制时被审计单位内部控制设计及运行方面的审计证据，以及控制测试时内部控制运用是否有效的审计证据等等。所以，“审计证据”的概念是广义的范畴，与后面的审计程序遥相呼应。

### (二) 审计证据的内容

1. 会计记录中含有的信息

依据会计记录编制财务报表是被审计单位管理层的责任，注册会计师应当测试会计记录以获取审计证据。会计记录主要包括原始凭证、记账凭证、总分类账和明细分类账、未在记账凭证中反映的对财务报表的其他调整，以及支持成本分配、计算、调节和披露的手工计算表和电子数据表。会计记录是编制财务报表的基础，构成注册会计师执行财务报表审计业务所需获取的审计证据的重要部分。

会计记录取决于相关交易的性质，它既包括被审计单位内部生成的手工或电子形式的凭证，也包括从与被审计单位进行交易的其他企业收到的凭证。

**【知识链接6-1】** 《中国注册会计师审计准则第1301号——审计证据》第五条规定：“会计记录是指对初始会计分录形成的记录和支持性记录。例如，支票、电子资金转账记录、发票和合同；总分类账、明细分类账、会计分录以及对财务报表予以调整但未在账簿中反映的其他分录；支持成本分配、计算、调节和披露的手工计算表和电子数据表。”

2. 其他信息

会计记录中含有的信息本身并不足以提供充分的审计证据作为对财务报表发表审计意见的基础，注册会计师还应当获取用作审计证据的其他信息。可用作审计证据的其他信息包括从被审计单位内部或外部获取的会计记录以外的信息。例如，被审计单位会议记录、内部控制手册、询证函的回函、分析师的报告、与竞争者的比较数据等；通过询问、观察和检查等审计程序获取的信息；通过检查存货获取存货存在的证据等；自身编制或获取的可以通过合理推断得出结论的信息；注册会计师编制的各种计算表、分析表、测试表等。

财务报表基础的会计记录含有的信息和其他信息共同构成了审计证据，两者缺一不可，如果没有前者，审计工作将无法进行；如果没有后者，可能无法识别重大错报风险，只有将两者结合起来，才能将审计风险降至可接受的低水平，为注册会计师发表审计意见提供合理基础。

审计证据的内容如图 6-1 所示。

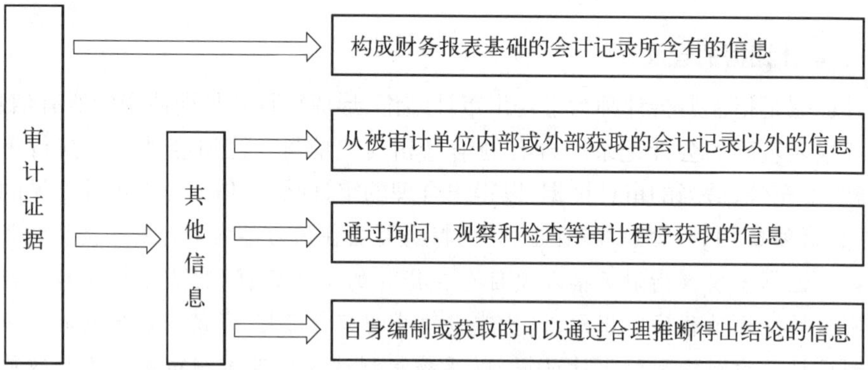


**图 6-1　审计证据的内容**

**【例 6-1·单选题】** 关于审计证据的含义，以下理解中，不恰当的是(　　)。

A. 注册会计师仅仅依靠会计记录不能有效形成结论，还应当获取其他信息的审计证据

B. 注册会计师对财务报表发表审计意见的基础是会计记录中含有的信息

C. 如果会计记录是电子数据，注册会计师必须对生成这些信息所依赖的内部控制予以充分关注

D. 注册会计师将会计记录和其他信息两者结合在一起，才能将审计风险降至可接受的低水平，为发表审计意见提供合理基础

**【答案】** B。

**【解析】** 选项 B 不恰当。会计记录中含有的信息本身并不足以提供充分的审计证据作为对财务报表发表审计意见的基础，注册会计师还应当获取用作审计证据的其他信息。

## 二、审计证据的充分性和适当性

注册会计师应当保持职业怀疑态度，运用职业判断，评价审计证据的充分性和适当性。审计证据要具有较强的证明力，就必须具有充分性、适当性两大特征。

审计证据的充分性和适当性

### (一) 审计证据充分性的含义及其影响因素(证据数量的衡量)

1. 审计证据充分性的含义

审计证据的充分性是对审计证据数量的衡量，与注册会计师确定的样本量有关，是指审计证据的数量足以支持注册会计师的审计意见。因此，审计证据的充分性是注册会计师为形成审计意见所需审计证据的最低数量要求。审计实务中，获取的审

计证据应当充分，目的是将与每个重要认定相关的审计风险限制在可接受的水平。

**【注意事项6-2】** 虽然客观公正的审计意见必须建立在有充分的审计证据基础之上，但并不是说，审计证据的数量越多越好，收集审计证据要考虑成本效益原则，每一审计项目对审计证据的需要量以及取得这些证据的途径和方法，应当根据该具体情况来定。

注册会计师需要获取的审计证据的数量受其对重大错报风险评估的影响（评估的重大错报风险越高，需要的审计证据可能越多），并受审计证据质量的影响（审计证据质量越高，需要的审计证据可能越少）。然而，注册会计师仅靠获取更多的审计证据可能无法弥补其质量上的缺陷。

2. 影响审计证据充分性的因素

(1) 审计风险。注册会计师需要获取的审计证据的数量受错报风险的影响。注册会计师评估的重大错报风险越高，需要的审计证据可能越多。具体来说，在可接受的审计风险水平一定的情况下，重大错报风险越大，注册会计师就应实施越多的审计程序，获取更多的审计证据，将检查风险降低至可接受水平，以将审计风险控制在可接受的低水平范围内。

(2) 审计证据的质量。注册会计师需要获取的审计证据的数量受错报发生的可能性以及记录金额的重要性的影响。若审计证据质量越高，需要的审计证据可能越少。

(3) 审计项目的重要性。审计项目越重要，注册会计师就越需要获取充分的审计证据以支持其审计结论或意见，而对于不太重要的审计项目，即使注册会计师出现判断上的偏差，也不至于引发整体判断失误，因而可减少审计证据的数量。

(4) 注册会计师的经验。经验丰富的注册会计师，往往可从较少的审计证据中判断出被审事项是否存在错误和舞弊行为，从而可减少审计证据数量的依赖程度。

(5) 审计过程中是否发现错误和舞弊行为。一旦审计过程中发现被审计事项存在错误和舞弊行为，则被审计单位整体会计报表存在问题的可能性就增大，因此需要增加审计证据的数量，以确保能做出合理的审计结论，形成恰当的审计意见。

(6) 审计证据的类型与获取途径。如果注册会计师获取的大多数是外部证据，则审计证据更可靠。审计证据质量越高，需要的审计证据可能越少。

**【例6-2·单选题】** 下列有关审计证据充分性的说法中，错误的是（　　）。

A. 初步评估的控制风险越低，需要通过控制测试获取的证据可能越少

B. 计划从实质性程序中获取的保证程度越高，需要的审计证据可能越多

C. 评估的重大错报风险越高，需要的审计证据可能越多

D. 审计证据质量越高，需要的审计证据可能越少

**【答案】** A。

### （二）审计证据适当性的含义及其影响因素（证据质量的衡量）

审计证据的适当性是对审计证据质量的衡量，即审计证据在支持审计意见所依据的结论方面具有的相关性和可靠性。相关性和可靠性是审计证据适当性的核心内容，只有相关且可靠的审计证据才是高质量的。

1. 审计证据相关性的含义

审计证据的相关性是指用作审计证据的信息与审计程序的目的和所考虑的相关认定之间的逻辑联系。

(1) 审计证据要有证明力，必须与注册会计师的审计目标相关。例如，注册会计师在审计过程中怀疑被审计单位发出存货却没有给客户开票，需要确认销售是否完整。注册会计师应当从发货单中选取样本，追查与每张发货单相应的销售发票副本，以确定是否每张发货单均已开具发票。如果注册会计师从销售发票副本中选取样本，并追查至每张发票相应的发货单，由此所获得的证据与完整性目标就不相关。

(2) 用作审计证据的信息的相关性可能受测试方向的影响。例如，如果某审计程序的目的是测试应付账款的计价高估，则测试已记录的应付账款可能是相关的审计程序。如果某审计程序的目的是测试应付账款的计价低估，则测试已记录的应付账款不是相关的审计程序，相关的审计程序可能是测试期后支出、未支付发票、供应商结算单以及发票未到的收货报告单等。

2. 确定审计证据相关性时应当考虑的因素

(1) 特定的审计程序可能只为某些认定提供相关的审计证据，而与其他认定无关。例如，检查期后应收账款收回的记录和文件可以为提供有关存在和计价的审计证据，但未必能提供与截止测试相关的审计证据。

(2) 有关某一特定认定(如存货的存在认定)的审计证据，不能替代与其他认定(如该存货的计价认定)相关的审计证据。例如，监盘存货，只能证明存货存在，但不能证明其所有权就是被审计单位的，也不能证明存货的计价是否正确。

(3) 不同来源或不同性质的审计证据可能与同一认定相关。

**【例 6-3·单选题】** 下列有关审计证据相关性的提法中，错误的是(　　)。

A. 审计证据应与审计事项的某一具体审计目标密切相关

B. 审计证据的相关性是指审计证据的数量要足以证明审计事项的真相以及支持审计意见和审计决定

C. 审计证据与证实某一审计目标的其他证据有相互印证关系时，能够产生联合证明力

D. 审计证据与审计目标或其他证据的内在联系越强，审计证据的质量越好

**【答案】** B。

3. 审计证据可靠性的含义

审计证据的可靠性是指审计证据的可信程度。例如，注册会计师亲自检查存货所获得的证据，就比被审计单位管理层提供给注册会计师的存货数据可靠。如果审计证据不可靠，数量再多，与审计目标再相关，也不能起到证明的作用。

4. 审计证据可靠性的影响因素

审计证据的可靠性受其来源和性质的影响，并取决于获取审计证据的具体环境。注册会计师在判断审计证据的可靠性时，通常考虑下列原则：

（1）从外部独立来源获取的审计证据比从其他来源获取的审计证据更可靠。从外部独立来源获取的审计证据由完全独立于被审计单位以外的机构或人士编制并提供，未经被审计单位有关职员之手，从而减少了伪造、更改凭证或业务记录的可能性，因而其证明力最强。此类证据如应收账款询证函回函、银行存款询证函的回函、保险公司等机构出具的证明等。

（2）内部控制有效时内部生成的审计证据比内部控制薄弱时内部生成的审计证据更可靠。如果被审计单位有着健全的内部控制且在日常管理中得到一贯执行，会计记录可信赖程度将会增加；如果被审计单位内部控制薄弱，甚至不存在任何内部控制，被审计单位内部凭证记录的可靠性就大为降低。例如，如果与销售业务相关的内部控制有效，注册会计师就能从销售发票和发货单中取得比内部控制不健全时更加可靠的审计证据。

（3）直接获取的审计证据比间接获取或推论得出的审计证据更可靠。例如，注册会计师通过重新计算和重新执行等审计程序得到的审计证据比从被审计单位取得的证据更可靠；注册会计师观察某项内部控制的运行得到的证据比询问被审计单位某项内部控制的运行得到的证据更可靠。间接获取的证据有被涂改及伪造的可能性，降低了可信赖程度。推论得出的审计证据，其主观性较强，人为因素较多，可信赖程度也受到影响。

（4）以文件、记录形式（无论是纸质、电子或其他介质）存在的审计证据比口头形式的审计证据更可靠。例如，会议的同步书面记录比对讨论事项后的口头表述更可靠。口头证据本身并不足以证明事实的真相，仅仅提供了一些重要线索，为进一步调查确认所用。例如，注册会计师在对应收账款进行账龄分析后，可以向应收账款负责人询问逾期应收账款收回的可能性。如果该负责人的意见与注册会计师自行估计的坏账损失基本一致，则这一口头证据就可成为证实注册会计师对有关坏账损失的判断的重要证据。但在一般情况下，口头证据往往需要得到其他相应相关的支持。

（5）从原件获取的审计证据比从传真件或复印件获取的审计证据更可靠。注册会计师可审查原件是否有被涂改或伪造的迹象，排除伪证，提高证据的可信赖程度。而传真件或复印件容易是篡改或伪造的结果，可靠性较低。

**【例 6-4·单选题】** 在确定审计证据的可靠性时，下列表述中错误的是（　　）。

A. 以电子形式存在的审计证据比口头形式的审计证据更可靠

B. 从外部独立来源获取的审计证据比从其他来源获取的审计证据更可靠

C. 从复印件获取的审计证据比从传真件获取的审计证据更可靠

D. 直接获取的审计证据比推论得出的审计证据更可靠

**【答案】** C。

**【解析】** 选项 C 不正确。判断审计证据可靠性的五项原则包括：① 从外部独立来源获取的审计证据比从其他来源获取的审计证据更可靠；② 内部控制有效时内部生成的审计证据比内部控制薄弱时内部生成的审计证据更可靠；③ 直接获取的审计证据比间接获取或推论得出的审计证据更可靠；④ 以文件、记录形式存在的审计证据比口头形式的审计证据更可靠；⑤ 从原件获取的审计证据比从传真件或复印件获取的审计证据更可靠。

### (三) 审计证据充分性与适当性的关系

1. 充分且适当的审计证据才有证明力

充分性和适当性是审计证据的两个重要特征，两者缺一不可，只有充分且适当的审计证据才是有证明力的。

2. 审计证据的适当性会影响审计证据的充分性

注册会计师需要获取的审计证据的数量受审计证据质量的影响，审计证据质量越高，需要的审计证据数量可能越少。例如，被审计单位内部控制健全时生成的审计证据更可靠，注册会计师只需获取适量的审计证据，就可以为发表审计意见提供合理的基础。

3. 审计证据的质量存在缺陷无法用数量来弥补

如果审计证据的质量存在缺陷，那么注册会计师仅靠获取更多的审计证据可能无法弥补其质量上的缺陷。例如，注册会计师应当获取与销售收入完整性相关的证据，实际获取到的却是有关销售收入真实性的证据，审计证据与完整性目标不相关，即使获取的证据再多，也证明不了收入的完整性。同时，如果注册会计师的证据不可靠，那么证据数量再多也难以起到证明作用。

**【例 6－5·单选题】** 审计证据具有充分性和适当性的特征，以下有关审计证据特征的理解中，恰当的是（　　）。

A. 获取的审计证据数量越多，越能增进审计证据的适当性

B. 审计证据越适当，需要的数量越多

C. 如果审计证据质量不高，则需要更多的证据增强其证明力

D. 审计证据质量存在缺陷，无法依靠证据的数量弥补

**【答案】** D。

**【解析】** 选项 B 不恰当，审计证据越适当则所需审计证据数量越少；选项 A、C 和 D 讨论的都是审计证据质量和数量的关系，审计证据的质量存在缺陷时不能依靠审计证据的数量来弥补。

### (四) 评价充分性和适当性时的特殊考虑

1. 对文件记录可靠性的考虑

审计工作通常不涉及鉴定文件记录的真伪，注册会计师也不是鉴定文件记录真伪的专家，但应当考虑用作审计证据的信息的可靠性，并考虑与这些信息生成和维护相关内部控制的有效性。

如果在审计过程中识别出的情况使其认为文件记录可能是伪造的，或文件记录中的某些条款已发生变动，注册会计师应当做出进一步调查，包括直接向第三方询证，或考虑利用专家的工作以评价文件记录的真伪。如发现某银行询证函回函有伪造或篡改的迹象，注册会计师应当做进一步的调查，并考虑是否存在舞弊的可能性，必要时，应当通过适当方式聘请专家予以鉴定。

2. 使用被审计单位生成信息时的考虑

注册会计师为获取可靠的审计证据，实施审计程序时使用的被审计单位生成的信息

需要足够完整和准确。例如,通过用标准价格乘以销售量来对收入进行审计时,其有效性受到价格信息准确性和销售量数据完整性和准确性的影响。

3. 证据相互矛盾时的考虑

如果针对某项认定从不同来源获取的审计证据或获取的不同性质的审计证据能够相互印证,与该项认定相关的审计证据则具有更强的说服力。例如,注册会计师通过检查委托加工协议发现被审计单位有委托加工材料,且委托加工材料占存货比重较大,经发函询证后,证实委托加工材料确实存在。委托加工协议和询证函回函这两个来源的审计证据可以互相印证,证明委托加工材料真实存在。

如果从不同来源获取的审计证据或获取的不同性质的审计证据不一致,表明某项审计证据可能不可靠,注册会计师应当追加必要的审计程序。在上例中,如果注册会计师发函询证后,证实委托加工材料已加工完成并返回被审计单位,委托加工协议和询证函回函这两个不同来源的证据不一致,委托加工材料是否真实存在受到质疑,这时,注册会计师应追加审计程序,确认委托加工材料收回后是否未入库或被审计单位收回后予以销售而未入账。

**【注意事项6-3】** 不同来源或不同形式的审计证据相互印证时,审计证据比较可靠。不同来源和不同形式的审计证据存在不一致或者不能相互印证时,注册会计师应当追加必要的审计措施,确定审计证据的可靠性。

4. 获取审计证据时对成本的考虑

注册会计师可以考虑获取审计证据的成本与所获取信息的有用性之间的关系,但不应以获取审计证据困难和成本高为由减少不可替代的审计程序。

**【注意事项6-4】** 为了保证得出的审计结论、形成的审计意见是恰当的,注册会计师不应将获取审计证据的成本高低和难易程度作为减少不可替代的审计程序的理由。例如,在某些情况下,存货监盘证实存货存在性认定的不可替代的审计程序,注册会计师在审计中不得以检查成本高和难以实施为由而不执行该程序。

## 三、审计证据的种类

注册会计师所获取的审计证据按其外形特征可分为实物证据、书面证据、口头证据和环境证据四大类。

### (一) 实物证据

实物证据是指通过实际观察或盘点取得的、用以确定某些实物资产是否确实存在的证据。例如,库存现金、各种存货和固定资产等可以通过监盘或实地观察来证明其是否确实存在。在审计实务中,最典型的实物证据是各类盘点表。

实物证据通常是证明存在非常有说服力的证据,但实物资产的存在并不完全能证实被审计单位对其拥有所有权。例如,年终盘点的存货可能包括其他企业寄售或委托加工的部分,或者已经销售而等待发运的商品。另外,实物证据也不能完全证实实物的价值。例如,对某些实物资产的清点,可以确定其实物数量,但质量好坏很难通过实物清点来加以判断。因此,对于取得实物证据的账面资产,还应就其所有权归属及其价值情况另行审计。

**【例6-6·单选题】** 被审计单位的固定资产属于(　　)。

A. 实物证据　　B. 书面证据　　C. 口头证据　　D. 环境证据

**【答案】** A。

**(二) 书面证据**

书面证据是注册会计师在审计过程中所获取的各种以书面文件为存在形式的证据。包括与审计有关的各种原始凭证、会计记录(记账凭证、会计账簿和各种明细表)、各种会议记录和文件,各种合同、通知书、报告书及函件等。在审计过程中,注册会计师往往要大量地获取和利用书面证据,因此,书面证据是审计证据的主要组成部分,也可称之为基本证据。书面证据按其来源可分为外部证据和内部证据两大类。

1. 外部证据

外部证据是由被审计单位以外的组织机构或人士所编制的书面证据,一般具有较强的证明力。

外部证据又分为两类:一类由被审计单位以外的机构或人士编制,并由其直接递交注册会计师的外部证据。例如,应收账款函证回函,保险公司、证券经纪人的证明等,此类证据未经被审计单位有关职员之手,排除了伪造、更改凭证或业务记录的可能性,因而证明力是最强的。另一类是由被审计单位以外的机构或人士编制,但是被审计单位持有并提交注册会计师的书面证据。例如,顾客订单、购货发票、银行对账单等,由于此类证据已经被审计单位职员之手,在评价其可靠性时,注册会计师应考虑其被涂改或伪造的难易程度及其已被涂改的可能性。当获取的书面证据有被涂改或伪造的痕迹时,注册会计师应予以高度警觉。尽管如此,在一般情况下,外部证据仍是较被审计单位的内部证据更具有证明力的一种书面证据。

此外,外部证据还包括注册会计师为证明某个事项而自己动手编制的各种计算表、分析表等。例如,注册会计师审查成本的真实性时重新计算产品成本的审计证据,以及亲自参加财产物资盘点而取得的审计证据。

2. 内部证据

内部证据是由被审计单位内部机构或职员编制和提供的书面证据,包括被审计单位的会计会议记录、被审计单位管理当局声明书,以及其他各种由被审计单位编制和提供的有关书面文件。

一般而言,内部证据不如外部证据可靠。但如果内部证据在外部流转,并获取其他单位或个人的承认(如销售发票、付款支票等),则具有较强的可靠性。即使只在被审计单位内部流转的书面证据,其可靠程度也因被审计单位内部控制的好坏而异。若被审计单位内部控制健全有效,则内部证据也具有较强的可靠性。例如,收料单与发料单经过了被审计单位不同部门的审核、签章,且所有凭据预先都有连续编号并按序号依次处理,则这种内部证据具有较强的可靠性;相反,若被审计单位的内部控制不健全,注册会计师就不能过分地信赖其内部自制的书面证据。

**【例6-7·单选题】** 被审计单位的会计记录属于(　　)。

A. 实物证据　　B. 书面证据　　C. 口头证据　　D. 环境证据

【答案】 B。

**(三) 口头证据**

口头证据是被审计单位职员或其他有关人员对注册会计师提问口头答复所形成的一类证据。例如,在审计过程中,注册会计师通常会向被审计单位有关人员询问会计记录、文件的存放地点,采用特别会计政策和方法的理由,收回逾期应收账款的可能性等,对于这些问题的口头答复,就是口头证据。

一般而言,口头证据本身并不足以证明事情的真相,但注册会计师往往可以通过口头证据发掘一些重要线索,从而有利于对某些需审核的情况做进一步调查,以及搜集到更为可靠的证据。

在审计过程中,注册会计师应把各种重要的口头证据尽快做成记录,并注明是何人、何时,在何种情况下所做的口头陈述,必要时还应获得被询问者的签名确认,同时应尽可能地从不同渠道取得其他相应证据的支持。当不同人员对同一问题所做的口头陈述相同时,口头证据具有较强的可靠性。

**【例 6-8·单选题】** 注册会计师询问被审计单位相关人员所做的记录属于(　　)。

A. 实物证据　　B. 书面证据　　C. 口头证据　　D. 环境证据

**【答案】** C。

**(四) 环境证据**

环境证据也称状况证据,是指对被审计单位产生影响的各种环境事实,如被审计单位的内部控制情况,管理人员的素质,以及各种管理条件和管理水平等。

环境证据一般不属于基本证据,但它可以帮助注册会计师了解被审计单位及其经济活动所处的环境,是注册会计师进行专业判断所必须掌握的资料。也就是说,环境证据的作用可以支持其他证据。

**【例 6-9·单选题】** 注册会计师到被审计单位的车间和仓库进行拍摄获取的照片属于(　　)。

A. 实物证据　　B. 书面证据　　C. 口头证据　　D. 环境证据

**【答案】** D。

# 任务二　审计程序

## 一、审计程序的定义

审计程序是指注册会计师在审计过程中的某个时间,对将要获取的某类审计证据如何进行收集的详细指令。注册会计师通过实施审计程序,获取充分、适当的审计证据,以满足对财务报表发表意见。在设计审计程序时,注册会计师通常使用规范的措辞或术语,以使审计人员能够准确理解和执行。例如,注册会计师为了验证 XYZ 公司20×1年 12 月 31 日的应收账款存在,取得 XYZ 公司编制的应收账款明细账,对应收账款进行函证。

## 二、总体审计程序

按实施审计程序获取审计证据的目的划分，总体审计程序可以分为风险评估程序、控制测试（必要时或决定测试时）和实质性程序三种。

### （一）风险评估程序

风险评估程序是指注册会计师为了了解被审计单位及其环境，识别和评估财务报表重大错报风险所实施的审计程序。了解被审计单位及其环境有六个方面内容，其中的第六个方面“了解被审计单位的内部控制”是必需的。（详细内容见项目八风险评估）

### （二）控制测试（必要时或决定测试时）

控制测试是指用于评价内部控制在防止、发现并纠正认定层次重大错报方面的运行有效性而实施的审计程序。（详细内容见项目九风险应对）

当存在下列情形之一时，控制测试是必要的：

（1）在评估认定层次重大错报风险时，预期控制的运行是有效的；

（2）仅实施实质性程序不足以提供有关认定层次的充分、适当的审计证据。

### （三）实质性程序

实质性程序是指用于发现认定层次重大错报的审计程序，包括对某类交易、账户余额和披露的细节测试，以及实质性分析程序。（详细内容见项目九风险应对）

细节测试是对某类交易、账户余额和披露的具体细节进行测试，目的在于直接识别财务报表认定层次是否存在错报。细节测试适用于对各类交易、账户余额和披露认定的测试，尤其是存在或发生和计价认定的测试。

实质性分析程序主要是通过研究数据间关系评价信息，用以识别某类交易、账户余额和披露及相关认定是否存在错报。实质性分析程序通常更适用于在一段时间内存在可预期关系的大量交易。

**【注意事项6-5】** 风险导向审计中所指的审计程序和审计证据均为广义的概念。故这里的“总体审计程序”与广义范畴的“审计证据”的定义前后呼应。

## 三、具体审计程序（审计程序的种类）

在审计过程中，注册会计师可根据需要单独或综合运用以下审计程序，以获取充分、适当的审计证据。

### （一）检查

检查是指注册会计师对被审计单位内部或外部生成的，以纸质、电子或其他介质形式存在的记录和文件进行审查，或对资产进行实物审查。

检查记录或文件可以提供可靠程度不同的审计证据，审计证据的可靠性取决于记录或文件的性质和来源，而在检查内部记录或文件时，其可靠性则取决于生成该记录或文件的内部控制的有效性。将检查用作控制测试的例子，是检查记录以获取关于授权的审计证据。

注册会计师在检查会计记录和其他书面文件时，应当注意其真实、合法。例如，在审阅原始凭证时，应注意其有无涂改或伪造的现象，记载的经济业务是否合法，是否有业务负责人的签字；数量、单价、金额与合计数是否一致；日记账上的记录是否和相应的原始凭证记录一致；总分类账的账户余额和所属明细分类账的账户余额合计数是否相符等。可见，检查记录或文件的目的是对财务报表包含或应包含的信息进行验证。

检查有形资产是指注册会计师对被审计单位的有形资产的检查和清点。这种取证方法通常用于存货和现金的审查，有时也适用于有价证券、应收票据和固定资产审计。

检查有形资产是验证资产真实存在的最可靠的手段。但不一定能够为权利和义务或计价等认定提供可靠的审计证据。

**【注意事项6-6】** 检查测试具有方向性。顺查指由原始凭证到明细账，主要证明"完整性"认定；逆查指明细账至原始凭证或实物，主要证明"存在"认定。

**（二）观察**

观察是指注册会计师查看相关人员正在从事的活动或实施的程序。观察可以提供执行有关过程或程序的审计证据。例如，注册会计师对被审计单位人员执行的存货盘点或控制活动进行观察时，通过观察存货盘点，可以对存货的数量和状态有个总体印象；通过观察被审计单位人员的日常工作来判断他们是否履行职责。

观察所提供的审计证据仅限于观察发生的时点，而且被观察人员的行为可能因被观察而受到影响，这也会使观察提供的审计证据受到限制。因此，注册会计师有必要获取其他类型的佐证证据。

**（三）询问**

询问是指注册会计师以书面或口头方式，向被审计单位内部或外部的知情人员获取财务信息和非财务信息，并对答复进行评价的过程。作为其他审计程序的补充，询问广泛应用于整个审计过程中。

知情人员对询问的答复可能为注册会计师提供尚未获悉的信息或佐证证据。当然，也可能提供与注册会计师已获取的其他信息存在重大差异的信息。在某些情况下，对询问的答复为注册会计师修改审计程序或实施追加的审计程序提供了基础。

注册会计师通过询问方式获得审计证据时，还需要通过其他审计程序获得相关信息来佐证。例如，注册会计师想获悉被审计单位在记录和控制会计业务方面的措施时，可以先向被审计单位询问有关的内部控制是如何运行的，然后通过执行检查、观察等方法来判断业务是否按照被审计单位所述的方式予以记录和授权。

**【注意事项6-7】** 询问获取的审计证据仅仅是提供一些线索，一般不能作为结论性证据。也就是说，询问不足以发现认定层次存在的重大错报，也不足以用来测试控制运行的有效性，注册会计师还应当实施其他审计程序以获取充分、适当的审计证据。另外，在询问过程中，注册会计师应当保持职业怀疑态度。

**（四）函证**

函证是指注册会计师直接从第三方（被询证者）获取书面答复以作为审计证据的过程，书面答复可能采用纸质、电子或其他介质等形式。由于函证的结果来自独立于被审计

函证程序

单位的第三方，可靠性很高，因此在审计中注册会计师经常会考虑使用函证程序。然而，函证是一种成本较高的取证方法，而且可能会给回答者带来一些不便，所以，并非在任何可能的情况下都使用函证。

函证的方式有积极式和消极式两种。积极式函证是指要求被询证者在所有情况下都必须回函，确认询证所列示的信息是否正确，或填列询证要求的信息。消极式函证是指要求被询证者在不同意询证列示信息的情况下才予以回函。

函证一般在证实与特定账户余额及其项目相关认定时经常采用的程序。但又不必仅仅局限于账户余额。例如，注册会计师可能要求对被审计单位与第三方之间的协议和交易条款进行函证。注册会计师可能在询证函中询问协议是否作过修改，如果做过修改，要求被询证者提供相关的详细信息。此外，函证程序还可以用于获取不存在某些情况的审计证据，如不存在可能影响被审计单位收入确认的"背后协议"。

### （五）重新计算

重新计算是指注册会计师以人工方式或使用计算机辅助审计技术，对记录或文件中的数据计算的准确性进行核对。注册会计师在进行审计时，不仅要对被审计单位的凭证、账簿和报表中的数字进行计算，以验证其是否正确，而且还要对会计资料中有关项目进行加总或者其他运算；不仅要注意计算结果是否正确，而且还要对某些其他可能的差错（如计算结果的过账和转账有误等）予以关注。重新计算通常包括计算销售发票和存货的总金额，加总日记账和明细账，检查折旧费用和预付费用的计算，检查应纳税额的计算等。

### （六）重新执行

重新执行是指注册会计师以人工方式或使用计算机辅助审计技术，独立执行原本作为被审计单位内部控制组成部分的程序或控制。例如，注册会计师利用被审计单位的银行存款日记账和银行对账单，重新编制银行存款余额调节表，并与被审计单位编制的银行存款余额调节表进行比较，验证被审计单位银行存款对账控制的执行情况。

### （七）分析程序

分析程序的常用方法

分析程序是指注册会计师通过分析不同财务数据之间以及财务数据与非财务数据之间的内在关系，对财务信息做出评价。分析程序还包括必要时对识别出的、与其他相关信息不一致或与预期值差异重大的波动或关系进行调查。

对于一些不太重要的项目，有时仅用分析性复核进行取证即可。例如，注册会计师将当年的销售毛利率和以前年份的相比较，属于分析性复核。对于其他的会计项目，如果分析性复核结果表明是合理的，则可适当减少审计证据的收集；如果表明存在异常变动，就要分析存在异常变动的可能原因，必要时要追加适当的审计程序，以获取相应的审计证据。

**【知识链接 6-2】**《中国注册会计师审计准则第 1313 号——分析程序》相关规定：分析程序用于风险评估程序，以了解被审计单位及其环境；当使用分析程序比细节测试能更有效地将认定层次的检查风险降低至可接受的水平时，分析程序可用作实质性程序；在审计结束或临近结束时对财务报表进行总体复核时，注册会计师应当运用分析程序。

## 四、总体审计程序与具体程序的关系

注册会计师可以将七种具体审计程序单独或组合起来用作风险评估程序、控制测试和实质性程序，或者说，注册会计师在三类总体审计程序的取证环节可以通过单独或组合七种具体审计程序来实现。

在风险评估程序中，可以实施询问管理层和被审计内部其他人员、实施分析程序、观察和检查。

在实施控制测试时，采用的具体审计程序类型包括询问、观察、检查、重新执行。

在实施实质性程序时，除重新执行外，其他具体审计程序均可使用，只是分析程序为实质性分析程序。其他的五个程序叫细节测试。

总体审计程序与具体程序的关系如图 6－2 所示。

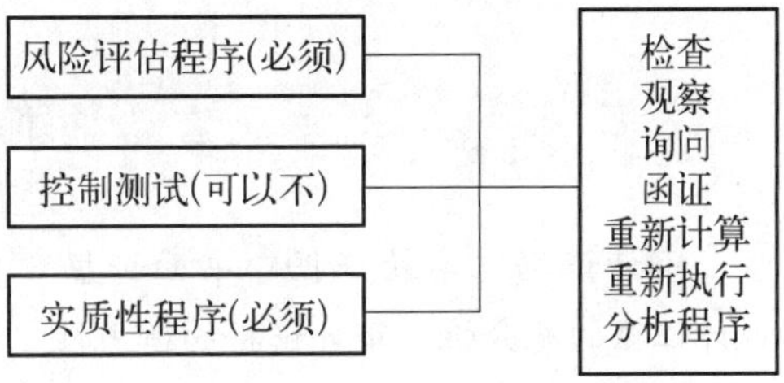


**图 6－2　总体审计程序与具体程序的关系**

**【例 6－10・单选题】** 下列审计程序中，通常不用作实质性程序的是(　　)。

A. 重新计算　　B. 分析程序　　C. 检查　　D. 重新执行

**【答案】** D。

**【解析】** 重新执行仅用于控制测试，获取审计证据证实已设计并正在执行的控制活动是否能够有效地防止、发现并纠正错报发生，即控制活动运行是否有效。

## 五、具体审计程序与认定的关系

具体程序与相关认定的关系如表 6－1 所示。

**表 6－1　具体程序与相关认定的关系**

| 具体程序 | 特　点 | 所获取的审计证据主要能够证明的认定 |
|---|---|---|
| 1. 检查 | 可提供可靠程度不同的审计证据，审计证据的可靠性取决于记录或文件的来源和性质 | 存在(“逆查”)<br>完整性(“顺查”) |
| 2. 观察 | 观察提供的审计证据仅限于观察发生的时点 | 存在 |
| 3. 询问 | 询问本身不足以发现认定层次存在的重大错报，也不足以测试内部控制运行的有效性 | 与存在、完整性、权利和义务等认定有一定关系 |
| 4. 函证 | 函证获取的审计证据可靠性较高 | 存在、权利和义务 |

续 表

| 具体程序 | 特 点 | 所获取的审计证据主要能够证明的认定 |
|---|---|---|
| 5. 重新计算 | 通常包括计算销售发票和存货的总金额、加总日记账和明细账、检查折旧费用和预付费用的计算、检查应纳税额的计算等 | 计价与分摊/准确性 |
| 6. 重新执行 | 重新编制银行存款余额调节表与被审计单位编制的银行存款余额调节表进行比较就是一种重新执行程序 | 控制有效性 |
| 7. 分析程序 | 分析程序的使用需要存在有预期数据关系 | 与计价和分摊、存在、完整性相关 |

## 概念索引

审计证据　实物证据　书面证据　口头证据　环境证据　内部证据　外部证据　审计证据的充分性　审计证据的适当性　检查　观察　询问　函证　重新计算　重新执行　分析程序

## 项目总结

审计证据是指注册会计师为了得出审计结论、形成审计意见而使用的所有信息，包括构成财务报表基础的会计记录所含有的信息和其他信息。注册会计师应当保持职业怀疑态度，运用职业判断，评价审计证据的充分性和适当性。

审计证据的充分性是对审计证据数量的衡量，与注册会计师确定的样本量有关，是指审计证据的数量足以支持注册会计师的审计意见。审计证据的适当性是对审计证据质量的衡量，是指审计证据在支持审计意见所依据的结论方面具有的相关性和可靠性。

审计证据可按其外形特征分为实物证据、书面证据、口头证据和环境证据四大类。

审计程序是指注册会计师在审计过程中的某个时间，对将要获取的某类审计证据如何进行收集的详细指令。注册会计师通过实施审计程序，获取充分、适当的审计证据，以对财务报表发表意见。总体审计程序包括风险评估程序、控制测试(必要时或决定测试时)和实质性程序。具体审计程序包括检查、观察、询问、函证、重新计算、重新执行以及分析程序。

在风险评估程序中，可以实施询问管理层和被审计内部其他人员、实施分析程序、观察和检查；在实施控制测试时，采用的具体审计程序类型包括询问、观察、检查、重新执行；在实施实质性程序时，除重新执行外，其他具体审计程序均可使用。

## 项目练习

### 一、单选题

1. 下列证据中,属于外部证据的是(　　)。

A. 被审计单位管理层声明书　B. 被审计单位的会计记录

C. 被审计单位提供的购货发票　D. 被审计单位提供的销货发票

2. 下列证据中,既属于书面证据,又属于内部证据的是(　　)。

A. 存货监盘表　B. 材料入库单

C. 应收账款函证回函　D. 购货发票

3. 注册会计师重新编制被审计单位的银行存款余额调节表属于(　　)审计程序。

A. 检查记录或文件　B. 检查无形资产

C. 重新计算　D. 重新执行

4. 下列有关审计证据的表述正确的有(　　)。

A. 经过注册会计师检查的文件记录均应视为非常可靠的证据

B. 检查有形资产不仅能够证明实物资产的存在,还能证明其被审计单位所有

C. 观察提供的审计证据只能证明在观察发生时点的情况

D. 注册会计师通过询问程序也能证明被审计单位内部控制运行的有效性

5. (　　)是指注册会计师对存货等资产实物进行审查。

A. 检查记录或文件　B. 检查有形资产

C. 函证　D. 观察

6. 下列项目中,不适用函证的是(　　)。

A. 银行存款

B. 库存现金

C. 由其他单位代为保管、加工或销售的存货

D. 应收账款

7. 下列不适用分析程序项目的是(　　)。

A. 主营业务收入的完整性　B. 管理费用的真实性

C. 应收账款的合理性　D. 存货内部控制的有效性

### 二、多选题

1. (　　　)属于基本证据。

A. 实物证据　B. 书面证据　C. 口头证据　D. 环境证据

2. 下列各项属于环境证据的是(　　　)。

A. 企业内部控制情况

B. 被审计单位各种管理条件和管理水平

C. 被审计单位管理人员的素质

D. 被审计单位管理层声明书

3. 获取下列证据时，需要运用分析程序的是(　　)。

A. 实物证据　　B. 书面证据　　C. 口头证据　　D. 环境证据

4. 下列有关审计证据可靠性的表述，正确的有(　　)。

A. 从内部取得的审计证据比从被审计单位外部获取的证据更可靠

B. 原件形式的审计证据比复制件形式的审计证据更可靠

C. 内部控制健全有效情况下形成的审计证据比内部控制无效情况下形成的审计证据更可靠

D. 从被审计单位财务会计资料中直接采集的审计证据比经被审计单位加工处理后提交的审计证据更可靠

5. 在实务中，对库存现金、存货等常用的“监盘”是一项复合程序，由(　　)构成。

A. 检查记录或文件　B. 观察　　C. 检查有形资产　　D. 重新执行

6. 下列属于运用重新计算审计程序的有(　　)。

A. 比较本年各月主营业务收入　　B. 检查应纳税额的计算

C. 计算销售发票和存货的总金额　　D. 重新编制银行存款余额调节表

7. 分析程序的目的包括(　　)。

A. 用作风险评估程序，识别、评估重大错报风险

B. 用于审计工作结束时对财务报表进行总体复核

C. 用作实质性程序，识别重大错报

D. 确定控制运行的有效性

## 三、判断题

1. 审计是个系统化的过程，通过了解被审计单位及其环境，识别和评估财务报表重大错报风险，设计和实施进一步审计程序，获取充分、适当的审计证据，发表审计意义，出具审计报告。(　　)

2. 为了保证审计证据的充分性，注册会计师应当收集尽可能多的审计证据。(　　)

3. 检查记录或文件仅是对以纸质形式存在的记录或文件进行审查。(　　)

4. 重新执行是指注册会计师查看相关人员正在从事的活动或执行的程序。(　　)

5. 注册会计师可采用积极或消极的方式实施函证，也可将两种方式结合使用。(　　)

6. 通过询问可以从客户那里获得大量的证据，而且可以作为结论性证据。(　　)

7. 分析程序只能用于风险评估，不能用于直接识别重大错报。(　　)

## 四、思考题

1. 什么是审计证据？

2. 如何理解审计证据的充分性和适当性？

3. 注册会计师应通过何种途径来获取充分、适当的审计证据？

## 五、案例题

**资料：**

A注册会计师是甲公司20×1年度财务报表审计项目合伙人，审计过程中获取以下五组审计证据：

(1) 入库单与购货发票；

(2) 销货发票副本与产品出库单；

(3) 领料单与材料成本计算表；

(4) 存货盘点表与存货监盘记录；

(5) 银行询证函回函与银行对账单。

**要求：**请分别说明每组审计证据中哪项审计证据较为可靠，并简要说明理由。

拓展阅读资料　　思政园地

# 项目七 审计工作底稿

## 知识目标

1. 了解审计工作底稿的含义及要素。
2. 掌握编制审计工作底稿的主要目的及要求。
3. 熟悉审计工作底稿复核和归档要点。

## 技能目标

1. 能熟练编制审计工作底稿。
2. 能在规定时间内对审计工作底稿进行整理、分类和归档。

## 案例导入

### 绿大地案

2011年3月17日，国内第一家绿化行业上市公司云南绿大地生物科技股份有限公司（简称绿大地公司）上市欺诈案在董事长何学葵的被捕中落下帷幕。4天后，中国证监会在其官网上披露绿大地公司存在涉嫌虚增资产、虚增收入、现金流不实等财务造假行为。深入分析案例，可以发现绿大地公司曾频繁变动高管、五度变更2009年业绩，将2009年业绩由最初的盈利1.04亿元变为最终亏损1.5亿元。绿大地公司还在年报披露前夕更换了在审计工作底稿中公允记录并出具非无保留意见审计报告的鹏城会计师事务所等3家会计师事务所。

**思考：**

什么是审计工作底稿？审计工作底稿的作用是什么？

# 任务一　审计工作底稿概述

## 一、审计工作底稿的含义与编制目的

### (一) 审计工作底稿的含义

审计工作底稿是指注册会计师对制定的审计计划、实施的审计程序、获取的相关审计证据，以及得出的审计结论做出的记录。审计工作底稿是审计证据的载体，是注册会计师在审计过程中形成的审计工作记录和获取的资料。它形成于审计过程，也反映整个审计过程。

审计工作底稿反映了注册会计师在审计活动中从事审计工作的全貌，是审计证据、审计记录和有关资料的汇集，是形成审计意见和结论的直接依据。

### (二) 审计工作底稿的编制目的

1. 编制审计工作底稿的主要目的

(1) 提供充分、适当的记录，作为审计报告的基础；

(2) 提供证据，证明注册会计师已经按照审计准则和相关法律法规的规定计划和执行了审计工作。

审计工作底稿的编制目的

审计工作底稿提供了审计工作实际执行情况的记录，是形成审计报告的基础。审计工作底稿可以用于质量控制复核、监督会计师事务所对审计准则遵循情况以及第三方的检查等。

**【知识链接 7-1】** 根据《中国注册会计师审计准则》(以下简称“审计准则”)的规定，在会计师事务所因执业质量而涉及诉讼或有关监管机构进行执业质量检查时，审计工作底稿能够提供证据，证明会计师事务所是否按照“审计准则”的规定执行了审计工作。《最高人民法院司法解释》第四条第二款：会计师事务所可以通过提交相关执业准则以及审计工作底稿等证明自己没有过错。

2. 编制底稿的其他目的

(1) 有助于项目组计划和执行审计工作；

(2) 有助于负责督导的项目组成员按照《中国注册会计师审计准则第 1121 号——对财务报表审计实施的质量控制》的规定，履行指导、监督与复核审计工作的责任；

(3) 便于项目组说明其执行审计工作的情况；

(4) 保留对未来审计工作持续产生重大影响事项的记录；

(5) 便于会计师事务所按照《质量控制准则第 5101 号——会计师事务所对执行财务报表审计和审阅、其他鉴证和相关服务业务实施的质量控制》的规定，实施质量控制复核与检查；

(6) 便于监管机构和注册会计师协会根据相关法律法规或其他相关要求，对会计师事务所实施执业质量检查。

**【例7-1·多选题】** 关于审计工作底稿的主要编制目的，以下说法中，恰当的有(　　)。

A. 提供证据，证明注册会计师已经按照审计准则和相关法律法规的规定计划和执行了审计工作

B. 有助于负责督导的项目组成员履行指导、监督与复核审计工作的责任

C. 提供充分、适当的记录，作为审计报告的基础

D. 保留对未来审计工作持续产生重大影响的事项的记录

**【答案】** AC。

## 二、审计工作底稿的性质、内容及编制要求

### (一) 审计工作底稿的性质

1. 审计工作底稿的存在形式

随着信息技术的广泛运用，审计工作底稿的形式得到不断扩展。目前审计工作底稿可以以纸质、电子或其他介质形式存在。

2. 对审计工作底稿设计和实施控制的目的

无论审计工作底稿以哪种形式存在，会计师事务所都应当针对审计工作底稿设计和实施适当的控制，以实现以下目的：

(1) 使审计工作底稿清晰地显示其生成、修改及复核的时间和人员。

(2) 在审计业务的所有阶段，尤其是在项目组成员共享信息或通过互联网将信息传递给其他人员时，保护信息的完整性和安全性。

(3) 防止未经授权改动审计工作底稿。

(4) 允许项目组和其他经授权的人员为适当履行职责而接触审计工作底稿。

3. 对电子和其他介质审计工作底稿转换和归档的要求

(1) 审计实务中，为便于复核，注册会计师将以电子或其他介质形式存在的审计工作底稿通过打印等方式，转换成纸质形式的审计工作底稿，并与其他纸质形式的审计工作底稿一并归档。

(2) 会计师事务所同时应当单独保存以电子或其他介质形式存在的审计工作底稿。

**【例7-2·单选题】** 关于以电子或其他介质形式存在的审计工作底稿，以下说法中，不恰当的是(　　)。

A. 以电子或其他介质形式存在的审计工作底稿，如果通过打印转换成纸质形式的审计工作底稿后，没有必要再单独保存

B. 以电子或其他介质形式存在的审计工作底稿转换成纸质形式的审计工作底稿后，除了要求与其纸质形式的底稿一并归档外，还应当单独保存这些以电子或其他介质形式存在的审计工作底稿

C. 以电子或其他介质形式存在的审计工作底稿应当能够通过打印等方式转换成纸

质形式的审计工作底稿

D. 以电子或其他介质形式存在的审计工作底稿应当与其纸质形式的审计工作底稿一并归档

**【答案】** A。

**(二) 审计工作底稿的内容**

审计工作底稿通常包括总体审计策略、具体审计计划、分析表、问题备忘录、重大事项概要、询证函回函、管理层声明书、核对表、有关重大事项的往来信件(包括电子邮件)以及对被审计单位文件记录的摘要或复印件等。此外,审计工作底稿通常还包括审计业务约定书、管理建议书、项目组内部或项目组与被审计单位举行的会议记录、与其他人士(如其他注册会计师、律师、专家等)的沟通文件及错报汇总表等。但是,审计工作底稿并不能代替被审计单位的会计记录。

**(三) 审计工作底稿通常不包括的内容**

审计工作底稿通常不包括已被取代的审计工作底稿的草稿或财务报表的草稿;反映不全面或初步思考的记录;存在印刷错误或其他错误而作废的文本;重复的文件记录等。

**【例 7-3 · 单选题】** 下列各项中,可以不作为审计工作底稿的是(　　)。

A. 有关客户关系和审计业务的接受与保持的结论

B. 审计业务约定书

C. 项目组内部会议记录情况

D. 财务报表草稿

**【答案】** D。

**【例 7-4 · 单选题】** 在编制审计工作底稿时,下列各项中,注册会计师通常认为不必形成最终审计工作底稿的是(　　)。

A. 注册会计师与被审计单位管理层对重大事项进行讨论的结果

B. 注册会计师不能实现相关审计标准规定的目标的情形

C. 注册会计师识别出的信息与针对重大事项得出的最终结论不一致的情形

D. 注册会计师取得的反映不全面或初步思考的记录

**【答案】** D。

**(四) 审计工作底稿的编制要求**

1. 总体要求

注册会计师编制的审计工作底稿,应当使得未曾接触该项审计工作的有经验的专业人士清楚地了解审计程序、审计证据与审计结论三个方面的内容。具体表述为:

(1) 按照审计准则和相关法律法规的规定实施的审计程序的性质、时间安排和范围;

(2) 实施审计程序的结果和获取的审计证据;

(3) 审计中遇到的重大事项和得出的结论,以及在得出结论时做出的重大职业判断。

2. 有经验的专业人士的定义

有经验的专业人士是指会计师事务所内部或外部的具有审计实务经验,并且对下列方面有合理了解的人士：

（1）审计过程；

（2）审计准则和相关法律法规的规定；

（3）被审计单位所处的经营环境。

（4）与被审计单位所处行业相关的会计和审计问题。

**【例7-5·多选题】** 编制的审计工作底稿应当使未曾接触该项审计工作的有经验的专业人士清楚了解审计程序、审计证据和重大审计结论。下列条件中，有经验的专业人士应当具备的有（　　）。

A. 了解相关法律法规和审计准则的规定

B. 在会计师事务所长期从事审计工作

C. 了解与被审计单位所处行业相关的会计和审计问题

D. 了解注册会计师的审计过程

**【答案】** ACD。

**【解析】** 有经验的专业人士是指会计师事务所内部或外部的具有审计实务经验，并且对下列方面有合理了解的人士：审计过程、审计准则和相关法律法规的规定、被审计单位所处的经营环境、与被审计单位所处行业相关的会计和审计问题。并没有对是否在会计师事务所长期从事审计工作提出强制要求。

# 任务二　审计工作底稿的格式、要素和范围

## 一、确定审计工作底稿的格式、要素和范围时考虑的因素

### （一）被审计单位的规模和复杂程度

通常来说，对大型被审计单位进行审计形成的审计工作底稿，通常比对小型被审计单位进行审计形成的审计工作底稿要多；对业务复杂的被审计单位进行审计形成的审计工作底稿，通常比业务简单被审计单位进行审计形成的工作底稿要多。

### （二）拟实施审计程序的性质

通常，不同的审计程序会使得注册会计师获取不同性质的审计证据，由此注册会计师可能会编制不同的审计工作底稿。例如，注册会计师编制的有关函证程序的审计工作底稿（包括询证函、有关不符事项的分析等）和存货监盘程序的审计工作底稿（包括盘点表、注册会计师对存货的测试记录等）在内容、格式及范围方面是不同的。

### （三）识别出的重大错报风险

识别和评估的重大错报风险水平的不同可能导致注册会计师实施的审计程序和获取的审计证据不尽相同。例如，如果注册会计师识别出应收账款存在较高的重大错报风险，而其他应收款的重大错报风险较低，则注册会计师可能对应收账款实施较多的审计程序并获取较多的审计证据，因而对测试应收账款的记录会比针对测试其他应收款记录的内

容多且范围广。

**(四) 已获取审计证据的重要程度**

注册会计师通过执行多项审计程序可能会获取不同的审计证据，有些审计证据的相关性和可靠性较高，有些质量较低，注册会计师可能区分不同的审计证据进行有选择性的记录，因此审计证据的重要程度也会影响审计工作底稿的格式、内容和范围。

**(五) 识别出的例外事项的性质和范围**

有时注册会计师在执行审计程序时会发现例外事项，由此可能导致审计工作底稿在格式、内容和范围方面的不同。例如，某个函证的回函表明存在不符事项，如果在实施恰当的追查后发现该例外事项并未构成错报，注册会计师可能只在审计工作底稿中解释发生该例外事项的原因及影响；反之，如果该例外事项构成错报，注册会计师可能需要执行额外的审计程序并获取更多的审计证据，由此编制的审计工作底稿在内容和范围方面可能有很大不同。

**(六) 当从已执行审计工作或获取审计证据的记录中不易确定结论或结论的基础时，记录结论或结论基础的必要性**

在某些情况下，特别是在涉及复杂事项中，注册会计师仅将已执行的审计工作底稿或审计证据记录下来，并不容易使其他有经验的注册会计师通过合理的分析，得出审计结论或结论的基础。此时，注册会计师应当考虑是否需要进一步说明并记录得出结论的基础(即得出结论的过程)及该事项的结论。

**(七) 审计方法和使用的工具**

审计方法和使用的工具可能影响审计工作底稿的格式、内容和范围。例如，如果使用计算机辅助审计技术对应收账款账龄进行重新计算，通常可以针对总体进行测试，而采用人工方式重新计算时，则可能会针对样本进行测试，由此形成的审计工作底稿会在格式、内容和范围方面有所不同。

**【例7-6·多选题】** 在确定审计工作底稿的格式、内容和范围时，注册会计师应当考虑的因素有(　　)。

A. 编制工作底稿使用的文字　　B. 审计工作底稿的归档期限

C. 拟实施审计程序的性质　　D. 已获取审计证据的重要程度

**【答案】** CD。

## 二、审计工作底稿的要素

**(一) 审计工作底稿的标题**

每张工作底稿应当包括被审计单位的名称、审计项目的名称以及资产负债表日或底稿覆盖的会计期间(如果与交易相关)。

**(二) 审计过程记录**

审计过程记录是注册会计师的审计轨迹与专业判断的记录。注册会计师应将其实施审计而达到审计目标的过程记录在审计工作底稿中。

在记录审计过程时，应当特别注意以下几个重要方面。

1. 具体项目或事项的识别特征

在记录实施审计程序的性质、时间和范围时，注册会计师应记录测试的具体项目或事项的识别特征。识别特征是指被测试的项目或事项表现出的征象或标志。识别特征因审计程序的性质和所测试的项目或事项不同而不同。对某一具体项目或事项而言，其识别特征通常具有唯一性，这种特性可以使其他人员根据识别特征在总体中识别该项目或事项并重新执行该测试。

(1) 在对被审计单位生成的订购单进行细节测试时，注册会计师可以以订购单的日期或其唯一编号作为测试订购单的识别特征。

(2) 对于需要选取或复核既定总体内一定金额以上的所有项目的审计程序，注册会计师可以记录实施程序的范围并指明该总体。

(3) 对于需要系统化抽样的审计程序，注册会计师可能会通过记录样本的来源、抽样的起点及抽样间隔来识别已选取的样本。

(4) 对于需要询问被审计单位中特定人员的审计程序，注册会计师可能会以询问的时间、被询问人的姓名及职位作为识别特征。

(5) 对于观察程序，注册会计师可以以观察的对象或观察过程、相关被观察人员及其各自的责任、观察的地点和时间作为识别特征。

**【例7-7·单选题】** 在对营业收入进行细节测试时，注册会计师对顺序编号的销售发票进行了检查。针对所检查的销售发票，注册会计师记录的识别特征通常是(　　)

A. 销售发票的开具人　　B. 销售发票的编号

C. 销售发票的金额　　D. 销售发票的付款人

**【答案】** B。

2. 重大事项及相关重大职业判断

注册会计师应当根据具体情况判断某一事项是否属于重大事项。重大事项通常包括引起特别风险的事项；实施审计程序的结果，该结果表明财务信息可能存在重大错报，或需要修正以前的重大错报风险的评估和针对该风险拟采取的应对措施；导致注册会计师难以实施必要审计程序的情形；导致出具非无保留意见审计报告的事项。

**【例7-8·多选题】** 在编制重大事项概要时，下列内容中属于重大事项的有(　　)。

A. 重大关联方交易

B. 异常或超出正常经营过程的重大交易

C. 导致注册会计师难以实施必要审计程序的情形

D. 导致注册会计师出具非无保留意见审计报告的事项

**【答案】** ABCD。

注册会计师在执行审计工作和评价审计结果时运用职业判断的程度，是决定记录重大事项的审计工作底稿的格式、内容和范围的一项重要因素。在审计工作底稿中对重大职业判断进行记录，能够解释注册会计师得出的结论并提高职业判断的质量。这些记录对审计工作底稿的复核人员非常有帮助，同样也有助于执行以后期间审计人员查阅具有持续重要性的事项。当涉及重大事项和重大职业判断时，注册会计师需要编制与运用职业判断相关的审计工作底稿。

【知识链接 7-2】《中国注册会计师审计准则第 1131 号——审计工作底稿》第十二条规定："注册会计师应当及时记录与管理层、治理层和其他人员对重大事项的讨论，包括讨论的内容、时间、地点和参加人员。"

3. 针对重大事项如何处理矛盾或不一致的情况

如果注册会计师识别出的信息与针对某重大事项得出的最终结论不一致，注册会计师应当记录如何处理不一致的情况。

记录如何处理识别出的信息与针对重大事项得出的结论相矛盾或不一致的情况是非常必要的，它有助于注册会计师关注这些矛盾或不一致，并对此执行必要的审计程序以恰当地解决这些矛盾或不一致。但是，对如何解决这些矛盾或不一致的记录要求并不意味着注册会计师需要保留不正确的或被取代的审计工作底稿。

【知识链接 7-3】《中国注册会计师审计准则第 1131 号——审计工作底稿》第十四条规定："在极其特殊情况下，如果认为有必要偏离某项审计相关要求，注册会计师应当记录实施的替代审计程序如何实现相关要求的目的以及偏离的原因。"第十五条规定："在某些例外情况下，如果在审计报告日后实施了新的或追加的审计程序，或者得出新的结论，注册会计师应当记录。"

**(三) 审计结论**

审计工作的每一部分都应当包含与已实施审计程序的结果及其是否实现既定审计目标相关的结论，还应包括审计程序识别出的例外情况和重大事项如何得到解决的结论。

注册会计师需要根据所实施的审计程序及获取的审计证据得出结论，并以此作为对财务报表发表审计意见的基础。在记录审计结论时需要注意的是，在审计工作底稿中记录的审计程序是否足以支持所得出的审计结论。

**(四) 审计标识及其说明**

审计标识是注册会计师为便于表达审计含义而采用的符号。审计标识被用于与已实施程序相关的工作底稿中。每张底稿都应包含对已实施程序的性质、时间和范围所做的解释，以支持每一个标识的含义。

为了便于他人理解，注册会计师在审计工作底稿中说明各种审计标识所代表的含义，或者采用审计标识说明表的形式统一说明。审计标识应当保持前后一致。下列是注册会计师在审计工作底稿中列明标识并说明其含义的例子，仅供参考。在审计实务中，注册会计师可以依据实际情况运用更多的审计标识。

∧:纵加核对。

<:横加核对。

B:与上年结转数核对一致。

T:与原始凭证核对一致。

G:与总分类账核对一致。

S:与明细账核对一致。

T/B:与试算平衡表核对一致。

C:已发询证函。

C\:已收回询证函。

**(五)索引号及编号**

索引号是注册会计师为整理利用审计工作底稿,将其具有同一性质或反映同一具体审计事项的审计工作底稿分别归类,形成相互控制的特定编号。

通常,审计工作底稿需要注明索引号及编号,以使相关审计工作底稿之间保持清晰的钩稽关系。为了汇总及便于交叉索引和复核,每个会计师事务所都会制定特定的审计工作底稿归档流程。因此,每张表或记录都应当有一个索引号,以说明其在审计工作底稿中的放置位置。工作底稿中每张表所包含的信息都应当与另一张表中的相关信息进行交叉索引,例如,现金盘点表应当与列示所有现金余额的导表进行交叉索引。利用计算机编制工作底稿时,可以采用电子索引和链接。随着审计工作的推进,链接表还可予以自动更新。例如,审计调整表可以链接到试算平衡表,当新的调整分录编制完后,计算机会自动更新试算平衡表,为相关调整分录插入索引号。同样,评估的固有风险或控制风险可以与针对特定风险领域设计的相关审计程序进行交叉索引。

**【注意事项7-1】** 索引号和页次两者结合构成每一审计工作底稿唯一的标识符号,因此,索引号应准确表达对应审计工作底稿的类型和性质,相互之间既有紧密的关联作用和勾稽关系,又有明显的排他性和唯一性,不允许重复。

**(六)编制人员和复核人员及执行日期**

为了明确责任,在各自完成与特定工作底稿相关的任务之后,编制者和复核者都要在工作底稿上签名并注明编制日期和复核日期。

在需要项目质量控制复核的情况下,还需要注明项目质量控制复核人员及复核的日期。

通常,需要在每一张审计工作底稿上注明执行审计工作的人员和复核人员、完成该项审计工作的日期以及完成复核的日期。

# 任务三 审计工作底稿的复核

审计工作底稿复核分项目组内部复核和独立的项目质量控制复核两个层次。

## 一、项目组内部复核

### (一)复核人员

(1)总原则。

项目组内部复核应当由项目组内经验较多的人员(包括项目合伙人)复核经验较少人员的工作。

(2)项目组需要在制定审计计划时确定复核人员的指派,以确保所有工作底稿均得到适当层级人员的复核。

(3) 对于一些复杂、审计风险较高的领域，如舞弊风险的评估与应对、重大会计估计及其他复杂的会计问题、审核会议记录和重大合同、关联方关系和交易、持续经营存在的问题等，需要指派经验丰富的项目组成员执行复核，必要时可以由项目合伙人执行复核。

**(二) 复核范围**

执行复核时，复核人员需要考虑的事项包括：

(1) 审计工作是否已按照法律法规、相关职业道德要求和审计准则的规定执行。

(2) 重大事项是否已提请进一步考虑。

(3) 相关事项是否已进行适当咨询，由此形成的结论是否得到记录和执行。

(4) 是否需要修改已执行审计工作的性质、时间安排和范围。

(5) 已执行的审计工作是否支持形成的结论，并已得到适当记录。

(6) 已获取的审计证据是否充分、适当，足以支持审计结论。

(7) 审计程序的目标是否已经实现。

**(三) 复核时间**

项目组内部复核贯穿审计全过程。

(1) 在审计计划阶段复核记录审计策略和审计计划的工作底稿。

(2) 在审计执行阶段复核记录控制测试和实质性程序的工作底稿。

(3) 在审计完成阶段复核记录重大事项、审计调整及未更正错报的工作底稿等。

**(四) 项目合伙人复核**

(1) 根据审计准则的规定，项目合伙人应当对会计师事务所分派的每项审计业务的总体质量负责；项目合伙人应当对项目组按照会计师事务所复核政策和程序实施的复核负责。

(2) 项目合伙人复核的内容包括对关键领域的判断，尤其是执行业务过程中识别出的疑难问题或争议事项；特别风险；项目合伙人认为重要的其他领域。

(3) 项目合伙人无须复核所有审计工作底稿。

## 二、独立的项目质量控制复核

**(一) 复核人员**

会计师事务所应当制定政策和程序，解决项目质量控制复核人员的委派问题，明确项目质量控制复核人员的资格要求：履行职责需要的技术资格，包括必要的经验和权限；在不损害其客观性的前提下，能够提供业务咨询的程序。例如，有一定执业经验的合伙人，或专门负责质量控制复核的注册会计师等，可以作为复核人员。

**【注意事项 7-2】** 独立的项目质量控制复核不能减轻项目组内部复核的责任。

**(二) 复核范围**

项目质量控制复核人员应当客观评价项目组做出的重大判断以及在编制审计报告时得出的结论：

(1) 与项目合伙人讨论重大事项。

(2) 复核财务报表和拟出具的审计报告。

(3) 复核选取的与项目组做出的重大判断和得出的结论相关的审计工作底稿。

(4) 评价编制审计报告时得出的结论,并考虑拟出具的审计报告的恰当性。

**(三) 复核时间**

项目质量控制复核人员应在业务过程的适当阶段及时实施项目质量控制复核,而非在出具审计报告前才实施复核。

# 任务四 审计工作底稿的归档

## 一、审计工作底稿归档工作的性质

在出具审计报告前,注册会计师应完成所有必要的审计程序,取得充分、适当的审计证据并得出适当的审计结论。在审计报告日后将审计工作底稿归整为最终审计档案是一项事务性的工作,不涉及实施新的审计程序或得出新的结论。

**【注意事项7-3】** 如果注册会计师在归档期间对审计工作底稿做出的变动属于事务性的,属于正常行为;但如果注册会计师在审计工作底稿归档期后变动,则不属于事务性的工作,且变动有严格条件。

## 二、审计档案的结构与分类

**(一) 审计档案的结构**

审计档案是指一个或多个文件夹或其他存储介质,以实物或电子形式存储构成某项具体业务的审计工作底稿的记录。对每项具体审计业务,注册会计师应当将审计工作底稿归整为审计档案。

典型的审计档案结构如下。

1. 沟通和报告相关的工作底稿

沟通和报告相关的工作底稿包括审计报告和经审计的财务报表,与主审注册会计师的沟通和报告,与治理层的沟通和报告,与管理层的沟通和报告,管理建议书。

2. 审计计划阶段的工作底稿

审计计划阶段的工作底稿包括总体审计策略和具体审计计划,对内部审计职能的评价,对服务机构的评价,对外部专家的评价,被审计单位提交的资料清单,主审注册会计师的指示,前期审计报告和经审计的财务报表,预备会会议纪要。

3. 进一步审计程序工作底稿

进一步审计程序工作底稿包括有关控制测试工作底稿,有关实质性程序工作底稿(包括实质性分析程序和细节测试)。

4. 审计完成阶段工作底稿

审计完成阶段工作底稿包括审计工作完成情况核对表,管理层声明书原件,重大事项概要，错报汇总表，被审计单位财务报表和试算平衡表，有关列报的工作底稿（如现金流量表，关联方和关联方交易的披露等），财务报表所属期间的董事会会议记录，总结会会议纪要。

5. 特定项目审计程序表

特定项目审计程序表包括舞弊，持续经营，对法律法规的考虑，关联方。

**(二) 审计档案的分类**

审计工作底稿经过分类整理、汇集归档后，就形成了审计档案。审计工作底稿是审计档案的重要组成部分。在审计实务中，会计师事务所将审计档案分为永久档案和当期档案（见表7-1）。

**表7-1　审计档案的分类**

| 类　型 | 定　义 | 示　例 |
|---|---|---|
| 永久性档案 | 记录内容相对稳定，具有长期使用价值，并对以后审计工作具有重要影响和直接作用的审计档案 | 被审计单位的组织结构、批准证书、营业执照、章程、重要资产的所有权或使用权的证明文件复印件等 |
| 当期档案 | 记录内容经常变化，主要供当期和下期审计使用的审计档案 | 总体审计策略和具体审计计划 |

**【注意事项7-4】**　若永久性档案中的某些内容已经发生变化，注册会计师应当及时予以更新。为保持资料的完整性以满足以后查阅历史资料的需要，永久性档案中被替换下的资料也需要保留。一般情况下，综合类和备查类底稿应视同永久性档案进行保管；业务类底稿则视为当期档案。

## 三、审计工作底稿归档的期限

注册会计师应当按照会计师事务所质量控制政策和程序的规定，及时将审计工作底稿归整为最终审计档案。审计工作底稿的归档期限为审计报告日后60天内。如果注册会计师未能完成审计业务，审计工作底稿的归档期限为审计业务中止后的60天内。

如果针对客户的同一财务信息执行不同的委托业务，出具两个或多个不同的报告，会计师事务所应当将其视为不同的业务，根据会计师事务所内部制定的政策和程序，在规定的归档期限内分别将审计工作底稿归整为最终审计档案。

**【例7-9·单选题】**　下列关于审计工作底稿归档的表述中，正确的是（　　）。

A. 审计工作底稿的归档工作是业务性工作

B. 针对客户的同一财务信息执行不同委托业务，可将其归整为一份审计档案

C. 审计工作完成后，应于审计报告日后60天内归档

D. 未完成审计工作的，应于审计业务中止后90天内归档

**【答案】**　C。

**【解析】**　选项A，审计工作底稿的归档工作属于事务性工作；选项B，应归整为不同档案；选项C，审计工作底稿的归档期限为审计报告日后60天内；选项D，如果注册会计

师未能完成审计业务,审计工作底稿的归档期限为审计业务中止后60天内。

## 四、审计工作底稿的变动

### (一)审计工作底稿归档期间的变动

在归档期间对审计工作底稿变动的主要内容:

(1)删除或废弃被取代的审计工作底稿。

(2)对审计工作底稿进行分类、整理和交叉索引。

(3)对审计档案归整工作的完成核对表签字认可。

(4)记录在审计报告日前获取的、与项目组相关成员进行讨论并达成一致意见的审计证据。

### (二)审计工作底稿归档后的变动

在完成最终审计档案的归整工作后,注册会计师不应当在规定的保存期限届满前删除或废弃任何性质的审计工作底稿。

1. 需要变动审计工作底稿的情形

一般情况下,在审计报告归档之后不需要对审计工作底稿进行修改或增加。注册会计师发现有必要修改现有审计工作底稿或增加新的审计工作底稿的情况主要有以下两种:

(1)注册会计师已实施了必要的审计程序,取得了充分、适当的审计证据并得出了恰当的审计结论,但审计工作底稿的记录不够充分。

(2)审计报告日后,发现例外情况要求注册会计师实施新的或追加审计程序,或导致注册会计师得出新的结论。例如,注册会计师在审计报告日后才获知法院在审计报告日前已对审计单位的诉讼、索赔事项做出最终判决结果。

**【知识链接7-4】** 例外情况主要是指审计报告日后发现与已审计财务信息相关,且在审计报告日已经存在的事实,该事实如果被注册会计师在审计报告日前获,可能影响审计报告。例外情况可能在审计报告日后发现,也可能在财务报表报出日后发现,注册会计师应当按照《中国注册会计师审计准则第1332号——期后事项》有关"财务报表报出后发现的事实"的相关规定,对例外事项实施新的或追加的审计程序。

2. 变动审计工作底稿时的记录要求

在完成最终审计档案的归整工作后,如果发现有必要修改现有审计工作底稿或增加新的审计工作底稿,无论修改或增加的性质如何,注册会计师均应记录下列事项:

(1)修改或增加审计工作底稿的时间和人员,以及复核的时间和人员。

(2)修改或增加审计工作底稿的具体理由。

**【注意事项7-5】** 修改现有审计工作底稿主要是指在保持原审计工作底稿中所记录的信息,即对原记录信息不予删除(包括涂改、覆盖等方式)的前提下,采用增加新信息的方式予以修改。

**【例7-10·单选题】** 关于注册会计师对归档后的审计工作底稿做出变动的下列说

法中，错误的是（　　）。

A. 注册会计师已实施了必要的审计程序，取得了充分、适当的审计证据并得出了恰当的审计结论，但审计工作底稿的记录不够充分，注册会计师可以对审计工作底稿做出补充

B. 注册会计师可以就审计报告日后发现的例外情况实施追加审计程序，并增加新的审计工作底稿

C. 注册会计师可以对审计档案做事务性的变动

D. 注册会计师应当记录修改或增加审计工作底稿的理由、时间和人员以及复核的时间和人员

**【答案】** C。

**【解析】** 选项C错误。审计工作底稿在归整期间的变动属于事务性的变动，如果审计工作底稿归档成为审计档案后的变动则不属于事务性的变动。

### 五、审计工作底稿的保存期限

会计师事务所应当自审计报告日起，对审计工作底稿至少保存10年。如果注册会计师未能完成审计业务，会计师事务所应当自审计业务中止日起，对审计工作底稿至少保存10年。

审计工作底稿的控制措施

**【注意事项7-6】** 如果某些资料在某一审计期间被替换，被替换的资料应当从被替换的年度起至少保存10年。在完成最终审计档案的归整工作后，注册会计师不应在规定的保存期满前删除或废弃任何性质的审计工作底稿。

## 概念索引

审计工作底稿　审计档案　永久性档案　当期档案

## 项目总结

审计工作底稿是指注册会计师对制定的审计计划、实施的审计程序、获取的相关审计证据，以及得出的审计结论做出的记录。审计工作底稿是审计证据的载体，是注册会计师在审计过程中形成的审计工作记录和获取的资料。它形成于审计过程，也反映整个审计过程。

审计工作底稿可以以纸质、电子或其他介质形式存在。审计工作底稿应当包括下列要素：审计工作底稿的标题；审计过程记录；审计结论；审计标识及说明；索引号及编号；编制者姓名及编制日期；复核者姓名及编制日期；其他应说明的事项。

审计工作底稿复核分项目组内部复核和项目质量控制复核两个层次。项目组内部复核采用三级复核制度，最终由项目合伙人负责。项目质量控制复核是指会计师事务所挑选不参与该业务的人员，在出具审计报告前，对项目组做出的重大判断和在准备审计报告

时得出的结论进行客观评价的过程。适用于所有上市实体财务报表审计，以及会计师事务所确定需要实施项目质量控制复核的其他业务。

在审计报告日后将审计工作底稿归整为最终审计档案是一项事务性的工作，不涉及实施新的审计程序或得出新的结论。审计工作底稿的归档期限为审计报告日后60天内。对审计工作底稿的保存期限为会计师事务所自审计报告日起至少10年。审计工作底稿的所有权属于承接该项业务的会计师事务所。

## 项目练习

### 一、单选题

1. 注册会计师在审计过程中形成的审计工作底稿的所有权应当属于(　　)。

A. 被审计单位　　B. 会计师事务所

C. 注册会计师个人　　D. 预期使用者

2. 对审计工作底稿负有复核责任的是(　　)。

A. 项目负责人　　B. 项目组内除项目负责人以外的复核人

C. 项目组外的项目质量控制复核人　　D. 被审计单位管理层

3. 以下关于审计工作底稿的存在形式表述正确的是(　　)。

A. 只能以纸质或电子形式存在　　B. 只能以纸质形式存在

C. 可以以纸质、电子或其他介质形式存在　　D. 一份工作底稿，只能以同一种形式存在

4. 注册会计师在记录审计过程时需要记录特定事项或项目的识别特征。下列关于识别特征表述不恰当的是(　　)。

A. 在对应收账款计价测试时，需要将应收账款的账龄作为识别特征

B. 在系统抽样时，需要以总体抽样起点和抽样间隔作为识别特征

C. 在询问被审计单位特定人员时，应以询问的时间、被询问人的姓名及职业作为识别特征

D. 在对被审计单位生成的订单进行细节测试时，需将订单的数量、单价和金额作为识别特征

5. 审计工作底稿自审计报告日起，至少保存(　　)年。

A. 5　　B. 10　　C. 20　　D. 50

### 二、多选题

1. 下列属于审计工作底稿内容的有(　　　　)。

A. 总体审计策略　　B. 具体审计计划

C. 重复的文件记录　　D. 财务报表草稿

2. 依据对审计工作底稿的保存期限，可将审计档案分为(　　　　)。

A. 保密档案　　B. 暂时性档案　　C. 永久性档案　　D. 当期档案

3. 复核审计工作底稿要采取三级复核制度，其中，三级复核过程中的执行人

包括(　　)。

A. 总经理　　B. 项目经理　　C. 部门经理　　D. 项目合伙人

4. 审计工作底稿是指审计人员对(　　)的记录。

A. 制定的审计计划　　B. 获取的审计证据

C. 得出的审计结论　　D. 实施的审计程序

5. 下列审计工作底稿归档后属于永久性档案的有(　　)。

A. 审计调整分录汇总表　　B. 企业营业执照

C. 公司章程　　D. 关联方资料

## 三、判断题

1. 审计工作底稿是审计证据的载体,是审计人员在审计过程中形成的审计工作记录和获取的资料。(　　)

2. 审计工作底稿可以以纸质、电子或其他介质形式存在。(　　)

3. 注册会计师在审计过程中收集到的审计证据,都应列示在审计工作底稿中。(　　)

4. 对永久性档案,不论会计师事务所在未来是否继续审计被审计单位,均应长期妥善保管。(　　)

5. 注册会计师对被审计单位进行审计并形成审计工作底稿,该工作底稿归其所有。(　　)

## 四、思考题

1. 简述审计工作底稿的含义、基本要素及作用。

2. 如何复核审计工作底稿?

3. 审计工作底稿归档之后需要变动的情形有哪些?注册会计师应当怎样记录变动的情况?

4. 如何理解审计证据与审计工作底稿之间的关系?

## 五、案例题

**资料:**

XYZ会计师事务所首次接受甲公司的审计委托,指派A注册会计师担任甲公司20×1年度财务报表审计业务的项目合伙人。审计工作底稿记载的相关情况如下:

(1) 通过与前任注册会计师口头沟通,A注册会计师认为其不具有独立性。为获取有关期初余额的充分、适当的审计证据,拟直接查阅前任注册会计师的工作底稿;

(2) A注册会计师将穿行测试相关情况记录于工作底稿,记录的内容为穿行测试的程序和穿行测试时查阅的文件;

(3) 项目组成员认为收入确认存在舞弊风险的假定不适用于甲公司业务的具体情况,拟记录得出该结论的理由;

(4) 项目组成员发现甲公司存在未入账的应付账款,拟先根据其重要性确定是否建议甲公司调整,再将调整情况详细记入审计工作底稿;

(5) A注册会计师在审计过程中对总体审计策略和具体审计计划做出了重大修改，在工作底稿中记录重大修改及其理由，删除了修改前的计划工作底稿；

(6) 项目合伙人对工作底稿复核的范围为：项目组成员对关键领域所做的判断，尤其是执行业务过程中识别出的疑难问题或争议事项。

**要求：**针对上述情况，逐一指出是否存在不当之处。如认为存在不当之处，简要说明理由。

拓展阅读资料　　思政园地

# 项目八
# 风险评估

## 知识目标

1. 熟悉被审计单位及其环境的内容。
2. 掌握内部控制的含义及五要素。
3. 熟悉审计风险模型。
4. 掌握识别和评估重大错报风险的审计程序。

## 技能目标

1. 能通过了解被审计单位及其环境识别和评估两个层次的重大错报风险。
2. 能在整体层面和业务流程层面了解内部控制以识别内部控制的重大缺陷并提出合理建议。

## 案例导入

### 中航油事件

2004 年 12 月，中国航空油料集团有限公司（简称“中航油”）海外控股子公司——中国航油（新加坡）股份有限公司（简称“新加坡公司”）发布了惊人的消息：公司因为石油衍生产品交易产生了 5.5 亿美元的巨额亏损。巨额的国有资产亏损与新加坡公司总裁陈久霖不无关系。回溯案例，我们可以发现，内部控制失效是发生如此经济丑闻的最重要原因。一方面，内部监控形同虚设。新加坡公司实质上成为陈久霖一个人的“独立王国”，在其任职期间，曾两度调开中航油派驻的财务经理，从当地另外聘请财务经理，只听命于他一个人。另一方面，风险控制机制失效。中航油和新加坡公司风险管理机制形同虚设，新加坡公司虽然成立了风险管理委员会，并规定损失超过 500 万美元时必须报告董事会，但实际情况是陈久霖从未做出相关报告，中航油也没有有效的制衡办法。

**思考：**

中航油和新加坡公司的内部控制有哪些问题？

# 任务一　风险识别和评估概述

## 一、风险识别和评估的概念

在风险导向审计模式下，注册会计师以重大错报风险的识别、评估和应对为审计工作的主线，最终将审计风险降低至可接受的低水平。风险的识别和评估是审计风险控制流程的起点。风险识别和评估是指注册会计师通过实施风险评估程序，识别和评估财务报表层次和认定层次的重大错报风险。其中，风险识别是找出两个层次的重大错报风险；风险评估是指对重大错报发生的可能性和后果严重程度进行评估。

## 二、风险识别和评估的作用

（1）确定重要性水平，并随着审计工作的进程评估对重要性水平的判断是否仍然适当。

（2）考虑会计政策的选择和运用是否恰当，以及财务报表的列报是否适当。

（3）识别需要特别考虑的领域，包括关联方交易、管理层运用持续经营假设的合理性，或交易是否具有合理的商业目的等。

（4）确定在实施分析程序时所使用的预期值。

（5）设计和实施进一步审计程序，以将审计风险降至可接受的低水平。

（6）评价所获取审计证据的充分性和适当性。

**【注意事项 8-1】** 风险评估程序本身并不能为形成审计意见提供充分、适当的审计证据。

## 三、风险评估程序

### （一）风险评估程序的含义

《中国注册会计师审计准则第 1211 号——通过了解被审计单位及其环境识别和评估重大错报风险》作为专门规范风险评估的审计准则，规定注册会计师应当了解被审计单位及其环境，以充分识别和评估财务报表重大错报风险，设计和实施进一步审计程序。

注册会计师了解被审计单位及其环境，目的是识别和评估财务报表重大错报风险。为了了解被审计单位及其环境而实施的程序称为“风险评估程序”。注册会计师应当依据实施这些程序所获取的信息，评估重大错报风险。

**【知识链接 8-1】**《中国注册会计师审计准则第 1211 号——通过了解被审计单位及其环境识别和评估重大错报风险》第四条规定：“风险评估程序，是指注册会计师为了了解被审计单位及其环境（包括内部控制），以识别和评估财务报表层次和认定层次的重大错报风险（无论该错报由于舞弊或错误导致）而实施的审计程序。”

### （二）风险评估程序的总体要求

（1）注册会计师必须实施风险评估程序，以此作为评估财务报表层次和认定层次重大错报风险的基础。

**【知识链接8-2】**《中国注册会计师审计准则第1101号——注册会计师的总体目标和审计工作的基本要求》第十四条规定:"重大错报风险,是指财务报表在审计前存在重大错报的可能性。重大错报风险分为财务报表层次的重大错报风险和认定层次的重大错报风险。"所以,风险评估程序简单地说是识别和评估财务报表的重大错报风险,复杂地说是识别和评估财务报表层次和各类交易、账户余额和披露认定层次的重大错报风险。

(2) 风险评估程序是必要程序,了解被审计单位及其环境,能为注册会计师在许多关键环节做出职业判断提供重要基础。了解被审计单位及其环境是风险评估程序的基础和前提,是注册会计师执行财务报表审计的必要程序。

(3) 了解被审计单位及其环境实际上是一个连续和动态的收集、更新与分析信息的过程,贯穿整个审计过程的始终。

(4) 注册会计师应当运用职业判断确定需要了解被审计单位及其环境的程度。职业判断是指注册会计师运用其专业知识、技能和经验进行的判断。

**【例8-1·多选题】** 注册会计师在计划审计工作时应当实施风险评估程序。以下有关风险评估程序的理解恰当的有(　　)。

A. 注册会计师如不实施风险评估程序,则无法评估财务报表层次和认定层次的重大错报风险

B. 注册会计师实施风险评估程序获取审计证据为其在许多环节做出职业判断提供了重要基础

C. 注册会计师实施风险评估程序贯穿整个审计过程

D. 注册会计师实施风险评估程序是在计划审计工作阶段

**【答案】** ABC。

**【解析】** 选项D不恰当。注册会计师计划审计工作需要实施风险评估程序来了解、识别、评估财务报表错报风险,以便设计进一步审计程序;随着实施控制测试和实质性程序得到审计证据,注册会计师可能需要对计划阶段评估的错报风险进行再评价,甚至修改或扩大审计程序;在审计终结阶段,注册会计师需要汇总错报,有可能汇总的错报超过注册会计师的预期,此时注册会计师还需要对已识别的错报风险进行评估,并考虑是否追加审计程序,以合理保证已识别的错报连同未识别错报的汇总数不超过重要性水平。

### (三) 实施风险评估程序的目的

注册会计师实施风险评估程序的目的是为了识别和评估财务报表重大错报风险。财务报表重大错报风险分为财务报表层次的重大错报风险和各类交易、账户余额与披露认定层次的重大错报风险。

1. 财务报表层次重大错报风险

注册会计师针对评估的"财务报表层次重大错报风险"目的是要制定总体审计策略,总体审计策略制定出来后,还要制定项目组的"总体应对措施"。总体应对措施中还要明确应对方案,是以实质性程序为主的实质性方案,还是以实施控制测试后减少实质性程序的综合性方案。

2. 各类交易、账户余额和披露认定层次重大错报风险

注册会计师针对评估的“各类交易、账户余额和披露认定层次重大错报风险”目的是设计和实施进一步审计程序(控制测试和实质性程序)。

**【例 8-2·单选题】** 关于注册会计师“了解被审计单位及其环境”的目的,以下说法不恰当的(　　)。

A. 评估审计风险

B. 识别和评估财务报表层次重大错报风险

C. 评估舞弊风险

D. 识别和评估财务报表项目认定层次重大错报风险

**【答案】** A。

**【解析】** 选项 A 不正确。注册会计师了解被审计单位及其环境的目的就是为了识别和评估财务报表重大错报风险,包括财务报表层次重大错报风险和各类交易、账户余额和披露的认定层次重大错报风险,包括舞弊风险。

**(四) 风险评估程序的内容**

注册会计师应当实施下列风险评估程序,以了解被审计单位及其环境。

1. 询问管理层和被审计单位内部其他合适人员

询问管理层和被审计单位内部其他合适人员是注册会计师了解被审计单位及其环境等方面情况的一个重要信息来源。这些信息有助于识别由于舞弊或错误导致的重大错报风险。

注册会计师可以考虑向管理层和财务负责人询问以下事项:

(1) 管理层关注的主要问题,如新的竞争对手、主要客户和供应商的流失、新的税收法规的实施以及经营目标或战略的变化等。

(2) 被审计单位最近的财务状况、经营成果和现金流量。

(3) 可能影响财务报告的交易和事项,或目前发生的重大会计处理问题,如重大的并购事宜等。

(4) 被审计单位发生的其他重要变化,如所有权结构、组织结构的变化,以及内部控制的变化等。

注册会计师也可以通过询问被审计单位内部的其他不同层级和职责的适当人员获取信息,可为识别和评估重大错报风险提供不同的视角。例如:

(1) 直接询问治理层,可能有助于注册会计师了解治理层对管理层编制财务报表的监督程度。

(2) 直接询问内部审计人员,可能有助于获取对被审计单位内部控制设计和运行有效性而实施的内部审计程序,以及管理层是否根据实施这些程序的结果采取了适当的应对措施。

(3) 直接询问营销人员,可能有助于注册会计师了解被审计单位营销策略的变化、销售趋势或与客户的合同安排。

(4) 直接询问参与、生成和记录复杂和异常交易的员工,从而评价被审计单位选择和

运用某项会计政策的恰当性。

(5) 直接询问内部法律顾问,可能有助于注册会计师了解有关信息,如诉讼、遵守法律法规的情况、影响被审计单位的舞弊或舞弊嫌疑、产品保证、售后责任、与业务合作伙伴的安排(如合营企业)和合同条款的含义等。

需要说明的是:注册会计师仅仅通过询问是不能为控制运行的有效性提供充分证据的,还必须检查执行控制所使用的报告、手册或其他文件,以此对先前问询结果进行印证。

**【注意事项8-2】** 风险评估程序中的询问,强调的是询问被审计单位内部人员。如果询问的是被审计单位的外部人员,比如询问被审计单位的律师,则为其他审计程序。

2. 实施分析程序

分析程序是指注册会计师通过研究不同财务数据之间以及财务数据与非财务数据之间的内在关系,对财务信息做出评价。分析程序还包括调查识别出的、与其他信息不一致或预期数据严重偏离的波动和关系。

分析程序既可用于风险评估程序和实质性程序,又可用于对财务报表的总体复核。注册会计师实施分析程序有助于识别异常的交易或事项,以及对财务报表和审计产生影响的金额、概率和趋势。在实施分析程序时,注册会计师应当预期可能存在的合理关系,并与被审计单位记录的金额、依据记录金额计算的概率或趋势相比较;如果发现异常或未预期到的关系,注册会计师应当在识别重大错报风险时考虑这些比较结果。

如果使用了高度汇总的数据,实施分析程序的结果可能仅初步显示财务报表存在重大错报,将分析程序的结果与识别重大错报风险时获取的其他信息一并考虑,可以帮助注册会计师了解并评价分析程序的结果。例如,对每一产品系列进行毛利率分析,或者将总体毛利率分析的结果连同其他信息一并考虑。

**【注意事项8-3】** 在实施风险评估过程时,运用分析程序的目的是了解被审计单位及其环境并评估重大错报风险,注册会计师应当围绕这一目的运用分析程序。在这个阶段运用分析程序是强制要求。但并不是说,注册会计师在了解被审计单位及其环境的每一方面都实施分析程序。分析程序在"了解被审计单位的内部控制"时不适用。另外,分析程序也不适用对被审计单位的内部控制进行控制测试。

**【例8-3·单选题】** 关于注册会计师实施的风险评估程序,以下陈述中,不正确的是(　　)。

A. 风险评估程序的目的是为了识别和评估财务报表重大错报风险

B. 风险评估程序的方法包括询问、分析程序、观察和检查

C. 如果未实施风险评估程序,则无法评估重大错报风险

D. 注册会计师采用分析程序评估控制风险

**【答案】** D。

**【解析】** 选项D不恰当。风险评估程序中的分析程序不适合用来了解内部控制,因为内部控制设计或运行过程中不存在财务信息之间或财务信息与非财务信息之间的预

期关系。

3. 观察和检查

观察和检查程序可以支持对管理层和其他相关人员的询问结果，并可以提供有关被审计单位及其环境的信息，注册会计师应当实施下列观察和检查程序：

(1) 观察被审计单位的经营活动。例如，观察被审计单位人员正在从事的生产活动和内部控制活动，增加注册会计师对被审计单位人员如何进行生产经营活动及实施内部控制的了解。

(2) 检查文件、记录和内部控制手册。例如，检查被审计单位的经营计划、策略、章程、与其他单位签订的合同、协议，各业务流程操作指引和内部控制手册等，了解被审计单位组织结构和内部控制制度的建立健全情况。

(3) 阅读由管理层和治理层编制的报告。例如，阅读被审计单位年度和中期财务报告，股东大会、董事会会议、高级管理层会计记录或纪要，管理层的讨论和分析资料，对重要经营环节和外部因素的评价，被审计单位内部管理报告以及其他特殊目的的报告(如新投资项目的可行性分析报告)等，了解自上一期审计结束至本期审计期间被审计单位发生的重大事项。

(4) 实地察看被审计单位的生产经营场所和厂房设备。通过现场访问和实地察看被审计单位的生产经营场所和厂房设备，可以帮助注册会计师了解被审计单位的性质及其经营活动，在实地察看被审计单位的厂房和办公场所的过程中，注册会计师有机会与被审计单位管理层和担任不同职责的员工进行交流，可以增加注册会计师对被审计单位的经营活动及其重大影响因素的了解。

(5) 追踪交易在财务报告信息系统中的处理过程(穿行测试)。这是注册会计师了解被审计单位业务流程及其控制时经常使用的审计程序。通过追踪某笔或某几笔交易在业务流程中如何生成、记录、处理和报告，以及相关控制如何执行，注册会计师可以确定被审计单位的交易流程和相关控制是否与之前通过其他程序所获得的了解一致，并确定相关控制是否得到执行。

**【注意事项 8-4】** 风险评估程序的本质是注册会计师了解被审计单位及其环境的手段。风险评估程序的内容是几个单项审计程序的有效组合。实施风险评估程序是注册会计师审计中必须做的程序。注册会计师如果未实施风险评估程序就不能评估重大错报风险。

**【例 8-4·多选题】** A注册会计师负责审计甲公司20×1年的财务报表。在了解被审计单位及其环境时，A注册会计师可能实施的风险评估程序有(　　)。

A. 询问甲公司管理层和其他内部人员　　B. 实地察看甲公司生产经营场所和设施

C. 检查文件记录和内部控制手册　　D. 重新执行内部控制

**【答案】** ABC。

**【解析】** 选项D“重新执行内部控制”是控制测试。了解内部控制是指设计的控制是否合理，是否正在执行。重新执行内部控制是对内部控制的测试，不属于风险评估程序。

## 四、其他审计程序和信息来源

### (一) 其他审计程序

除了采用上述程序从被审计单位内部获取信息以外，如果根据职业判断认为从被审计单位外部获取的信息有助于识别重大错报风险，注册会计师应当实施其他审计程序以获取这些信息。例如，询问被审计单位聘请的外部法律顾问、专业评估师、投资顾问和财务顾问等。

阅读外部信息也可能有助于注册会计师了解被审计单位及其环境。外部信息包括证券分析师、银行、评级机构出具的有关被审计单位及其环境所处行业的经济或市场环境等状况的报告，贸易与经济方面的报纸期刊，法规或金融出版物，以及政府部门或民间组织发布的行业报告和统计数据等。

### (二) 其他信息来源

注册会计师应考虑在客户接受或保持过程中获取的信息是否与识别重大错报风险相关。通常，对新的审计业务，注册会计师应在业务承接阶段对被审计单位及其环境有一个初步的了解，以确定是否承接该业务。而对连续审计业务，也应在每年的续约过程中对上年审计做总体评价，并更新对被审计单位的了解和风险评估结果，以确定是否续约。注册会计师还应当考虑向被审计单位提供其他服务(如执行中期财务报表审阅业务)所获得的经验是否有助于识别重大错报风险。

**【注意事项8-5】** 根据审计准则的要求，注册会计师应当从六个方面了解被审计单位及其环境。需要说明的是，注册会计师无须在了解每个方面时都实施以上所有的风险评估程序。例如，在了解内部控制时通常不用分析程序。但是，对被审计单位及其环境获取了解的整个过程中，注册会计师通常会实施上述所有的风险评估程序。

## 五、项目组内部的讨论

项目组内部的讨论在所有业务阶段都非常必要，可以保证所有事项得到恰当的考虑。通过安排具有较多经验的成员(如项目合伙人)参与项目组内部的讨论，其他成员可以分享其见解和以往获取的被审计的经验。

**【知识链接8-3】**《中国注册会计师审计准则第1211号——通过了解被审计单位及其环境识别和评估重大错报风险》第十三条规定："项目合伙人和项目组其他关键成员应当讨论被审计单位财务报表存在重大错报的可能性，以及如何根据被审计单位的具体情况运用适用的财务报告编制基础。项目合伙人应当确定向未参与讨论的项目组成员通报哪些事项。"

### (一) 讨论的实质

(1) 项目组内部讨论是注册会计师了解被审计单位及其环境，评估重大错报风险，制定总体应对措施，设计并实施进一步审计程序，甚至评价审计证据，形成审计结论，出具审计报告等整体审计过程中的一种专业工作要求。所以，项目组内部讨论的实质是注册会计师的专业工作要求。

(2) 项目组讨论的实质是整合项目组内部资源，保持项目组成员的职业谨慎，在确保审计质量的同时提高审计效率。

**(二) 讨论的目标**

项目组内部的讨论为项目组成员提供了交流信息和分享见解的机会。实施项目组内部讨论的目的在于明确以下方面：

(1) 项目组通过讨论可以使成员更好地了解在各自负责的领域中，由于舞弊或错误导致财务报表重大错报的可能性。

(2) 项目组通过讨论可以使成员了解各自实施审计程序的结果如何影响审计的其他方面，包括对确定进一步审计程序的性质、时间安排和范围的影响。

**【注意事项 8－6】** 审计程序包括三个维度，即性质、时间安排和范围。性质指用什么方法去做；时间安排指什么时候做，期中还是期末；范围指做多少，是全部审计还是选取一部分来审计，选择部分审计时采用的是统计抽样还是非统计抽样。

**(三) 讨论的内容**

项目组应当讨论被审计单位面临的经营风险、财务报表容易发生错报的领域以及发生错报的方式，特别是由于舞弊导致重大错报的可能性。

讨论的内容和范围受项目组成员的职位、经验和所需要的信息的影响。

**【注意事项 8－7】** 项目组内部讨论的内容可能不局限于以上三点，在理解的过程中需要灵活变通。比如要强调保持职业怀疑的重要性；考虑管理层诚信相关的问题（与舞弊密切相关）；与错报相关的讨论可能会具体到某一领域、某一项目或某一认定，如收入的高估、会计估计的不确定性等。

**【知识链接 8－4】** 《中国注册会计师审计准则第 1211 号——通过了解被审计单位及其环境识别和评估重大错报风险》第五条规定："经营风险，是指可能对被审计单位实现目标和实施战略的能力产生不利影响的重要状况、事项、情况、作为（或不作为）而导致的风险，或由于控制不恰当的目标和战略而导致的风险。"第六条规定："特别风险，是指注册会计师识别和评估的、根据判断认为需要特别考虑的重大错报风险。"

**(四) 参与讨论的人员**

注册会计师应当运用职业判断确定项目组内部参与讨论的成员。项目组的关键成员应当参与讨论，如果项目组需要拥有信息技术或其他特殊技能的专家，这些专家也可根据需要参与讨论。参与讨论人员的范围受项目组成员的职位、经验和信息需要的影响。

**(五) 讨论的时间和方式**

项目组应当根据审计的具体情况，在整个审计过程中持续交换有关财务报表发生重大错报可能性的信息。通过讨论，项目组成员可以交流和分享整个审计过程中获得的信息，包括可能对重大错报风险评估产生影响的信息或针对这些风险实施审计程序的信息。另外，项目组还可以根据实际情况讨论其他重要事项。

**【知识链接 8－5】** 《中国注册会计师审计准则第 1101 号——注册会计师的总体目标和审计工作的基本要求》第二十八条规定："在计划和实施审计工作时，注册会计师应当保持职业怀疑，认识到可能存在导致财务报表发生重大错报的情形。"

# 任务二　了解被审计单位及其环境

## 一、总体要求

注册会计师应当从下列方面了解被审计单位及其环境：

(1) 相关行业形势、法律环境与监管环境及其他外部因素；

(2) 被审计单位的性质；

(3) 被审计单位对会计政策的选择和运用；

(4) 被审计单位的目标、战略以及可能导致重大错报风险的相关经营风险；

(5) 对被审计单位财务业绩的衡量和评价；

(6) 被审计单位的内部控制体系各要素。

上述第(1)项是被审计单位的外部环境，第(2)、(3)、(4)项以及第(6)项是被审计单位的内部因素，第(5)项则既有外部因素也有内部因素。值得注意的是，被审计单位及其环境的各个方面可能会互相影响。例如，被审计单位的行业状况、法律环境与监管环境以及其他外部环境可能影响到被审计单位的目标、战略以及相关经营风险，而被审计单位的性质、目标、战略以及相关经营风险可能影响到被审计单位对会计政策的理解和运用，以及内部控制的设计和执行。因此，注册会计师在对被审计单位及其环境的各个方面进行了解和评估时，应当考虑各因素之间的相互关系。

注册会计师对上述六个方面实施的风险评估程序的性质、时间安排和范围取决于审计业务的具体情况，如被审计单位的规模和复杂程度，以及注册会计师的相关审计经验，包括以前对被审计单位提供审计和相关服务的经验以及类似行业、类似企业的审计经验。此外，识别被审计单位及其环境在上述各方面与以前期间相比发生的重大变化，对于充分了解被审计单位及其环境，识别和评估重大错报风险尤为重要。

## 二、行业形势、法律环境和监管环境及其他外部因素

### (一) 行业形势

了解行业形势有助于注册会计师识别与被审计单位所处行业有关的重大错报风险。注册会计师应当了解被审计单位的行业形势，主要包括：① 所处行业的市场与竞争，包括市场需求、生产能力和价格竞争；② 生产经营的季节性和周期性；③ 与被审计单位产品相关的生产技术；④ 能源供应与成本；⑤ 行业的关键指标和统计数据。

### (二) 法律环境和监管环境

了解法律环境和监管环境的主要原因在于：① 某些法律法规或监管要求可能对被审计单位经营活动有重大影响，如不遵守将导致停业等严重后果；② 某些法律法规或监管要求(如环保法规等)规定了被审计单位某些方面的责任和义务；③ 某些法律法规或监管要求决定了被审计单位需要遵循的行业惯例和核算要求。

注册会计师应了解被审计单位所处的法律环境与监管环境，主要包括：① 会计原则和行业特定惯例；② 受管制行业的法规框架，包括披露要求；③ 对被审计单位经营活动产生重大影响的法律法规，包括直接的监管活动；④ 税收政策（关于企业所得税和其他税种的政策）；⑤ 目前对被审计单位开展经营活动产生影响的政府政策，如货币政策（包括外汇管制）、财政政策、财政刺激措施（如政府援助项目）、关税或贸易限制政策等；⑥ 影响行业和被审计单位经营的经营活动的环保要求。

#### （三）其他外部因素

注册会计师应当了解影响被审计单位的其他外部因素，主要包括总体经济情况；利率；融资的可获得性；通货膨胀水平或币值变动等。

### 三、被审计单位的性质

#### （一）所有权结构

对被审计单位所有权结构的了解有助于注册会计师识别关联方关系并了解被审计单位的决策过程。

注册会计师应当了解被审计单位所有权结构以及所有者与其他人员或实体之间的关系，考虑关联方关系已经得到识别，以及关联方交易是否得到恰当核算。主要包括所有权性质，如被审计单位是属于国有企业、外商投资企业、民营企业，还是其他类型的企业；所有者和其他人员或单位的名称，以及与被审计单位之间的关系；控股母公司，了解被审计单位直接控股母公司、间接控股母公司、最终控股母公司和其他股东的构成，以及所有者与其他人员或实体（如控股母公司控制的其他）之间的关系。

**【知识链接8-6】** 注册会计师应当按照《中国注册会计师审计准则第1323号——关联方》的规定，了解被审计单位识别关联方的程序、获取被审计单位提供的所有关联方信息，并考虑关联方关系是否已经得到识别，关联方交易是否得到恰当记录和充分披露。

#### （二）治理结构

良好的治理结构可以对被审计单位的经营和财务运作实施有效的监督，从而降低财务报表发生重大错报的可能性。

注册会计师应当了解被审计单位的治理结构。例如，董事会的构成情况、董事会内部是否有独立董事；治理结构中是否设有审计委员会或监事会及运作情况。注册会计师应当考虑治理层是否能够在独立于管理层的情况下对被审计单位事务（包括财务报告）做出客观判断。

#### （三）组织结构

复杂的组织结构可能导致某些特定的重大错报风险。注册会计师应当了解被审计单位的组织结构，考虑复杂组织结构可能导致的重大错报风险，包括财务报表合并、商誉减值以及长期股权投资核算等问题，以及财务报表是否已对这些问题做了充分披露。

例如，对于在多个地区拥有子公司、合营企业、联营企业或其他成员机构，或者存在多个业务分部和地区分部的被审计单位，不仅编制合并财务报表的难度增加，还存在其他可能导致重大错报风险的复杂事项，包括对于子公司、合营企业、联营企业和其他股权投资类别的判断及其会计处理等。

**(四) 经营活动**

了解被审计单位经营活动有助于注册会计师识别预期在财务报表中反映的主要交易类别、重要账户余额和列报。

注册会计师应当了解被审计单位的经营活动，主要包括：① 主要业务的性质；② 与生产产品或提供劳务相关的市场信息；③ 业务的开展情况；④ 联盟、合营与外包情况；⑤ 从事电子商务的情况；⑥ 地区分布与行业细分；⑦ 生产设施、仓库和办公室的地理位置、存货存放地点和数量；⑧ 关键客户；⑨ 货物和服务的重要供应商；⑩ 劳动用工安排；⑪ 研究与开发活动及其支出；⑫ 关联方交易。

**(五) 投资活动**

了解被审计单位投资活动有助于注册会计师关注被审计单位在经营策略和方向上的重大变化。

注册会计师应当了解被审计单位的投资活动，主要包括：① 近期拟实施或已实施的并购活动与资产处置情况，包括业务重组或某些业务的终止；② 证券投资、委托贷款的发生与处置；③ 资本性投资活动，包括固定资产和无形资产投资，近期或计划发生的变动，以及重大的资本承诺等；④ 不纳入合并范围的投资。

**(六) 筹资活动**

了解被审计单位的筹资活动有助于注册会计师评估被审计单位在融资方面的压力，并进一步考虑被审计单位在可预见未来的持续经营能力。

注册会计师应当了解被审计单位的筹资活动，主要包括：① 债务结构和相关条款，包括资产负债表外融资和租赁安排；② 主要子公司和联营企业(无论是否处于合并范围内)的重要融资安排；③ 实际受益方和关联方；④ 衍生金融工具的运用。

**(七) 财务报告**

注册会计师应当了解被审计单位的财务报告，了解影响财务报告的重要政策、交易或事项。例如：① 会计政策和行业特定惯例，包括特定行业的重要活动(如银行业的贷款和投资，医药行业的研究与开发活动)；② 收入确定惯例；③ 公允价值会计核算；④ 外币资产、负债与交易；⑤ 异常或复杂交易(包括在有争议的或新兴领域的交易)的会计处理(如对股份支付的会计处理)。

## 四、被审计单位对会计政策的选择和运用

注册会计师应当了解被审计单位对会计政策的选择和运用，并根据被审计单位的经营活动，评价会计政策是否适当，是否与适用的财务报告编制基础、相关行业使用的会计政策保持一致。

**(一) 重大和异常交易的会计处理方法**

例如，本期发生的企业合并的会计处理方法。某些被审计单位可能存在与其所处行

业相关的重大交易，如银行向客户发放贷款、证券公司对外投资、医药企业的研究与开发活动等，注册会计师应当考虑对重大的和不经常发生的交易的会计处理方法是否适当。

**(二) 在缺乏权威性标准或共识、有争议的或新兴领域采用的重要会计政策是否适当**

在缺乏权威性标准或共识、有争议的或新兴领域，注册会计师应当关注被审计单位选用了哪些会计政策，为什么选用这些会计政策以及选用这些会计政策产生的影响。

**(三) 会计政策的变更**

如果被审计单位变更了重要的会计政策，注册会计师应当考虑变更的原因及其适当性。例如，会计政策变更是否是法律、行政法规或适用的会计准则和相关会计制度要求的变更；会计政策是否提供更可靠、更相关的会计信息。除此之外，注册会计师还应当关注会计政策的变更是否得到恰当处理和充分披露。

**(四) 新颁布的财务报告准则、法律法规，以及被审计单位何时采用、如何采用这些规定**

例如，当新的企业会计准则颁布施行时，注册会计师应当考虑被审计单位是否应采用新颁布的会计准则，如果采用，是否已按新准则的要求做好衔接调整工作，并收集执行新会计准则需要的信息资料。

## 五、被审计单位的目标、战略以及相关经营风险

**(一) 目标、战略**

目标是企业经营活动的指针。

战略是企业管理层为实现经营目标采用的总体层面的策略和方法。为实现某一既定的经营目标，企业可能有多个可行战略。

经营风险是指可能对被审计单位实现目标和实施战略的能力产生不利影响的重要状况、事项、情况、作为(或不作为)而导致的风险，或由于制定不恰当的目标和战略而导致的风险。不同企业可能面临不同的经营风险，这取决于企业经营的性质、所处行业、外部监管环境、企业的规模和复杂程度。管理层有责任识别和应对这些风险。

注册会计师应当了解被审计单位是否存在与下列方面有关的目标和战略，并考虑相应的经营风险：① 行业发展；② 开发产品和提供新服务；③ 业务扩张；④ 新的会计要求；⑤ 监管要求；⑥ 本期及未来的融资条件；⑦ 信息技术的运用；⑧ 实施战略的影响，特别是由此产生的需要运用新的会计要求的影响。

**(二) 经营风险对重大错报的影响**

注册会计师了解被审计单位的经营风险有助于其识别财务报表重大错报风险。但并非所有的经营风险都与财务报表相关，注册会计师没有责任识别或评估对财务报表没有重大影响的经营风险。

多数经营风险最终都会产生财务后果，从而影响财务报表。但并非所有的经营风险都会导致重大错报风险。经营风险可能对各类交易、账户余额和披露的认定层次或财务

报表层次产生直接影响。例如,贷款客户的企业合并导致银行客户群减少,使银行信贷风险集中,由此产生的经营风险可能增加与贷款计价认定有关的重大错报风险。同样的风险,在经营紧缩时,可能具有更为长期的后果,注册会计师在评估持续经营假设的适当性时需要考虑这一问题。注册会计师应当根据被审计单位的具体情况考虑经营风险是否可能导致财务报表发生重大错报。

## 六、被审计单位财务业绩的衡量和评价

被审计单位管理层经常会衡量和评价关键业绩指标(包括财务的和非财务的)、预算及差异分析、分部信息和分支机构、部门或其他层次的业绩报告以及与竞争对手的业绩比较。此外,外部机构也会衡量和评价被审计单位的财务业绩,如分析师的报告和信用评级机构的报告。

### (一) 了解的主要方面

在了解被审计单位财务业绩衡量和评价情况时,注册会计师应当关注下列信息:

(1) 关键业务指标(财务的或非财务的)、关键比率、趋势和经营统计数据;

(2) 同期财务业绩比较分析;

(3) 预测、预算和差异分析、分部信息、部门或其他不同层次部门的业绩报告;

(4) 管理层和员工业绩考核与激励性报酬政策;

(5) 被审计单位与竞争对手的业绩比较。

### (二) 关注内部财务业绩衡量的结果

内部财务业绩衡量可能显示未预期到的结果或趋势。在这种情况下,管理层通常会进行调查并采取纠正措施。与内部财务业绩衡量相关的信息可能显示财务报表存在错报风险。例如,内部财务业绩衡量可能显示被审计单位与同行业其他单位相比具有异常快的增长率或盈利水平,此类信息如果与业绩资金或激励性报酬等因素结合起来考虑,可能显示管理层在编制财务报表时存在某种倾向的错报风险。因此,注册会计师应当关注被审计单位内部财务业绩衡量所显示的未预期到的结果或趋势、管理层的调查结果和纠正措施,以及相关信息是否显示财务报表可能存在重大错报。

### (三) 考虑财务业绩衡量指标的可靠性

如果拟利用被审计单位内部信息系统生成的财务业绩衡量指标,注册会计师应当考虑相关信息是否可靠,以及利用这些信息是否足以实现审计目标。

**【例 8-5·单选题】** 关于了解被审计单位及其环境的内容,以下事项中,不恰当的是(　　)。

A. 了解被审计单位所在行业形势、法律环境和监管环境及其他外部因素,包括适用的财务报告编制基础

B. 了解被审计单位的性质,包括经营活动、所有权和治理结构、正在实施和计划实施的投资的类型、组织结构和筹资方式

C. 了解被审计单位的目标、战略以及所有的经营风险

D. 了解被审计单位对财务业绩的衡量和评价

【答案】 C。

【解析】 选项C不恰当。注册会计师不需要识别被审计单位所有的经营风险,需要识别可能导致重大错报风险的相关经营风险。

# 任务三 了解被审计单位的内部控制体系各要素

## 一、内部控制的概念

内部控制,是指被审计单位为实现控制目标所制定的政策和程序。

内部控制体系,是指由治理层、管理层和其他人员设计、执行和维护的体系。

可以从以下几个方面理解内部控制体系:

(1) 内部控制体系的目标是合理保证:

① 财务报告的可靠性,这一目标与管理层履行财务报告编制责任密切相关(报告目标);② 经营的效率和效果,即经济有效地使用企业资源,以最优方式实现企业的目标(经营目标);③ 遵守适用的法律法规的要求,即在法律法规的框架下从事经营活动(合规目标)。

(2) 设计和实施内部控制体系的责任主体是被审计单位的治理层、管理层和其他人员,组织中的每一个人都对内部控制体系负有责任。

(3) 实现内部控制体系目标的手段是设计和执行控制政策及程序。

## 二、与审计相关的控制及内部控制的局限性

### (一) 与审计相关的控制

内部控制的目标旨在合理保证财务报告的可靠性、经营的效率和效果以及对法律法规的遵守。注册会计师审计的目标是对财务报表是否不存在重大错报发表审计意见,尽管要求注册会计师在财务报表审计中考虑与财务报表编制相关的内部控制,但目的并非对被审计单位内部控制的有效性发表审计意见。因此,注册会计师需要了解和评价的内部控制只是与财务报表审计相关的内部控制,并非被审计单位所有的内部控制。

被审计单位的目标与为实现目标提供合理保证的控制之间存在直接关系。被审计单位的目标和控制,与财务报告、经营及合规有关。但这些目标和控制并非都与注册会计师的风险评估相关。

【注意事项8-8】 被审计单位通常有一些与目标相关但与审计无关的控制,注册会计师无须对其加以考虑。例如,被审计单位可能依靠某一复杂的自动化控制提高经营活动的效率和效果(如航空公司用于维护航班时间表的自动化控制系统),但这些控制通常与审计无关。进一步讲,虽然内部控制应用于整个被审计单位或所有经营部门或业务流程,但是了解与每个经营部门和业务流程相关的内部控制,可能与审计无关。

### (二) 内部控制的局限性

内部控制无论如何有效,都只能为被审计单位实现财务报告目标提供合理保证。内

部控制实现目标的可能受其固有限制的影响。这些限制因素包括：

(1) 在决策时人为判断可能出现错误和因人为失误而导致内部控制失效。例如，控制的设计和修改可能存在失误。同样地，控制的运行可能无效。例如，由于负责复核信息的人员不了解复核的目的或没有采取适当的措施，内部控制生成的信息(如例外报告)没有得到有效使用。

(2) 控制可能由于两个或更多的人员串通或管理层不当地凌驾于内部控制之上而被规避。例如，管理层可能与客户签订"背后协议"，修改标准的销售合同条款和条件，从而导致不适当的收入确认。再如，软件中的编辑控制旨在识别和报告超过赊销信用额度的交易，但这一控制可能被凌驾或不能得到执行。

此外，如果被审计单位内部行使控制职能的人员素质不适应岗位要求，也会影响内部控制功能的正常发挥。被审计单位实施内部控制的成本效益问题也会影响其效能，当实施某项控制成本大于控制效果而发生损失时，就没有必要设置该控制环节或控制措施。内部控制一般都是针对经常而重复发生的业务设置的，如果出现不经常发生或未预计到的业务，原有控制就可能不适用。

## 三、内部控制的五要素

### (一) 控制环境

控制环境是指对控制的建立和实施有重大影响的因素的统称，包括治理职能和管理职能，以及治理层和管理层对内部控制及其重要性的态度、认识和措施。控制环境设定了被审计单位的内部控制基调，影响员工对内部控制的意识。良好的控制环境是实施有效内部控制的基础。

1. 对诚信和道德价值观念的沟通与落实

诚信和道德价值观念是控制环境的重要组成部分，影响到重要业务流程的设计和运行，内部控制的有效性直接依赖于负责创建、管理和监控内部控制的人员的诚信和道德价值观念。被审计单位是否存在道德行为规范，以及这些规范如何在被审计内部得到沟通和落实，决定了是否能产生诚信和道德的行为。对诚信和道德观念的沟通与落实，既包括管理层如何处理不诚实、非法或不道德行为，也包括在被审计单位内部，通过行为规范以及高层管理人员的身体力行，对诚信和道德价值观念的营造和保持。

注册会计师在了解和评估被审计单位诚信和道德价值观念的沟通与落实时，主要考虑：① 被审计单位是否有书面的行为规范并向所有员工传达；②被审计单位的企业文化是否强调诚信和道德价值观念的重要性；③ 管理层是否身体力行，高级管理人员是否起表率作用；④ 对违反有关政策和行为规范的情况，管理层是否采取适当的惩罚措施。

2. 对胜任能力的重视

胜任能力是指具备完成某一职位工作所应有的知识和能力。管理层对胜任能力的重视包括对特定工作所需的胜任能力水平的设定，以及对达到该水平所必需的知识和能力的要求。注册会计师应当考虑主要管理人员和其他相关人员是否能够胜任承担的工作和职责。例如，财务人员是否对编报财务报表所适用的会计准则和相关会计制度有足够的了解并能正确运用。

注册会计师在就被审计单位对胜任能力的重视情况进行了解和评估时，主要考虑：① 财务人员以及信息管理人员是否具备与被审计单位业务性质和复杂程度相称的足够的胜任能力和培训，在发生错误时，是否通过调整人员或系统来加以处理；② 管理层是否配备足够的财务人员以适应业务发生和有关方面的需要；③ 财务人员是否具备理解和运用会计准则所需的技能。

3. 治理层的参与程度

被审计单位的控制环境在很大程度上受治理层的影响，治理层的职责应在被审计单位的章程和政策中予以规定。治理层（董事会）通常通过其自身的活动，并在审计委员会或类似机构的支持下，监督被审计单位的财务报告政策和程序，因此，治理层（董事会、审计委员会或类似机构）应当关注被审计单位的财务报告，并监督被审计单位的会计政策以及内部、外部的审计工作和结果。治理层的职责还包括监督用于复核内部控制有效性的政策和程序设计是否合理，执行是否有效。

注册会计师在对被审计单位治理层的参与程度进行了解和评估时，主要考虑：① 董事会是否建立了审计委员会或类似机构；② 董事会、审计委员会或类似机构是否与内部审计人员以及注册会计师有联系和沟通，联系和沟通的性质以及频率是否与被审计单位的规模和业务复杂程度相匹配；③ 董事会、审计委员会或类似机构的成员是否具备适当的经验和资历；④ 董事会、审计委员会或类似机构是否独立于管理层；⑤ 董事会、审计委员会或类似机构举行会议的数量和时间是否与被审计单位的规模和业务复杂程度相匹配；⑥ 董事会、审计委员会或类似机构是否充分地参与了监督编制财务报告的过程；⑦ 董事会、审计委员会或类似机构是否对经营风险的监控有足够的关注，进而影响被审计单位和管理层的风险评估过程；⑧ 董事会成员是否保持相对的稳定性。

4. 管理层的理念和经营风格

管理层负责企业的运作以及经营策略和程序的制定、执行与监督。控制环境的每个方面在很大程度上都受管理层采取的措施和做出决策的影响，或在某些情况下受管理层不采取某些措施或不做出某种决策的影响。在有效的控制环境中，管理层的理念和经营风格可以创造一个积极的氛围，促进业务流程和内部控制的有效运行，同时创造一个减少错报发生可能性的环境。在管理层以一个或少数几个人为主时，管理层的理念和经营风格对内部控制的影响尤为突出。

管理层的理念包括管理层对内部控制的理念，即管理层对内部控制以及对具体控制实施环境的重视程度。管理层对内部控制的重视，有助于控制的有效执行，并减少特定控制被忽视或规避的可能性。控制理念反映在管理层制定的政策、程序及所采取的措施中，而不是反映在形式上。因此，要使控制理念成为控制环境的一个重要特质，管理层必须告知员工内部控制的重要性。同时，只有建立适当的管理层控制机制，控制理念才能产生预期的效果。此外，了解管理层的经营风格也很有必要，管理层的经营风格可以表明管理层所能接受的业务风险的性质。

注册会计师在了解和评估被审计单位管理层的理念和经营风格时，主要考虑：① 管理层是否对内部控制，包括信息技术的控制，给予了适当的关注；② 管理层是否由一个或几个人所控制，董事会、审计委员会或类似机构对其是否实施了有效的监督；③ 管理层在承担和监控经营风险方面是风险偏好者还是风险规避者；④ 管理层在选择会计政策和做出会计估计时倾向于激进还是保守；⑤ 管理层对于信息管理人员以及财务人员是否给予了适当的关注；⑥ 对于重大的内部控制和会计事项，管理层是否征询注册会计师的意见，或者经常在这些方面与注册会计师存在不同意见。

5. 组织结构及职权与责任的分配

被审计单位的组织结构为计划、运作、控制及监督经营活动提供了一个整体框架。通常集权或分权决策，可在不同部门间进行适当的职责划分，建立适当层次的报告体系。组织结构将影响权利、责任和工作任务在组织成员中的分配。被审计单位的组织结构在一定程度上取决于被审计单位的规模和经营活动的性质。

注册会计师在对被审计单位组织结构和职权与责任的分配进行了解和评估时，主要考虑：① 在被审计单位是否有明确的职责划分，是否将业务授权、业务记录、资产保管和维护以及业务执行的责任尽可能地分离；② 数据处理和管理的职责划分是否合理；③ 是否已针对授权交易建立适当的政策和程序。

6. 人力资源政策与实务

政策与程序（包括内部控制）的有效性，通常取决于执行人。因此，被审计单位员工的能力与诚信是控制环境中不可缺少的因素。人力资源政策与实务涉及招聘、培训、考核、咨询、晋升和薪酬等方面。被审计单位是否有能力雇用并保留一定数量既有能力又有责任心的员工在很大程度上取决于其人事政策与实务。

注册会计师在对被审计单位人力资源政策与实务进行了解和评估时，主要考虑：① 被审计单位在招聘、培训、考核、咨询、晋升、薪酬、补救措施等方面是否都有适当的政策和实务（特别在会计、财务和信息系统方面）；② 是否有书面的员工岗位职责手册，或者在没有书面文件的情况下，对于工作职责和期望是否做了适当的沟通和交流；③ 人力资源政策和实务是否清晰，并且定期发布和更新；④ 是否设定适当的程序，对分散在各地区和海外的经营人员建立和沟通人力资源政策与程序。

**【注意事项 8-9】** 良好的控制环境是实施有效内部控制的基础。防止、发现并纠正舞弊和错误是被审计单位治理层和管理层的责任。在评价控制环境的设计和实施情况时，注册会计师应当了解管理层在治理层的监督下，是否营造并保持了诚实守信和合乎道德的文化，以及是否建立了防止、发现并纠正舞弊和错误的恰当控制。

**【注意事项 8-10】** 注册会计师在评估重大错报风险时，存在令人满意的控制环境是一个积极的因素。虽然令人满意的控制环境并不能绝对防止舞弊，但有助于降低发生舞弊的风险。相反，控制环境中存在的弱点可能削弱控制的有效性。

### （二）被审计单位的风险评估过程

任何经济组织在经营活动中都会面临各种各样的风险，风险对其生存和竞争能力产生影响。很多风险并不为经济组织所控制，但管理层应当确定可以承受的风险水平，识别这些风险并采取一定的应对措施。

可能产生风险的事项和情形包括监管及经营环境的变化；新员工的加入；新信息系统的使用或对原系统进行升级；业务快速发展；新技术；新生产型号、产品和业务活动；企业重组；发展海外经营；新的会计准则。

风险评估过程的作用是识别、评估和管理影响被审计单位实现经营目标能力的各种风险。而针对财务报告目标的风险评估过程则包括识别与财务报告相关的经营风险，评估风险的重大性和发生的可能性，以及采取措施管理这些风险。

被审计单位的风险评估过程包括识别与财务报告相关的经营风险，以及针对这些风险所采取的措施。注册会计师应当了解被审计单位的风险评估过程和结果。

在评价被审计单位风险评估过程的设计和执行时，注册会计师应当确定管理层如何识别与财务报告相关的经营风险，如何估计该风险的重要性，如何评估风险发生的可能性，以及如何采取措施管理这些风险。如果被审计单位的风险评估过程符合其具体情况，了解被审计单位的风险评估过程和结果有助于注册会计师识别财务报表的重大错报风险。

**(三) 信息系统与沟通**

1. 与财务报告相关的信息系统

与财务报告相关的信息系统，包括用以生成、记录、处理和报告交易、事项，对相关资产、负债和所有者权益履行经营管理责任的程序和记录。与财务报告相关的信息系统应当与业务流程相适应。

注册会计师应当从下列方面了解与财务报告相关的信息系统(包括相关业务流程)：① 在被审计单位经营过程中，对财务报表具有重大影响的各类交易；② 在信息技术和人工系统中，被审计单位的交易生成、记录、处理、必要的更正、结转至总账以及在财务报表中报告的程序；③ 用以生成、记录、处理和报告(包括纠正不正确的信息以及信息如何结转至总账)交易的会计记录、支持性信息和财务报表中的特定账户；④ 被审计的信息系统如何获取除交易外的对财务报表重大的事项和情况；⑤ 用于编制被审计单位财务报表(包括做出的重大会计估计和披露)的财务报告过程；⑥ 与会计分录相关的控制，这些分录包括用以记录非经常性、异常的交易或调整的非标准的会计分录。

了解与财务报告相关的信息系统应当包括了解信息系统中与财务报表所披露信息相关的方面，无论这些信息是从总账或明细账中获取，还是从总账和明细账之外的其他途径获取。

2. 与财务报告相关的沟通

与财务报告相关的沟通，包括使员工了解各自在与财务报告有关的内部控制方面的角色和职责，员工之间的工作联系，以及向适当级别的管理层报告例外事项的方式。公开的沟通渠道有助于确保例外情况得到报告和处理。

注册会计师应当了解被审计单位内部如何对财务报告的岗位职责以及与财务报告相关的重大事项进行沟通。注册会计师还应当了解管理层与治理层(特别是审计委员会)之间的沟通，以及被审计单位与外部(包括与监管部门)的沟通。具体包括：① 管理层就员工的职责和控制责任是否建立了有效沟通；② 针对可疑的不恰当事项和行为是否建立了沟通渠道；③ 组织内部沟通的充分性是否能够使人员有效地履行职责；④ 对于与客户、供应商、监管者和其他外部人士的沟通，管理层是否及时采取适当的进一步活动；⑤ 被审计单位是否受到某些监管机构发布的监管要求的约束；⑥ 外部人士（如客户和供应商）在多大程度上获知被审计的行为守则。

**(四) 控制活动**

1. 与审计相关的控制活动的含义

控制活动是指有助于确保管理层的指令得以执行的政策和程序，包括与授权、业绩评价、信息处理、实物控制和职责分离等相关的活动。控制活动贯穿于企业的所有层次和各个职能部门，是内部控制的主要组成部分。

(1) 授权。

注册会计师应当了解被审计单位与授权有关的控制活动，包括一般授权和特别授权。授权的目的在于保证交易在管理层授权范围内进行。

一般授权是指管理层制定的要求组织内部遵守的普遍适用于某类交易或活动的政策。

特别授权是指管理层针对特定类别的交易或活动逐一设置的授权。例如，重大资本支出和股票发行等。特别授权也可能用于超过一般授权限制的常规交易。例如，因某些特别原因，同意对某个不符合一般信用条件的客户赊销商品。

(2) 业绩评价。

注册会计师应当了解与业绩评价有关的控制活动，主要包括被审计单位分析评价实际业绩与预算（或预测、前期业绩）的差异，综合分析财务数据与经营数据的内在关系，将内部数据与外部信息来源相比较，评价职能部门、分支机构或项目活动的业绩（如银行客户信贷经理复核各分行、地区和各种贷款类型的审批和收回），以及对发现的异常差异或关系采取必要的调查与纠正措施。

(3) 信息处理。

注册会计师应当了解与信息处理有关的控制活动，包括信息技术的一般控制和应用控制。信息处理控制可以是人工的或自动化的，也可以是基于自动流程的人工控制。

(4) 实物控制。

实物控制是指对接触、使用资产和各种记录，均应当有适当的防范措施，以限制非相关人员接近资产或接近重要的记录，从而保护资产和记录的安全。

注册会计师应当了解实物控制，主要包括了解资产和记录采取适当的安全保护措施，对访问计算机程序和数据文件设置授权，以及定期盘点并将盘点记录与会计记录相核对。例如，现金、有价证券和存货的定期盘点控制。实物控制的效果影响资产的安全，从而对财务报表的可靠性及审计产生影响。

(5) 职责分离。

职责分离要求互不相容的职责不应由一个人兼任，以减少发生错弊的可能性。注册会计师应当了解职责分离，主要包括了解被审计单位如何将交易授权、交易记录以及资产保管等职责分配给不同员工，以防范同一员工在履行多项职责时可能发生的舞弊或错误。

当信息技术运用于信息系统时，职责分离可以通过设置安全控制来实现。

2. 对控制活动的了解

注册会计师对被审计单位整体层面的控制活动进行的了解和评估，主要是针对被审计单位的一般控制活动，特别是信息技术一般控制。在了解和评估一般控制活动时考虑的主要因素：① 被审计单位的主要经营活动是否都有必要的控制政策和程序；② 管理层在预算、利润和其他财务及经营业绩方面是否都有清晰的目标，在被审计单位内部，是否对这些目标都加以清晰的记录和沟通，并且积极地对其进行监控；③ 是否存在计划和报告系统，以识别与目标业绩的差异，并向适当层次的管理层报告该差异；④ 是否由适当层次的管理层对差异进行调查，并及时采取适当的纠正措施；⑤ 不同人员应在何种程度上相分离，以降低舞弊和不当行为发生的风险；⑥ 会计系统中的数据是否与实物资产定期核对；⑦ 是否建立了适当的保护措施，以防止未经授权接触文件、记录和资产；⑧ 是否存在信息安全职能部门负责监控信息安全政策和程序。

**【注意事项 8－11】** 在了解控制活动时，注册会计师应当重点考虑一项控制活动或单独或连同其他控制活动，是否能够以及如何防止、发现并纠正各类交易、账户余额和列报披露存在的重大错报。

**【例 8－6・单选题】** A 注册会计师负责对甲公司 20×1 年度财务报表进行审计，在了解内部控制时，A 注册会计师最应当关注的是(　　)。

A. 内部控制是否按照管理层的意图，实现了经营效率

B. 内部控制是否明确区分控制要素

C. 内部控制是否能够防止或发现并纠正错误或舞弊

D. 内部控制是否因串通而失效

**【答案】** C。

**【解析】** 注册会计师应当重点考虑被审计单位某项控制，是否能够以及如何防止或发现并纠正某类交易、账户余额、列报存在重大的错报。

**(五) 对控制的监督**

对控制的监督是指被审计单位评价内部控制在一段时间内运行有效性的过程。对控制的监督涉及及时评估控制的有效性并采取必要的补救措施。例如，管理层对是否定期编制银行存款余额调节表进行复核，内部审计人员评价销售人员是否遵守公司关于销售合同条款的政策，法律部门定期监控公司的道德规范和商务行为准则是否得以遵循等。监督对控制的持续有效运行十分重要。

注册会计师在被审计单位整体层面的监督进行了解和评估时，主要考虑：① 被审计单位是否定期评价内部控制；② 被审计单位人员在履行正常职责时，能够在多大程度上获取内部控制是否有效运行的证据；③ 与外部的沟通能够在多大程度上证实内部产生的信息或指出存在的问题；④ 管理层是否采纳内部审计人员和注册会计师有关内部控制的建议；⑤ 管理层是否及时纠正控制运行中的偏差；⑥ 管理层根据监管机构的报告及建议是否及时采取纠正措施；⑦ 是否存在协助管理层监督内部控制的职能部门(如内部审计部门)。

## 四、从两个层面了解内部控制

### (一) 在整体层面了解内部控制

整体层面的控制(包括对管理层凌驾于内部控制之上的控制)和信息技术一般控制通常在所有业务活动中普遍存在。整体层面的控制对内部控制在所有业务流程中得到严格的设计和执行具有重要影响。整体层面的控制较差甚至可能使最好的流程层面控制失效。例如,被审计单位可能有一个有效的采购系统,但如果会计人员不胜任,仍然会发生大量错误,且其中一些错误可能导致财务报表存在重大错报。而且,管理层凌驾于内部控制之上(它们经常在企业整体层面出现)也是不好的公司行为中的普遍问题。

在整体层面对被审计单位内部控制的了解和评估,通常由项目组中对被审计单位情况比较了解且较有经验的成员负责,同时需要项目组其他成员的参与和配合。对于连续审计,注册会计师可以重点关注整体层面内部控制的变化情况,包括由于被审计单位及其环境的变化而导致内部控制发生变化,以及采取的对策。注册会计师还需要特别考虑因舞弊而导致重大错报的可能性及其影响。

### (二) 在业务流程层面了解内部控制

在初步计划审计工作时,注册会计师需要确定在被审计单位财务报表中可能存在重大错报风险的重大账户及其相关认定。为实现此目的,注册会计师在业务流程层面了解内部控制通常采取下列步骤。

1. 确定重要业务流程和重要交易类别

在实务中,将被审计单位的整个经营活动划分为几个重要的业务循环,有助于注册会计师更有效地了解和评估重要业务流程及相关控制。通常对制造业企业,可以划分销售与收款循环、采购与付款循环、生产与存货循环、人力资源与工薪循环、投资与筹资循环等。经营活动的性质不同,所划分的业务循环也不同。重要交易类别是指可能对被审计单位财务报表产生重大影响的各类交易。重要交易类别应与相关账户及其认定相联系,如对于一般制造业企业,销售收入与应收账款通常是重大账户,销售和收款都是重要交易类别。

2. 了解重要交易流程,并进行记录

在确定重要的业务流程和交易类别后,注册会计师便可以着手了解每一类重要交易在信息技术或人工系统中生成、记录、处理及在财务报表中报告的程序,即重要交易流程。这是确定在哪个环节或哪些环节可能发生错报的基础。

交易流程通常包括一系列工作:输入数据的核准与修订,数据的分类与合并,进行计算、更新账簿和客户信息记录,生成新的交易,归集数据,列报数据。而与注册会计师了解重要交易相关的流程通常包括生成、记录、处理和报告交易等活动。例如,在销售循环中,输入销售订购单、编制货运单据和发票、更新应收账款信息记录等。相关的处理程序包括通过编制调整分录,修改并再次处理以前被拒绝的交易,以及修改被错误记录的交易。

注册会计师要注意记录以下信息:输入信息的来源;所使用的重要数据档案;如客户

清单及价格信息记录；重要的处理程序，包括在线输入和更新处理；重要的输出文件、报告和记录；基本的职责划分，即列示各部门负责的处理程序。

3. 确定可能发生错报的环节

注册会计师需要确定和了解被审计单位应在哪些环节设置控制，以防止或发现并纠正各重要业务流程可能发生的错报。注册会计师所关注的控制，是那些能够通过防止错报的发生，或者通过发现和纠正已有错报，从而确保每个流程中业务活动的具体流程(从交易的发生至记录于账目)能够顺利运转的人工或自动化控制程序。

4. 识别和了解相关控制

通过对被审计单位的了解，包括在被审计单位整体层面对内部控制各要素的了解，以及在上述程序中对重要业务流程的了解，注册会计师可以确定是否有必要进一步了解在业务流程层面的控制。在某些情况下，注册会计师之前的了解可能表明被审计单位在业务流程层面针对某些重要交易流程所设计的控制是无效的，或者注册会计师并不打算信赖控制，这时注册会计师没有必要进一步了解在业务流程层面的控制。特别需要注意的是，如果认为仅通过实质性程序无法将认定的检查风险降至可接受的低水平，或者针对特别风险，注册会计师应当了解和评估相关的控制活动。

如果注册会计师针对业务流程层面的有关控制进行进一步的了解和评价，那么针对业务流程中容易发生错报的环节，注册会计师应当确定：① 被审计单位是否建立了有效的控制，以防止或发现并纠正这些错报；② 被审计单位是否遗漏了必要的控制；③ 被审计单位是否识别了可以最有效测试的控制。

通常将业务流程中的控制划分为预防性控制和检查性控制，下面分别予以说明。

预防性控制与检查性控制

(1) 预防性控制。预防性控制通常用于正常业务流程的每一项交易，以防止错报的发生。在流程中防止错报是信息系统的重要目标。预防性控制可能是人工的，也可能是自动化的。例如，销货发票上的价格根据价格清单上的信息确定，能够防止销货计价错误。

(2) 检查性控制。建立检查性控制的目的是发现流程中可能发生的错报(尽管有预防性控制还是会发生的错报)。被审计单位通过检查性控制，监督其流程和相应的预防性控制能否有效地发挥作用。检查性控制通常是管理层用来监督实现流程目标的控制。检查性控制可以由人工执行，也可以由信息系统自动执行。例如，每季度复核应收账款贷方余额，并找出原因，可以查找未予入账的发票和销售与现金收入中的分类错误。

5. 执行穿行测试，证实对交易流程和相关控制的了解

为了解各类重要交易在业务流程中发生、处理和记录的过程，注册会计师通常会每年执行穿行测试。

执行穿行测试可以获得以下方面的证据：① 确认对业务流程的了解；② 确认对重要交易的了解是完整的，即在交易流程中所有与财务报表认定相关的可能发生错报的环节都已识别；③ 确认所获取的有关流程中的预防性控制和检查性控制信息的准确性；④ 评估控制设计的有效性；⑤ 确认控制是否得到执行；⑥ 确认之前所做局面记录

的准确性。

注册会计师将穿行测试的情况记录于工作底稿时，记录的内容包括穿行测试中查阅的文件、穿行测试的程序以及注册会计师的发现和结论。

6. 进行初步评价和风险评估

(1) 对控制的初步评价。在识别和了解控制后，根据执行上述程序及获取的审计证据，注册会计师需要评估控制设计的合理性并确定其是否得到执行。

注册会计师对控制的评估结论可能是：所设计的控制单独或连同其他控制能够防止或发现并纠正重大错报，并得到执行；控制本身的设计是合理的，但没有得到执行；控制本身的设计就是无效或缺乏必要的控制。

由于对控制的了解和评价是在穿行测试完成后但又在测试控制运行有效性之前进行的，因此，上述评价结论只是初步结论，仍可能随着控制测试后实施实质性程序的结果而发生变化。

(2) 风险评估需要考虑的因素。注册会计师对控制的评价，进而对重大错报风险的评估，需要考虑以下因素：账户特征及已识别的重大错报风险。如果已识别的重大错报风险水平为高(如复杂的发票计算或计价过程增加了开票错报的风险；经营的季节性特征增加了在旺季发生错报的风险)，相关有较高的敏感度，即在错报率较低的情况下也能防止或发现并纠正错报。对被审计单位整体层面控制的评价。注册会计师应将对整体层面获得的了解和结论，同在业务流程层面获得的有关重大交易流程及其控制的证据结合起来考虑。

7. 对财务报告流程的了解

在实务中，注册会计师还需要进一步了解有关信息从具体交易的业务流程过入总账、财务报表及相关列报的流程，即财务报告流程及其控制。这一流程和控制与财务报表的列报认定直接相关。

由于财务报告流程将直接影响财务报告，因此，注册会计师应重视对这一重要流程的了解。注册会计师对该流程以及该流程如何与其他重要流程相连接的了解，有助于识别和评估与财务报表重大错报风险相关的控制。

# 任务四 评估重大错报风险

## 一、评估财务报表层次和认定层次的重大错报风险

### (一) 重大错报风险及审计风险模型

1. 重大错报风险

重大错报风险是指财务报表在审计前存在重大错报的可能性。重大错报风险与被审计单位的风险相关，且独立于财务报表审计而存在。

注册会计师在设计审计程序以确定财务报表整体是否存在重大错报时，应当从财务报表层次和各类交易、账户余额和披露认定层次方面考虑重大错报风险。《中国注册会计师审计准则第 1211 号——通过了解被审计单位及其环境识别和评估重大错报风险》对注册会计师如何评估财务报表层次和认定层次的重大错报风险提出了详细要求。

财务报表层次重大错报风险与财务报表整体存在广泛联系，受被审计单位控制环境的影响，可能影响多项认定，但难以界定于某类交易、账户余额和披露的具体认定。认定层次重大错报风险与各类交易、账户余额和披露认定有关，有助于注册会计师确定认定层次上实施的进一步审计程序的性质、时间安排和范围。认定层次的重大错报风险又可进一步细分为固有风险和控制风险。

固有风险是指在考虑相关的内部控制之前，某类交易、账户余额或披露的某一认定易于发生错报(该错报单独或连同其他错报可能是重大的)的可能性。

控制风险是指某类交易、账户余额或披露的某一认定发生重大错报，该错报单独或连同其他错报是重大的，但没有被企业的内部控制及时防止或发现并纠正的可能性。控制风险取决于与财务报表编制有关的内部控制的设计和运行的有效性。由于控制的固有局限性，某种程序的控制风险始终存在。

注册会计师应当对固有风险和控制风险分别进行评估。

2. 检查风险

检查风险是指如果存在某一错报，该错报单独或连同其他错报可能是重大的，注册会计师为将审计风险降至可接受的低水平而实施程序后未能发现这种错报的可能性。检查风险是可控的。注册会计师如果实施的实质性程序简单，则检查风险就会高；注册会计师如果实施的实质性程序详细，就可以将检查风险降得较低。检查风险取决于审计程序设计的合理性和执行的有效性。

**【注意事项 8－12】** 由于注册会计师通常并不对所有的交易、账户余额和披露进行检查，以及其他原因，检查风险不可能降低为零。其他原因包括注册会计师可能选择了不恰当的审计程序、审计过程执行不当，或者错误地解读了审计结论。

3. 审计风险模型

审计风险与重大错报风险和检查风险的关系，可以用如下审计风险模型表示：

$$\text{审计风险}=\text{重大错报风险}\times\text{检查风险}$$

根据上述公式，在既定的审计风险水平下，可接受的检查风险水平与认定层次的重大错报风险的评估结果成反向关系。评估的重大错报风险越高，可接受的检查风险越低；评估的重大错报风险越低，可接受的检查风险越高。

审计业务是一种保证程度高的鉴证业务，可接受的审计风险应当足够低，以使注册会计师能够合理保证所审计财务报表不含有重大错报。注册会计师的审计过程就是将审计风险降至可接受的低水平的过程。

**【注意事项 8－13】** 在审计风险模型中，“重大错报风险”是指认定层次的重大错报风险。重大错报风险不能控制，只能识别和评估。检查风险可以控制，但不能消除。

【例8-7·单选题】 下列与重大错报风险相关的表述中，正确的是（ ）。

A. 重大错报风险是因错误使用审计程序产生的

B. 重大错报风险是假定不存在相关内部控制，某一认定发生重大错报的可能性

C. 重大错报风险独立于财务报表审计而存在

D. 重大错报风险可以通过合理实施审计程序予以控制

【答案】 C。

【解析】 重大错报风险是指财务报表在审计前存在重大错报的可能性。重大错报风险与被审计单位的风险相关，且独立存在于财务报表的审计。根据审计风险模型，审计风险＝重大错报风险×检查风险，注册会计师通过风险评估程序评估的是重大错报风险，不能够控制重大错报风险，能够控制的是检查风险。

**（二）评估重大错报风险时考虑的因素**

评估重大错报风险是风险评估阶段的最后一个步骤。获取的关于风险因素和控制对相关风险的抵销信息（通过实施风险评估程序），通常将全部用于对财务报表层次以及各类交易、账户余额和披露认定层次评估重大错报风险。评估将作为确定进一步审计程序的性质、时间安排和范围的基础，以应对识别的风险。

评估的财务报表层次重大错报风险与总体应对措施有关。评估的认定层次的重大错报风险决定注册会计师应当设计和实施的进一步审计程序。注册会计师在评估重大错报风险时应当考虑三个因素：已识别的风险是什么；错报（金额影响）可能发生的规模有多大；事件（风险）发生的可能性多大。

1. 评估报表层次重大错报风险时考虑的因素

（1）已识别的风险是什么？

注册会计师在评估报表层次重大错报风险时，对“已识别的风险是什么”主要考虑：① 源于薄弱的被审计单位整体层面内部控制或信息技术一般控制；② 特别风险；③ 与管理层凌驾和舞弊相关的风险因素；④ 管理层愿意接受的风险，如小企业因缺乏职责分离导致的风险。

（2）错报（金额影响）可能发生的规模有多大？

注册会计师在评估报表层次重大错报风险时，对“错报（金额影响）可能发生的规模有多大”主要考虑：① 什么事项可能导致财务报表出现重大错报；② 考虑管理层凌驾、舞弊、未预期事项和以往经验。

（3）事件（风险）发生的可能性有多大？

注册会计师在评估报表层次重大错报风险时，对“事件（风险）发生的可能性有多大”主要考虑：① 来自高层的基调；② 管理层风险管理办法；③ 采用的政策和程序；④ 以往经验。

2. 评估认定层次重大错报风险时考虑的因素

（1）已识别的风险是什么？

注册会计师在评估认定层次重大错报风险时，对“已识别的风险是什么”主要考虑：① 与完整性、准确性、存在和计价相关的特定风险，如收入、费用和其他交易，账户余额，财务报表披露；② 可能产生多重错报的风险。

(2) 错报(金额影响)可能发生的规模有多大?

注册会计师在评估认定层次重大错报风险时,对"错报(金额影响)可能发生的规模有多大"主要考虑:① 交易、账户余额或披露的固有性质;② 日常和例外事件;③ 以往经验。

(3) 事件(风险)发生的可能性多大?

注册会计师在评估认定层次重大错报风险时,对"事件(风险)发生的可能性多大"主要考虑:① 相关内部控制活动;② 以往经验。

3. 评估相关内部控制程序时考虑的因素

(1) 已识别的风险是什么?

注册会计师在评估相关内部控制程序时,对"已识别的风险是什么"主要考虑:① 特别风险;② 用于预防、发现或减轻已识别风险的恰当设计并执行的内部控制程序;③ 仅通过执行控制测试应对的风险。

(2) 事件(风险)发生的可能性有多大?

注册会计师在评估相关内部控制程序时,对"事件(风险)发生的可能性有多大"主要考虑识别对于降低事件发生可能性非常关键的管理层风险的应对要素。

**(三) 评估重大错报风险的审计程序**

在评估重大错报风险时,注册会计师应当实施下列审计程序。

(1) 在了解被审计单位及其环境(包括与风险相关的控制)的整个过程中,结合对财务报表中各类交易、账户余额和披露的考虑,识别风险。例如,被审计单位因相关环境法规的实施需要更新设备,可能面临原有设备闲置或贬值的风险;宏观经济的低迷可能预示应收账款的回收存在问题;竞争者开发的新产品上市,可能导致被审计单位的主要产品在短期内过时,预示将出现存货跌价和长期资产(如固定资产等)的减值。

(2) 结合对拟测试的相关控制的考虑,将识别出的风险与认定层次可能发生错报的领域相联系。例如,销售困难使产品的市场价格下降,可能导致年末存货成本高于其可变现净值而需要计提存货跌价准备,这显示存货的计价认定可能发生错报。

(3) 评估识别出的风险,并评价其是否更广泛地与财务报表整体相关,进而潜在地影响多项认定。

(4) 考虑发生错报的可能性(包括发生多项错报的可能性),以及潜在错报的重大程度是否足以导致重大错报。

注册会计师应当利用实施风险评估程序获取的信息,包括在评价控制设计和确定其是否得到执行时获取的审计证据,作为支持风险评估结果的审计证据。注册会计师应当根据风险评估结果,确定实施进一步审计程序的性质、时间安排和范围。

**(四) 识别两个层次的重大错报风险**

在对重大错报风险进行识别和评估后,注册会计师应当确定,识别的重大错报风险是与特定的某类交易、账户余额和披露的认定相关,还是与财务报表整体广泛相关,进而影响多项认定。

某些重大错报风险可能与特定某类交易、账户余额和披露的认定相关。例如,被审计单位存在复杂的联营和合资,这一事项表明长期股权投资认定可能存在重大错报风险。

又如,被审计单位存在重大的关联方交易,该事项表明关联方及关联方交易的披露认定存在重大错报风险。

某些重大错报风险可能与财务报表整体广泛相关,进而影响多项认定。例如,在经济不稳定的国家和地区开展业务、资产的流动性出现问题、重要客户流失、融资能力受到限制等,可能导致注册会计师对被审计单位的持续经营能力产生重大疑虑。又如,管理层缺乏诚信或承受异常的压力可能引发舞弊风险,这些风险与财务报表整体相关。

**(五) 控制环境对评估财务报表层次重大错报的影响**

(1) 财务报表层次的重大错报风险很可能源于薄弱的控制环境。

(2) 薄弱的控制环境带来的风险可能对财务报表产生广泛影响,难以限于某类交易、账户余额和披露,注册会计师应当采取总体应对措施。

例如,被审计单位治理层、管理层对内部控制的重要性缺乏认识,没有建立必要的制度和程序;或管理层因经营观念过于激进,又缺乏实现激进目标的人力资源等,这些缺陷源于薄弱的控制环境,可能对财务报表产生广泛影响,需要注册会计师采取总体应对措施。

**(六) 控制对评估认定层次重大错报风险的影响**

(1) 在评估重大错报风险时,注册会计师应当将所了解的控制与特定认定相联系。这是由于控制有助于防止或发现并纠正认定层次的重大错报。在评估重大错报发生的可能性时,除了考虑可能的风险外,还需要考虑控制对风险的抵消和遏制作用。有效的控制会减少错报发生的可能性,而控制不当或缺乏控制,错报就会由可能变成现实。

(2) 控制可能与某一认定直接相关,也可能与某一认定间接相关,关系越间接,控制在防止或发现并纠正认定中错报的作用越小。例如,销售经理对分地区的销售网点的销售情况进行复核,与销售收入完整性的认定是间接相关。相应地,该项控制在降低销售收入完整性认定中的错报风险方面的效果,要比与该认定直接相关的控制(如将发货单与开具的销售发票相核对)效果差。

注册会计师应当考虑对识别的各类交易、账户余额和披露认定层次的重大错报风险予以汇总和评估,以确定进一步的审计程序的性质、时间安排和范围。

**(七) 考虑财务报表的可审计性**

注册会计师了解内部控制后,可能对被审计单位财务报表可审计性产生怀疑。例如,对被审计单位会计记录的可靠性和状况的担心可能会使注册会计师认为可能很难获取充分、适当的审计证据,以支持对财务报表发表意见。再如,管理层严重缺乏诚信,注册会计师认为管理层在财务报表中做出虚假陈述的风险高到无法进行审计的程度。

被审计单位的可审计性

因此,如果通过对内部控制的了解发现下列情况,并对财务报表局部或整体的可审计性产生疑问,注册会计师应当考虑出具保留意见或无法表示意见的审计报告:① 被审计单位会计记录的状况和可靠性存在重大问题,不能获取充分、适当的审计证据以发表无保留意见;② 对管理层的诚信存在严重疑虑。必要时,注册会计师应当考虑解除业务约定。

## 二、需要特别考虑的重大错报风险

### （一）特别风险的概念

特别风险

特别风险是指注册会计师识别出的符合下列特征之一的重大错报风险。

（1）根据固有风险因素对错报发生的可能性和错报的严重程度的影响，注册会计师将固有风险评估为达到或接近固有风险等级的最高级；

（2）根据审计准则的规定，注册会计师应当将其作为特别风险。

### （二）确定特别风险时考虑的事项

哪些风险是特别风险，通常需要注册会计师运用职业判断。注册会计师在评估固有风险等级时，应当考虑固有风险因素的相对影响。以下事项可能导致注册会计师评估认为重大错报风险具有较高固有风险等级，进而将其确定为特别风险：

（1）交易具有多种可接受的会计处理，因此涉及主观性；

（2）会计估计具有高度不确定性或模型复杂；

（3）支持账户余额的数据收集和处理较为复杂；

（4）对会计政策存在不同的理解；

（5）账户余额或定量披露涉及复杂计算；

（6）被审计单位业务的变化涉及会计处理发生变化，如合并和收购。

**【注意事项 8－14】** 在判断哪些风险是特别风险时，注册会计师不应考虑识别出的控制对相关风险的抵销效果。

### （三）非常规交易和判断事项导致的特别风险

日常的、不复杂的、经正规处理的交易不太可能产生特别风险。特别风险通常与重大的非常规交易和判断事项有关。

非常规交易是指由于金额或性质异常而不经常发生的交易。例如，企业购并、债务重组、重大或有事项等。由于非常规交易具有下列特征，与重大非常规交易相关的特别风险可能导致更高的重大错报风险：① 管理层更多地干预会计处理；② 数据收集和处理进行更多的人工干预；③ 复杂的计算或会计处理方法；④ 非常规交易的性质可能使被审计单位难以对由此产生的特别风险实施有效控制。

判断事项通常包括做出的会计估计（具有计量的重大不确定性），如资产减值准备金额的估计、需要运用复杂估值技术确定的公允价值计量等。由于下列原因，与重大判断事项相关的特别风险可能导致更高的重大错报风险：① 对涉及会计估计、收入确认等方面的会计原则存在不同的理解；② 所要求的判断可能是主观和复杂的，或需要对未来事项做出假设。

### （四）考虑与特别风险相关的控制

了解与特别风险相关的控制有助于注册会计师制定有效的审计方案予以应对。对特别风险，注册会计师应当评价相关控制的设计情况，并确定其是否已经得到执行。由于与重大非常规交易或判断事项相关的风险很少受到日常控制的约束，注册会计师应当了解被审计单位是否针对该特别风险设计和实施了控制。

例如，做出会计估计所依据的假设是否由管理层或专家进行复核，是否建立做出会计估计的正规程序，重大会计估计结果是否由治理层批准等。再如，管理层在收到重大诉讼事项的通知时采取的措施，包括这类事项是否提交适当的专家(如内部或外部的法律顾问)处理，是否对该事项的潜在影响做出评估，是否确定该事项在财务报表中的披露问题，以及如何确定等。

**【注意事项8-15】** 如果管理层未能实施控制以恰当应对特别风险，注册会计师应当认为内部控制存在重大缺陷，并考虑其对风险评估的影响。在此情况下，注册会计师应当就此类事项与治理层沟通。

## 三、仅通过实质性程序无法应对的重大错报风险

作为风险评估的一部分，如果认为仅通过实质性程序获取的审计证据无法将认定层次的重大错报风险降至可接受的低水平，注册会计师应当评价被审计单位针对这些风险设计的控制，并确定其执行情况。

在被审计单位对日常交易采用高度自动化处理的情况下，审计证据可能仅以电子形式存在，其充分性和适当性通常取决于自动化信息系统相关控制的有效性，注册会计师应当考虑仅通过实施实质性程序不能获取充分、适当审计证据的可能性。

例如，某企业通过高度自动化的系统确定采购品种和数量，生成采购订购单，并通过系统中设定的收货确认和付款条件进行付款。除了系统中的相关信息以外，该企业没有其他有关订购单和收货的记录。在这种情况下，如果认为仅通过实施实质性程序不能获取充分、适当的审计证据，注册会计师应当考虑依赖的相关控制的有效性，并对其进行了解、评估和测试。

## 四、对风险评估的修正

注册会计师对认定层次重大错报风险的评估，可能随着审计过程中不断获取审计证据而做出相应的变化。

例如，注册会计师对重大错报风险的评估可能基于预期控制运行有效这一判断，即相关控制可以防止、发现或纠正认定层次的重大错报。但在测试控制运行的有效性时，注册会计师获取的证据可能表明相关控制在被审计期间并未有效运行。同样，在实施实质性程序后，注册会计师可能发现错报的金额和频率比在风险评估时预计的金额频率要高。因此，如果通过实施进一步审计程序获取的审计证据与初始评估获取的审计证据相矛盾，注册会计师应当修正风险评估结果，并相应修改原计划实施的进一步审计程序。

因此，评估重大错报风险与了解被审计单位及其环境一样，也是一个连续和动态地收集、更新与分析信息的过程，贯穿于整个审计过程的始终。

## 概念索引

风险评估 风险评估程序 重大错报风险 内部控制 控制环境 信息系统与沟通 控制活动 授权 职责划分 实物控制 信息处理 对控制的监督 特别风险 非常规交易 判断事项

## 项目总结

注册会计师了解被审计单位及其环境,目的是识别和评估财务报表重大错报风险。为了了解被审计单位及其环境而实施的程序称为风险评估程序。注册会计师应当依据实施这些程序所获取的信息,评估重大错报风险。

内部控制是指被审计单位为实现控制目标所制定的政策和程序。注册会计师需要了解和评价的内部控制只是与财务报表审计相关的内部控制,并非被审计单位所有的内部控制。

重大错报风险是指财务报表在审计前存在重大错报的可能性。重大错报风险与被审计单位的风险相关,且独立于财务报表审计而存在。注册会计师在设计审计程序以确定财务报表整体是否存在重大错报时,应当从财务报表层次和各类交易、账户余额和披露认定层次两方面考虑重大错报风险。财务报表层次重大错报风险与财务报表整体存在广泛联系,受被审计单位控制环境的影响,可能影响多项认定,但难以界定于某类交易、账户余额和披露的具体认定。认定层次重大错报风险与各类交易、账户余额和披露认定有关,有助于注册会计师确定认定层次上实施的进一步审计程序的性质、时间安排和范围。

评估重大错报风险是一个连续和动态地收集、更新与分析信息的过程,贯穿于整个审计过程的始终。

## 项目练习

### 一、单选题

1. 下列有关了解被审计单位及其环境的说法中,正确的是(　　)。

A. 注册会计师无须在审计完成阶段了解被审计单位及其环境

B. 注册会计师对被审计单位及其环境了解的程度,低于管理层为经营管理企业需要了解的程度

C. 对于小型被审计单位,注册会计师可以不了解被审计单位及其环境

D. 注册会计师对被审计单位及其环境了解的程度,取决于会计师事务所的质量控制政策

2. 注册会计师应当了解与审计相关的内部控制,以下说法正确的是(　　)。

A. 注册会计师无须了解与经营目标和合规目标相关的控制

B. 对于一项自动化应用控制，如果信息技术一般控制未发生变化，则注册会计师无须了解

C. 注册会计师应当了解内部控制，无论内部控制设计是否有效

D. 注册会计师应当了解内部控制，除非内部控制设计无效

3. 在进行项目组内部讨论时，注册会计师认为以下属于应参与每次讨论的人员的是(　　)。

A. 项目质量控制复核人　　B. 审计项目合伙人

C. 技术部员工　　D. 审计项目组所有成员

4. 下列控制活动中，不属于检查性控制的是(　　)。

A. 针对销售业务，每月月末向客户寄送对账单

B. 管理层定期执行存货盘点，以确定永续盘存记录的可靠性

C. 系统将各凭证上的账户号码与会计科目表对比，然后进行一系列的逻辑测试

D. 系统每天比较运出货物的数量和开票数量，如果发现差异，系统会生成报告，开票主管复核和追查导致差异的原因

5. 下列事项中，属于判断特别风险时无须考虑的是(　　)。

A. 舞弊风险

B. 高度估计不确定性的会计估计

C. 考虑识别出的控制对相关风险的抵销效果

D. 与近期经济环境重大变化相关的贸易因素

## 二、多选题

1. 下列有关风险评估的理解中，正确的有(　　　)。

A. 了解被审计单位及其环境能够为注册会计师做出职业判断提供重要基础，但并非必要程序

B. 为确定重要性水平，并随着审计工作的进展评估对重要性水平的判断是否仍然适当提供了重要的基础

C. 评价对被审计单位及其环境了解的程度是否恰当，关键是看注册会计师对被审计单位及其环境的了解是否足以识别和评估财务报表的重大错报风险

D. 注册会计师对被审计单位及其环境了解的程度，要低于管理层为经营管理企业而对被审计单位及其环境需要了解的程度

2. 在进行项目组内部讨论时，注册会计师认为以下通常属于讨论的内容的有(　　　)。

A. 营业收入的高估风险及应对措施

B. 管理层薪酬是否与被审计单位经营情况相挂钩

C. 由于行业技术革新导致被审计单位面临的经营风险

D. 审计项目的时间预算及收费标准

3. 下列各项因素中，属于注册会计师了解被审计单位及其环境时应当了解的有(　　　)。

A. 相关行业状况、法律环境和监管环境及其他外部因素

B. 被审计单位对会计政策的选择和运用

C. 被审计单位的目标、战略以及可能导致重大错报风险的相关经营风险

D. 被审计单位的内部控制

4. 下列各项中，通常属于整体层面控制的有(　　　　)。

A. 应对管理层凌驾于控制之上的控制

B. 信息技术一般控制

C. 信息技术应用控制

D. 对销售和采购交易的控制

5. A注册会计师在审计甲公司20×1年度财务报表过程中了解和识别的下列事项中，很可能导致特别风险的有(　　　　)。

A. 甲公司并购了乙公司

B. 甲公司依赖高度的主观判断确定了资产减值损失

C. 甲公司本年频繁发生常规交易

D. 甲公司与丙公司发生了重大的债务重组

## 三、判断题

1. 注册会计师需要在审计的所有阶段实施风险评估程序。(　　)

2. 被审计单位面临的经营风险可以作为项目组讨论的内容。(　　)

3. 被审计单位所有的经营风险都与财务报表相关。(　　)

4. 与审计相关的内部控制并非均与财务报告相关。(　　)

5. 有效的控制环境可以降低舞弊发生的风险。(　　)

## 四、思考题

1. 简述风险评估的含义与作用。

2. 注册会计师可以实施哪些风险评估程序，来了解被审计单位及其环境?

3. 简述项目组讨论的实质与目标。

4. 简述注册会计师应当从哪些方面了解被审计单位及其环境。

5. 简述内部控制五要素。

## 五、案例题

**资料:**

A注册会计师是甲公司20×1年度财务报表的审计项目合伙人，了解被审计单位及其环境相关的事项摘录如下:

(1) 在了解甲公司内部控制时，A注册会计师拟运用审计抽样方法。

(2) A注册会计师组织了项目组内部讨论，涉及的主要内容包括甲公司面临的经营风险、财务报表容易发生错报的领域以及发生错报的方式，特别是由于舞弊导致重大错报的可能性等。

(3) A注册会计师认为控制环境本身能够防止或发现并纠正各类交易、账户余额和

披露认定层次的重大错报，在评估重大错报风险时需格外关注。

(4) 为了解甲公司各类重要交易在业务流程中发生、处理和记录的过程，A注册会计师执行了穿行测试，并在审计工作底稿中记录了穿行测试中查阅的文件、穿行测试的程序以及得出的结论。

(5) 针对识别出的超出正常经营过程的重大关联方交易的重大错报风险，A注册会计师将其确定为存在特别风险，予以特别考虑。

(6) A注册会计师在了解甲公司内部控制后，发现甲公司会计记录的状况和可靠性存在重大问题，不能获取充分、适当的审计证据以发表无保留意见，遂要求甲公司管理层提交书面声明以消除重大疑虑。

**要求：**假定上述第(1)至(6)项均独立，逐项指出A注册会计师的做法是否恰当。如不恰当，简要说明理由。

拓展阅读资料　　思政园地

# 项目九
# 风险应对

## 知识目标

1. 熟悉财务报表层次重大错报风险的总体应对措施。
2. 理解进一步审计程序的性质、时间安排和范围。
3. 掌握控制测试和实质性程序的含义及三个维度。

## 技能目标

1. 能合理应对报表层次和认定层次的重大错报风险。
2. 能针对内部控制实施控制测试。
3. 能针对所有重大类别的交易、账户余额和披露实施实质性程序。

## 案例导入

### 萨蒂扬案例

2009年1月7日，印度最大的IT企业之一——萨蒂扬软件技术有限公司（简称“萨蒂扬”）（Satyam）董事长兼CEO拉贾突然宣布辞职，此前他承认曾在过去几年中操纵公司财务报表，其中仅虚报现金余额一项的规模就高达10多亿美元。这一事件被称作“印度版安然案”。普华永道印度分公司作为萨蒂扬财务报表的审计机构未能避免审计失败，在执行进一步审计程序时，其审计人员没有保持职业怀疑态度，未能坚持执行有关现金、现金等价物余额和萨蒂扬公司应收账款的确认程序，未能适当执行进一步审计程序导致萨蒂扬的欺诈行为没有被发现。

**思考：**

普华永道印度分公司如何避免对萨蒂扬的审计失败？

# 任务一 针对两个层次重大错报风险的应对

## 一、针对财务报表层次重大错报风险的总体应对措施

### (一) 财务报表层次重大错报风险与总体应对措施

在财务报表重大错报风险的评估过程中，注册会计师应当确定，识别的重大错报风险是与特定的某类交易、账户余额和披露的认定相关，还是与财务报表整体广泛相关，进而影响多项认定。如果是后者，则属于财务报表层次的重大错报风险。

针对财务报表层次重大错报风险总体应对措施

注册会计师应当运用职业判断，针对评估的财务报表层次重大错报风险确定下列总体应对措施：

(1) 向项目组强调保持职业怀疑的必要性；

(2) 指派更有经验或具有特殊技能的审计人员，或利用专家的工作；

(3) 提供更多的督导；

(4) 在选择拟实施的进一步审计程序时融入更多的不可预见的因素；

(5) 对拟实施审计程序的性质、时间安排和范围做出总体修改。

**【例 9－1・多选题】** 下列各项措施中，不能应对财务报表层次重大错报风险的是(　　)。

A. 在期末而非期中实施更多的审计程序

B. 扩大控制测试的范围

C. 增加拟纳入审计范围的经营地点的数量

D. 增加审计程序的不可预见性

**【答案】** B。

**【解析】** 选项 B 中，控制测试是为了获取关于控制防止或发现并纠正认定层次的重大错报的有效性而实施的测试，不能应对财务报表层次的重大错报风险。

### (二) 总体应对措施对拟实施进一步审计程序的总体审计方案的影响

财务报表层次重大错报风险难以限于某类交易、账户余额和披露的特点，意味着此类风险可能对财务报表的多项认定产生广泛影响，并相应增加注册会计师对认定层次重大错报风险的评估难度。因此，注册会计师评估的财务报表层次重大错报风险以及采取的总体应对措施，对拟实施进一步审计程序的总体审计方案具有重大影响。

拟实施进一步审计程序的总体审计方案包括实质性方案和综合性方案。其中，实质性方案是指注册会计师实施进一步审计程序时，以实质性程序为主；综合性方案是指注册会计师在实施进一步审计程序时，将控制测试和实质性程序结合使用。当评估的财务报表层次重大错报风险属于高风险水平时，拟实施进一步审计程序的总体方案往往更倾向

在选择拟实施的进一步审计程序时融入更多的不可预见的因素

于实质性方案。

**【知识链接9-1】**《中国注册会计师审计准则第1231号——针对评估的重大错报风险采取的应对措施》第四条规定:“注册会计师的目标是,针对评估的重大错报风险,通过设计和实施恰当的应对措施,获取充分、适当的审计证据。”第五条规定:“注册会计师应当针对评估的财务报表层次重大错报风险,设计和实施总体应对措施。”

## 二、针对认定层次重大错报风险的进一步审计程序

### (一) 进一步审计程序的含义

进一步审计程序相对于风险评估程序而言,是指注册会计师针对评估的各类交易、账户余额和披露认定层次重大错报风险实施的审计程序,包括控制测试和实质性程序。

注册会计师应当针对评估的认定层次重大错报风险设计和实施进一步审计程序,包括审计程序的性质、时间安排和范围(三个维度)。注册会计师设计和实施的进一步审计程序的性质、时间安排和范围,应当与评估的认定层次重大错报风险具备明确的对应关系。注册会计师实施的审计程序应具有目的性和针对性,有的放矢地配置审计资源,有利于提高审计效率和效果。

在设计进一步审计程序时,注册会计师应当考虑的因素包括风险的重要性;重大错报发生的可能性;涉及的各类交易、账户余额和披露的特征;被审计单位采用的特定控制的性质;注册会计师是否拟获取审计证据,以确定内部控制在防止或发现并纠正重大错报方面的有效性。

**【例9-2·多选题】** 在确定进一步审计程序的性质时,注册会计师应当考虑的主要因素有(　　)。

A. 不同的审计程序应对特定认定错报风险的效力

B. 认定层次重大错报风险的评估结果

C. 认定层次重大错报风险产生的原因

D. 各类交易、账户余额、列报的特征

**【答案】** ABCD。

**【解析】** 不同的审计程序应对特定认定错报风险的效力不同;在确定进一步审计程序的性质时,注册会计师首先需要考虑的是认定层次重大错报风险的评估结果;此外,注册会计师还要考虑认定层次重大错报风险产生的原因,包括考虑各类交易、账户余额和披露的具体特征以及内部控制。本题来自教材的各个段落,如果仅死记硬背,很难在考场上准确选择,本题给同学们的启发应当是注重对知识点的理解,尤其当知识点被转化为常识时,应对选择题就会游刃有余。

### (二) 进一步审计程序的性质

进一步审计程序的性质是指进一步审计程序的目的和类型。其中,进一步审计程序的目的包括通过实施控制测试以确定内部控制运行的有效性,通常实施实质性程序以发现认定层次的重大错报;进一步审计程序的类型包括检查、观察、询问、函证、重新计算、重新执行和分析程序。

**【例9－3·单选题】** 下列有关进一步审计程序的相关表述错误的是（　　）。

A. 分析程序属于进一步审计程序

B. 实质性程序和控制测试属于进一步审计程序

C. 进一步审计程序应对的是认定层次的重大错报风险

D. 进一步审计程序的总体审计方案包括实质性方案和综合性方案

**【答案】** A。

**【解析】** 实质性分析程序属于进一步审计程序，但当分析程序用于风险评估和总体复核阶段时，就不再属于进一步审计程序的范畴。

在确定进一步审计程序的性质时，注册会计师首先需要考虑的是认定层次重大错报风险的评估结果。因此，注册会计师应当根据认定层次重大错报风险的评估结果选择审计程序。评估的认定层次重大错报风险越高，对通过实质性程序获取的审计证据的相关性和可靠性的要求越高，从而可能影响进一步审计程序的类型及其综合运用。例如，当注册会计师判断某类交易协议的完整性存在更高的重大错报风险时，除了检查文件以外，注册会计师还可能决定向第三方询问或函证协议条款的完整性。

**【注意事项9－1】** 尽管在应对评估的认定层次重大错报风险时，拟实施的进一步审计程序的性质、时间安排和范围都应当确保其具有针对性，但其中进一步审计程序的性质是最重要的。

**（三）进一步审计程序的时间**

进一步审计程序的时间是指注册会计师何时实施进一步审计程序，或审计证据适用的期间或时点。因此，当提及进一步审计程序的时间时，在某些情况下指的是审计程序的实施时间，在另一些情况下指需要获取的审计证据适用的期间或时点。

注册会计师在确定何时实施审计程序时应当考虑的因素包括控制环境；何时能得到相关信息；错报风险的性质；审计证据适用的期间或时点；编制财务报表的时间，尤其是编制某些披露的时间。

**【注意事项9－2】** 虽然注册会计师在很多情况下可以根据具体情况选择实施进一步审计程序的时间，但也存在着一些限制选择的情况。某些审计程序只能在期末或期末以后实施，包括将财务报表中的信息与其所依据的会计记录相核对或调节，检查财务报表编制过程中所做的会计调整等。如果被审计单位在期末或接近期末发生了重大交易，或重大交易在期末尚未完成，注册会计师应当考虑交易的发生或截止等认定可能存在的重大错报风险，并在期末或期末以后检查此类交易。

**（四）进一步审计程序的范围**

进一步审计程序的范围是指实施进一步审计程序所涉及的数量多少，包括抽取的样本量、对某项控制活动的观察次数等。

在确定进一步审计程序的范围时，注册会计师应当考虑的因素包括确定的重要性水平；评估的重大错报风险；计划获取的保证程度。

**【注意事项9－3】** 随着重大错报风险的增加，注册会计师应当考虑扩大审计程序的范围。但是，只有当审计程序本身与特定风险相关时，扩大审计程序的范围才是有效的。

# 任务二　控制测试

## 一、控制测试的含义和要求

### (一) 控制测试的含义

1. 控制测试的含义

控制测试是指用于评价内部控制在防止或发现并纠正认定层次重大错报方面运行有效性的审计程序。

**【注意事项9-4】** 控制测试需要与“了解内部控制”进行区分。“了解内部控制”有两层含义：一是评价控制的设计；二是确定控制是否得到执行。控制测试是通过三种方式来获取控制运行有效性证据的。所以，测试控制运行的有效性与确定控制是否得到执行所需获取的审计证据是不同的。

**【例9-4·单选题】** 控制测试是为了确定(　　)而实施的审计测试。

A. 财务报表认定是否正确

B. 控制运行的有效性

C. 控制是否得到执行

D. 控制设计的合理性

**【答案】** B。

**【解析】** 选项A是实质性程序；选项C和选项D是风险评估程序中的了解内部控制。

2. 获取控制运行是否有效证据的来源

在测试控制运行有效性时，注册会计师应当从下列三个方面获取控制是否有效运行的审计证据：

(1) 控制在所审计期间的相关时点是如何运行的；

(2) 控制是否得到一贯执行；

(3) 控制由谁执行或以何种方式运行。

从这三个方面来看，控制运行有效性强调的是控制能够在各个不同时点按照既定设计得以一贯执行。因此，在了解控制是否得到执行时，注册会计师只需抽取少量的交易进行检查或观察某几个时点，但在测试控制运行的有效性时，注册会计师需要足够数量的交易进行检查或对多个不同时点进行观察。

测试控制运行的有效性与确定控制是否得到执行所需获取的审计证据虽然存在差异，但也有联系。为评价控制设计和确定控制是否得到执行而实施的某些风险评估程序并非专门为控制测试而设计，但可能会提供有关控制运行有效性的审计证据，注册会计师可以考虑在评价控制设计和获取其得到执行的审计证据的同时，测试控制运行的有效性，以提高审计效率；同时，注册会计师应当考虑这些审计证据是否足以实现控制测试的目的。

**(二) 控制测试的要求**

1. 需要实施控制测试的情形

控制测试并非在任何情况下都需要实施。当存在下列情形之一时,注册会计师应当设计和实施控制测试,针对相关控制运行的有效性,获取充分、适当的审计证据:

(1) 在评估认定层次重大错报风险时,预期控制的运行是有效的;

(2) 仅实施实质性程序并不能够提供认定层次充分、适当的审计证据。

注册会计师通过实施风险评估程序,可能发现某项控制的设计是存在的,也是合理的,同时得到了执行。在这种情况下,出于成本效益的考虑,注册会计师可能预期,如果相关的控制在不同时点都得到了一贯执行,与该项控制有关的财务报表认定发生重大错报的可能性不会很大,也就不需要实施很多的实质性程序。为此,注册会计师可能会认为值得对相关控制在不同时点是否得到一贯执行进行测试,即实施控制测试。因此,只有注册会计师认为控制设计合理、能够防止或发现并纠正认定层次的重大错报,才有必要对控制运行的有效性实施测试。

如果认为仅实施实质性程序获取的审计证据,无法将认定层次重大错报风险降低至可接受的低水平,注册会计师应当实施相关的控制测试,以获取控制运行有效性的审计证据。

2. 不需要进行控制测试的情形

注册会计师在审计工作中,如果出现下列情况之一时可以不进行控制测试,直接实施实质性程序:

(1) 相关内部控制不存在;

(2) 相关内部控制虽然存在,但未有效运行;

(3) 控制测试的工作量可能大于测试减少的实质性测试的工作量。

**【例 9-5 · 多选题】** 下列情形中,注册会计师认为应当执行控制测试的有(　　)。

A. 控制设计合理,能够防止或发现并纠正认定层次的重大错报风险

B. 预期相关控制在不同时点均得到一贯执行

C. 财务报表的相关信息由高度自动化的系统处理,审计证据是否充分和适当取决于信息系统相关控制的有效性

D. 信息系统的一般控制存在重大缺陷

**【答案】** ABC。

**【解析】** 当存在下列情形之一时,应当实施控制测试:① 在评估认定层次重大错报风险时,预期控制运行有效(即选项 A 和选项 B);② 仅实施实质性程序不足以提供认定层次充分、适当的审计证据(即选项 C)。选项 D 中,信息系统的一般控制存在重大缺陷,通常难以预期控制运行有效,注册会计师更倾向于选择实质性方案。本题非常经典,特别是每个选项均不同程度地“换说法”,需要同学们灵活应对。

## 二、控制测试的性质

### （一）控制测试的性质的含义

控制测试的性质是指控制测试所使用的审计程序的类型及组合。

控制测试采用审计程序的类型包括询问、观察、检查和重新执行。

1. 询问

注册会计师可以适当地向被审计单位适当员工询问，获取与内部控制运行情况相关的信息。例如，询问信息系统管理人员有无未经授权接触计算机硬件和软件，向负责复核银行存款余额调节表的人员询问如何进行复核，包括复核的要点是什么，发现不符事项如何处理等。然而，仅仅通过询问不能为控制运行的有效性提供充分、适当的证据，注册会计师还必须和其他测试手段结合使用才能发挥作用。在询问过程中，注册会计师应当保持职业怀疑。

**【注意事项 9-5】** 询问本身并不足以测试控制运行的有效性，注册会计师应当将询问与其他审计程序结合使用，以获取有关控制运行有效性的审计证据。

2. 观察

观察是测试不留下书面记录的控制（如职责分离）运行情况的一种有效方法。例如，观察存货盘点控制的运行情况；观察职责是否分离等。观察也可运用于实物控制。例如，实地察看被审计单位的生产经营场所和厂房设备；查看仓库门是否锁好；查看空白支票是否妥善保管等。通过观察，可以增加注册会计师对被审计单位人员如何进行生产经营活动及其场所、设施和有关内部控制的执行情况的了解。通常情况下，注册会计师通过观察直接获取的证据比间接获取的证据更可靠。

**【注意事项 9-6】** 观察提供的证据仅限于观察发生的时点。注册会计师在实施观察程序时应当考虑当其不在现场时该控制是否有未被执行的可能性。

3. 检查

检查是测试留下书面记录的控制运行情况的一种有效方法。执行控制时所使用的书面说明、复核时留下的各种记号或其他记录在偏差报告中的标志等，都可以被当作控制运行情况的证据。例如，检查销售发票是否有复核人员签字；检查销售发票是否附有客户订购单和出库单等。

**【注意事项 9-7】** 检查一定是有生成文件的。在实务中做控制，一般先看这项控制有没有轨迹生成，如果有轨迹生成，我们必须检查，然后进行适当的询问和观察。

4. 重新执行

通常只有当询问、观察和检查程序结合在一起仍无法获得充分的证据时，注册会计师才考虑通过重新执行来证实控制是否有效执行。例如，为了合理保证计价认定的准确性，被审计单位的一项控制是由复核人员核对销售发票上的价格与统一价格是否一致。但是要检查复核人员有没有认真执行核对，仅仅检查复核人员是否在相关文件上签字是不够的，注册会计师还需要自己选取一部分销售发票进行核对，这就是重新执行。如果需要进行大量的重新执行，注册会计师就要考虑通过实施控制测试以缩小实质性程序的范围是否有效率。

**【例 9-6·单选题】** 下列有关控制测试程序的说法中，正确的是（ ）。

A. 注册会计师应当将观察与其他审计程序结合使用

B. 检查程序适用于所有控制测试

C. 重新执行程序适用于所有控制测试

D. 通常只有当询问、观察和检查程序结合在一起仍无法获得充分的证据时，注册会计师才考虑实施重新执行程序

**【答案】** D。

**【解析】** 选项 A，注册会计师应当将询问与其他审计程序结合使用；选项 B，检查程序适用于留下轨迹的内部控制测试；选项 C，通常，重新执行程序适用于对某些特定的控制进行测试。

**【知识链接 9-2】**《中国注册会计师审计准则第 1231 号——针对评估的重大错报风险采取的应对措施》第十条规定："在设计和实施控制测试时，注册会计师应当将询问与其他审计程序结合使用，以获取有关控制运行有效性的审计证据；注册会计师还应当确定拟测试的控制是否依赖其他控制（间接控制）。如果依赖其他控制，确定是否有必要获取支持这些间接控制有效运行的审计证据。"

**（二）确定控制测试的性质时的要求**

1. 考虑特定控制的性质

注册会计师应当根据特定控制的性质选择所需实施审计程序的类型。例如，某些控制可能存在反映控制运行有效性的文件记录，这种情况下，注册会计师可以检查这些文件记录以获取控制运行有效性的审计证据；某些控制不存在文件记录（如自动化的控制活动），或文件记录与能否证实控制运行有效性不相关，注册会计师应当考虑实施检查以外的其他审计程序（如询问和观察）或借助计算机辅助审计技术，以获取控制运行有效性的审计证据。

2. 考虑测试与认定直接相关的和间接相关的控制

在设计控制测试时，注册会计师不仅应当考虑与认定直接相关的控制，还应当考虑这些控制所依赖的与认定间接相关的控制，以获取支持控制运行有效性的审计证据。例如，被审计单位可能针对超出信用额度的例外赊销交易设置报告和审核制度（与认定直接相关的控制）；在测试该项制度的运行有效性时，注册会计师不仅应当考虑审核有效性，还应当考虑与例外赊销报告中信息准确性有关的控制（与认定间接相关的控制）是否有效运行。

3. 考虑如何对一项自动化的应用控制实施控制测试

对于一项自动化的应用控制，由于信息技术处理过程的内在一贯性，注册会计师可以利用该项控制得以执行的审计证据和信息技术一般控制（特别是对系统变动的控制）运行有效性的审计证据，作为支持该项控制在相关期间运行有效性的重要审计证据。

**（三）实施控制测试时对双重目的的实现**

控制测试的目的是评价控制是否有效运行；细节测试的目的是发现认定层次的重大

错报。尽管两者目的不同，但注册会计师可以考虑针对同一交易同时实施控制测试和细节测试，以实现双重目的。例如，注册会计师通过检查某笔交易的发票可以确定其是否经过适当的授权，也可以获取关于该交易的金额、发生时间等细节证据。当然，如果拟实施双重目的的测试，注册会计师应当仔细设计和评价测试程序。

**（四）实施实质性程序的结果对控制测试结果的影响**

如果通过实施实质性程序未发现某项认定存在错报，这本身并不能说明与该认定有关的控制是有效运行的。但如果实施实质性程序发现某项认定存在错报，注册会计师应当在评价相关控制的运行有效性时予以考虑。因此，注册会计师应当考虑实施实质性程序发现的错报对评价相关控制运行有效性的影响（如降低对相关控制的依赖程度、调整实质性程序的性质、扩大实质性程序的范围等）。如果实施实质性程序发现被审计单位没有识别出的重大错报，通常表明内部控制存在重大缺陷，注册会计师应当就这些缺陷与管理层和治理层进行沟通。

## 三、控制测试的时间

**（一）控制测试的时间的含义**

控制测试的时间包含两层含义：一是何时实施控制测试；二是测试所针对的控制适用的时点或期间。一个基本原理是，如果测试特定时点的控制，则注册会计师仅能得到该时点控制运行有效性的审计证据；如果测试某一期间的控制，则注册会计师可获取控制在该期间有效性的审计证据。因此，注册会计师应当根据控制测试的目的确定控制测试的时间，并确定拟信赖的相关控制的时点或期间。

**（二）如何考虑期中审计证据**

1. 对于控制测试，注册会计师在期中实施具有更积极的作用

对于控制测试，注册会计师可以期中实施，也可以期末实施。通常期中实施控制测试具有更积极的作用，因此，注册会计师一般在期中进行控制测试。而且控制在运行时是有惯性的，不会在期中或期末有大的变化，只要没有舞弊，某项控制在期中和期末应当是一致的。

2. 期中获取的证据的有效性要合理延伸至期末

对于控制运行有效性得到的结论肯定应当是被审计的整个期间，这就要求期中获取的运行有效性的审计证据必须合理延伸至期末。如果已获取有关控制在期中运行有效性的审计证据，并拟利用该证据，注册会计师应当实施以下两个审计程序：

（1）获取这些控制在剩余期间发生重大变化的审计证据。

如果控制在剩余期间没有发生变化，注册会计师可能决定信赖期中获取的审计证据；如果这些控制在剩余期间发生了变化（如信息系统、业务流程或人事管理等方面发生变动），注册会计师需要了解并测试控制的变化对期中审计证据的影响。

（2）确定针对剩余期间还需要获取的补充审计证据。

在确定针对期中证据以外的、剩余期间需要获取的补充审计证据时，注册会计师应当

考虑以下因素：

① 评估的认定层次重大错报风险的重大程度。评估的重大错报风险对财务报表的影响越大，注册会计师需要获取的剩余期间的补充证据越多。

② 在期中测试的特定控制，以及自期中测试后发生的重大变动。例如，对自动化运行的控制，注册会计师更可能测试信息系统一般控制的运行有效性，以获取控制在剩余期间运行有效性的审计证据。

③ 在期中对有关控制运行有效性获取的审计证据的程度。如果注册会计师在期中对有关控制运行有效获取的审计证据比较充分，可以考虑适当减少需要获取的剩余期间的补充证据。

④ 剩余期间的长度。剩余期间越长，注册会计师需要获取的剩余期间的补充证据越多。

⑤ 在信赖控制的基础上拟缩小实质性程序的范围。注册会计师对相关控制的信赖程度越高，通常在信赖控制的基础上拟减少进一步实质性程序的范围就越大。在这种情况下，注册会计师需要获取的剩余期间的补充证据越多。

**【知识链接 9-3】**《中国注册会计师审计准则第 1231 号——针对评估的重大错报风险采取的应对措施》第九条规定，在设计和实施控制测试时，对控制有效性的信赖程度越高，注册会计师应当获取越有说服力的审计证据。

⑥ 控制环境。在注册会计师总体上拟信赖控制的前提下，控制环境越薄弱（或把握程度越低），注册会计师需要获取的剩余期间的补充证据越多。

除上述的测试剩余期间控制的运行有效性，测试被审计单位对控制的监督也能够作为一项有益的补充证据，以便更有把握地将控制在期中运行有效性的审计证据延伸至期末。

**【例 9-7·多选题】** 如果在期中实施了控制测试，在针对剩余期间获取补充审计证据时，注册会计师通常考虑的因素有（　　）。

A. 控制环境

B. 评估的重大错报风险水平

C. 在期中对有关控制有效性获取的审计证据的程度

D. 拟减少实质性程序的范围

**【答案】** ABCD。

**（三）如何考虑以前审计获取的审计证据**

由于内部控制中的诸多要素对于被审计单位的具体交易、账户余额和披露来说相对稳定，因此，注册会计师在本期审计时可以适当考虑利用以前审计获取的有关控制运行有效性的审计证据。但内部控制在不同期间也有可能发生重大变化，所以，注册会计师在利用以前审计获取的有关控制运行有效性的审计证据时需要格外慎重，充分考虑各种因素。

1. 基本思路

考虑拟信赖的以前审计中测试的控制在本期是否发生变化。如果拟信赖的以前审计中获取的有关控制运行有效性的审计证据，注册会计师应当通过实施询问并结合观察或检查程序，获取这些控制是否已经发生变化的审计证据。例如，在以前审计中，注册会计师可确定被审计单位某项自动控制能够发挥预期作用，那么在本期审计中，注册会计师需要获取审计证据以确定是否发生了影响该自动控制持续有效发挥作用的变化。例如，注册会计师可以通过询问管理层或检查日志，确定哪些控制已经发生变化。

注册会计师可能面临两种结果：控制在本期发生变化；控制在本期没有发生变化。

2. 当控制在本期发生变化时注册会计师的做法

如果控制在本期发生变化，注册会计师应当考虑以前审计中获取的有关控制运行有效性的审计证据是否与本期审计相关。例如，如果系统的变化仅仅使被审计单位从中获取新的报告，这种变化通常不影响以前审计所获取的相关性；如果系统的变化引起数据累积或计算发生改变，这种变化可能影响以前审计所获取证据的相关性。如果拟信赖的控制自上次测试后已发生变化，注册会计师应当在本期审计中测试这些控制的运行有效性。

3. 当控制在本期未发生变化时注册会计师的做法

**当控制在本期未发生变化时注册会计师的做法**

如果拟信赖的控制自上次测试后未发生变化，且不属于旨在减轻特别风险的控制，注册会计师应当运用职业判断确定是否在本期审计中测试其运行有效性，以及本次测试与上次测试的时间间隔，但每三年至少对控制测试一次（即间隔两年）。

**【知识链接 9-4】** 《中国注册会计师审计准则第 1231 号——针对评估的重大错报风险采取的应对措施》第十四条规定，如果拟利用以前审计获取的有关控制运行有效性的审计证据，注册会计师应当通过获取这些控制在以前审计后是否发生重大变化的审计证据，确定以前审计获取的审计证据是否与本期审计持续相关。注册会计师应当通过实施询问并结合观察和检查程序，获取这些控制是否发生重大变化的审计证据，以确认对这些控制的了解，并根据控制在本期是否发生变化，做出不同的处理。

4. 不得依赖以前审计所获取证据的情形

鉴于特别风险的特殊性，对于旨在减轻特别风险的控制，不论该控制在本期是否发生变化，注册会计师都不应依赖以前审计获取的证据，应当在每次审计中都测试这类控制。所以，如果确定评估的认定层次重大错报风险是特别风险，并拟信赖旨在减轻特别风险的控制，注册会计师不应依赖以前审计获取的审计证据，而应在本期审计中测试这些控制的运行有效性。也就是说，如果注册会计师拟信赖针对特别风险的控制，那么，所有关于该控制运行有效性的审计证据必须来自当年的控制测试。相应的，注册会计师应当在每次审计中都测试这类控制。

**【例 9-8·单选题】** 如果注册会计师拟信赖旨在应对由于舞弊导致的重大错报风险的人工控制，假设该控制没有发生变化，下列有关测试该控制运行有效性的时间间隔的说法中，正确的是（　　）。

A. 每年测试一次　　B. 每两年至少测试一次

C. 每三年至少测试一次　　D. 每四年至少测试一次

**【答案】** A。

**【解析】** 对于旨在减轻特别风险的控制，无论本期是否发生变化，都不应依赖以前审计获取的证据，应在本期测试这些控制的运行有效性。

## 四、控制测试的范围

控制测试的范围是指某项控制活动的测试次数。注册会计师应当设计控制测试，以获取控制在整个拟信赖的期间有效运行的充分、适当的审计证据。

### (一) 确定控制测试范围考虑的因素

在设计和实施控制测试时，对控制有效性的信赖程度越高，注册会计师应当获取越有说服力的审计证据。当针对控制运行的有效性需要获取更具有说服力的审计证据时，可能需要扩大控制测试的范围。在确定某项控制的测试范围时，除考虑对控制的信赖程度外，注册会计师还可能考虑以下因素：

(1) 在整个拟信赖的期间，被审计单位执行控制的频率。控制执行的频率越高，控制测试的范围越大。

(2) 在所审计期间，注册会计师拟信赖控制运行有效性的时间长度。拟信赖控制运行有效性的时间长度不同，在该时间长度内发生的控制活动次数也不同。注册会计师需要根据拟信赖控制的时间长度确定控制测试的范围。拟信赖期间越长，控制测试的范围越大。

(3) 控制的预期偏差。预期偏差可以用控制未得到执行的预期次数占控制应当得到执行次数的比率加以衡量(也可称为预期偏差率)。考虑该因素，是因为在考虑测试结果是否可以得出控制运行有效性的结论时，不可能只要出现任何控制偏差就认定控制运行无效，所以需要确定一个合理水平的预期偏差率。控制的预期偏差率越高，需要实施控制的范围越大。但如果控制的预期偏差率过高，也就是这项控制预期有效性很低，注册会计师就没有必要做控制测试。因为，即便进行了控制测试，可能也不足以将认定层次的重大错报风险降至可接受的低水平，这样针对该认定实施的控制测试可能是无效的。

**【知识链接 9-5】** 《中国注册会计师审计准则第 1231 号——针对评估的重大错报风险采取的应对措施》第十七条规定，如果发现拟信赖的控制出现偏差，注册会计师应当进行专门查询以了解这些偏差及其潜在后果，并确定：已实施的控制测试是否为信赖这些控制提供了适当的基础；是否有必要实施追加的控制测试；是否需要针对潜在的错报风险实施实质性程序。

(4) 通过测试与认定相关的其他控制获取的审计证据的范围。针对同一认定，可能存在不同的控制，当针对其他控制获取审计证据的充分性和适当性较高时，测试该控制的范围可适当缩小。

(5) 拟获取有关认定层次控制运行有效性的审计证据的相关性和可靠性。对审计证据的相关性和可靠性要求越高，控制测试的范围越大。

### (二) 对自动化控制的测试范围的特别考虑

除非系统(包括系统使用的表格、文档或其他永久性数据)发生变动，注册会计师通常不需要增加自动化控制的测试范围。

信息技术处理具有内在一贯性，除非系统发生变动，一项自动化信息处理控制应当一贯运行。对于一项自动化信息处理控制，一旦确定被审计单位正在执行该控制，注册会计师通常无须扩大控制测试的范围，但需要考虑执行下列测试以确定该控制持续有效运行：测试与该应用控制有关的一般控制的运行有效性。确定系统是否发生变动，如果发生变动，是否存在适当的系统变动控制。确定对交易的处理是否使用授权批准的软件版本。

例如，注册会计师可以检查信息系统安全控制记录，以确定是否存在未经授权的接触系统硬件和软件，以及系统是否发生变动。

### （三）测试两个层次控制时注意的问题

控制测试可用于被审计单位每个层次的内部控制。整体层次控制测试通常更加主观（如管理层对胜任能力的重视）。对整体层次控制进行测试，通常比业务流程层次控制（如检查付款是否得到授权）更难以记录。因此，整体层次控制和信息技术一般控制的评价通常记录的是文件备忘录和支持性证据。注册会计师最好在审计的早期测试整体层次控制，原因在于对这些控制测试的结果会影响其他计划审计程序的性质和范围。

# 任务三　实质性程序

## 一、实质性程序的含义和要求

### （一）实质性程序的含义

实质性程序是指用于发现认定层次重大错报的审计程序，包括对各类交易、账户余额和披露的细节测试以及实质性分析程序。

注册会计师实施的实质性程序应当包括下列与财务报表编制完成阶段相关的审计程序：

（1）将财务报表与其所依据的会计记录相核对或调节。

（2）检查财务报表编制过程中做出的重大会计分录和其他会计调整。

**【注意事项 9－8】** 由于注册会计师对重大错报风险的评估是一种判断，可能无法充分识别所有的重大错报风险，并且由于内部控制存在固有局限性，无论评估的重大错报风险结果如何，注册会计师都应当针对所有重大类别的各类交易、账户余额和披露实施实质性程序。

### （二）针对特别风险实施的实质性程序

如果评估的认定层次的重大错报风险是特别风险，注册会计师应当专门针对该风险实施实质性程序。

如果针对特别风险仅实施实质性程序，注册会计师应当使用细节测试，或将细节测试和实质性分析程序结合使用，以获取充分、适当的审计证据。为应对特别风险需要获取具有高度相关性和可靠性的审计证据，仅实施实质性分析程序不足以获取有关特别风险的充分、适当的审计证据。

## 二、实质性程序的性质

实质性程序的性质是指实质性程序的类型及其组合，包括细节测试和实质性分析程序。

### （一）细节测试

1. 细节测试的含义

细节测试是对各类交易、账户余额和披露的具体细节进行测试，目的在于直接识别各类交易、账户余额和披露的认定是否存在错报。

2. 细节测试的适用性

细节测试适用于对各类交易、账户余额和披露认定的测试，尤其是对存在或发生、计价认定的测试。

3. 细节测试的方向

对于细节测试，注册会计师应当针对评估的风险设计细节测试，获取充分、适当的审计证据，以达到认定层次所计划的保证水平。注册会计师需要根据不同的认定层次的重大错报风险设计有针对性的细节测试。例如，在针对存在或发生认定设计细节时，注册会计师应当选择包含在财务报表金额中的项目，并获取相关审计证据；又如，在针对完整性认定设计细节测试时，注册会计师应当选择有证据表明应包含在财务报表金额中的项目，并调查这些项目是否确实包括在内。例如，为应对被审计单位漏记本期应付账款的风险，注册会计师可以检查期后付款记录，等等。

### （二）实质性分析程序

1. 实质性分析程序的含义

分析程序在实质性程序中即为实质性分析程序。实质性程序是与认定的错报相关联的。实质性分析程序主要是通过研究数据间关系评价信息，以识别各类交易、账户余额和披露及相关认定是否存在错报。

2. 实质性分析程序的适用性

对在一段时期内存在可预期关系的大量交易，注册会计师可以考虑实施实质性分析程序。

3. 设计实质性分析程序时考虑的因素

注册会计师在设计实质性分析程序时应当考虑的因素包括对特定认定使用实质性分析程序的适当性；对已记录的金额或比率做出预期时，所依据的内部或外部数据的可靠性；做出预期的准确程度是否足以在计划的保证水平上识别重大错报；已记录金额与预期值之间可接受的差异额。考虑到数据及分析的可靠性，当实施实质性分析程序时，如果使用被审计单位编制的信息时，注册会计师应当考虑测试与信息编制相关的控制，以及这些信息是否在本期或前期已经过审计。

## 三、实质性程序的时间

### （一）总体要求

由于实质性程序的目的在于更直接地发现认定层次重大错报，在期中实施实质性程序时更需要考虑其成本效益的权衡；对于以前审计中通过实质性程序获取的审计证据，则采取了更加慎重的态度和更严格的限制。

### （二）对是否在期中实施实质性程序的考虑

注册会计师考虑是否在期中实施实质性程序时应考虑以下因素：

(1) 控制环境和其他相关的控制。控制环境和其他相关的控制越薄弱，注册会计师越不宜在期中实施实质性程序。

(2) 实施审计程序所需信息在期中之后的可获得性。如果实施实质性程序所需信息在期中之后可能难以获取（如系统变动导致某类交易记录难以获取），注册会计师应考虑在期中实施实质性程序；但如果实施实质性程序所需信息在期中之后的获取并不存在明显困难，该因素不应成为注册会计师在期中实施实质性程序的重要影响因素。

(3) 实质性程序的目的。如果针对某项认定实施实质性程序的目的包括获取该认定的期中审计证据（从而与期末比较），注册会计师应在期中实施实质性程序。

(4) 评估的重大错报风险。注册会计师评估的某项认定的重大错报风险越高，针对该认定所需获取的审计证据的相关性和可靠性要求也就越高，注册会计师越应当考虑将实质性程序集中于期末（或接近期末）实施。

(5) 特定类别交易、账户余额和披露认定的性质。例如，某些交易、账户余额和披露认定的特殊性质（如收入截止认定、未决诉讼）决定了注册会计师必须在期末（或接近期末）实施实质性程序。

(6) 针对剩余期间，能否通过实施实质性程序或将实质性程序与控制测试相结合，降低期末存在错报而未被发现的风险。如果针对剩余期间注册会计师可以通过实施实质性程序或将实质性程序与控制测试相结合，较有把握地降低期末存在错报而未被发现的风险，注册会计师可以考虑在期中实施实质性程序；但如果针对剩余期间注册会计师认为还需要消耗大量审计资源才有可能降低期末存在错报而未被发现的风险，甚至没有把握通过适当的进一步审计程序降低期末存在错报而未被发现的风险，注册会计师就不宜在期中实施实质性程序。

### （三）对期中实质性程序取得的审计证据的考虑

(1) 如果在期中实施了实质性程序，注册会计师应当针对剩余期间实施进一步的实质性程序，或将实质性程序和控制测试结合使用，以将期中测试得出的结论合理延伸至期末。在将期中实施的实质性程序得出的结论合理延伸至期末时，注册会计师有两种选择：一是针对剩余期间实施进一步审计程序；二是将实质性程序和控制测试结合使用。

(2) 如果拟将期中测试得出的结论延伸至期末，注册会计师应当考虑针对剩余期间仅实施实质性程序是否足够。如果认为实施实质性程序本身不充分，注册会计师还应测试剩余期间相关控制运行的有效性或针对期末实施实质性程序。

(3) 对于舞弊导致的重大错报风险(作为一类重要的特别风险)，如果被审计单位存在故意错报或操纵的可能性，那么注册会计师更应慎重考虑能否将期中测试得出的结论延伸至期末。如果已识别出由于舞弊导致的重大错报风险，为将期中得出的结论延伸至期末而实施的审计程序通常是无效的，注册会计师应当考虑在期末或者接近期末实施实质性程序。

**【知识链接 9-6】** 《中国注册会计师审计准则第 1231 号——针对评估的重大错报风险采取的应对措施》第二十三条规定，如果期中检查注册会计师在评估重大错报风险时未预期到的错报，注册会计师应当评价是否需要修改相关的风险评估结果以及针对剩余期间拟实施的实质性程序的性质、时间和范围。

**(四) 对以前审计中实施实质性程序获取的审计证据的考虑**

在以前审计中实施实质性程序获取的审计证据，通常对本期只有很弱的证据效力或没有证据效力，不足以应对本期的重大错报风险。只有当以前获取的审计证据及其相关事项未发生重大变动时(如以前审计通过实质性程序测试过的某项诉讼在本期没有任何实质性进展)，以前获取的审计证据才可能用作本期的有效审计证据。但即使如此，如果拟利用以前审计中实施实质性程序获取的审计证据，注册会计师应当在本期实施审计程序，以确定这些审计证据是否具有持续相关性。

**【例 9-9·单选题】** 下列有关实质性程序表述错误的是(　　)。

A. 由于实质性程序的目的在于更直接地发现认定层次的重大错报，因此在期中实施实质性程序时需要权衡其成本与效益

B. 如果拟利用以前审计中实施实质性程序获取的审计证据，注册会计师应当在本期实施审计程序，以确定这些审计证据是否具有持续相关性

C. 将期中实施实质性程序得出的结论延伸至期末，注册会计师仅需在期末实施实质性程序

D. 如果针对剩余期间注册会计师可以通过实施实质性程序或将实质性程序与控制测试相结合，较有把握地降低期末存在错报而未被发现的风险，注册会计师可以考虑在期中实施实质性程序

**【答案】** C。

**【解析】** 如果拟将期中测试得出的结论延伸至期末，注册会计师应当考虑针对剩余期间仅实施实质性程序是否足够。如果认为实施实质性程序本身不充分，注册会计师还应测试剩余期间相关控制运行的有效性或针对期末实施实质性程序。

## 四、实质性程序的范围

**(一) 确定实质性程序范围应当考虑的因素**

评估的认定层次重大错报风险和实施控制测试的结果是注册会计师在确定实质性程序范围时的重要考虑因素。因此，在确定实质性程序的范围时，注册会计师应当考虑评估的认定层次重大错报风险和实施控制测试的结果。如果评估的认定层次的重大错报风险越高，需要实施实质性程序的范围越广。如果对控制测试结果不满意，注册会计师就应当

考虑扩大实施实质性程序的范围。

**(二) 细节测试范围应当考虑的因素**

在设计细节测试时,注册会计师应当考虑下列因素:从样本量的角度考虑测试范围;考虑选样方法的有效性等。

**(三) 实质性分析程序可容忍或可接受的差异的考虑**

实质性分析程序有两层含义:一是对什么层次上的数据进行分析,注册会计师可以选择在高度汇总的财务数据层次进行分析,也可以根据重大错报风险的性质和水平调整分析层次(如按不同产品线、不同月份、不同经营地点或存货存放地点等实施实质性分析程序)。二是需要对什么幅度或性质的偏差展开进一步调查。实施分析程序可能发现差异,但并非所有的差异都值得展开进一步调查。可容忍或可接受的差异额越大,作为实质性分析程序一部分的进一步调查的范围就越小。

## 概念索引

财务报表层次重大错报风险　认定层次重大错报风险　进一步审计程序
控制测试　实质性程序　细节测试　实质性分析程序

## 项目总结

注册会计师应当针对评估的财务报表层次重大错报风险确定总体应对措施,并针对评估的认定层次重大错报风险设计和实施进一步审计程序,以将审计风险降至可接受的低水平。

控制测试是为了获取关于控制防止或发现并纠正认定层次重大错报的有效性而实施的测试。注册会计师应当选择为相关认定提供证据的控制进行测试。控制测试的方法可以采用的审计程序有询问、观察、检查和重新执行。期中实施控制测试并获取期中关于控制运行有效性审计证据是一种“常态”,即控制测试期中应当做;如果期中做过控制测试获取其控制运行的有效性的,要将其有效性合理延伸至期末;对于以前审计获取的审计证据,本期利用时,必须慎重,且要适当。

实质性程序是指用于发现认定层次重大错报的审计程序,包括对各类交易、账户余额做披露的细节测试以及实质性分析程序。实质性程序的方法可以采用的审计程序有询问、观察、检查、函证、重新计算和分析程序。期中实施实质性程序需要进行成本效益的权衡,可以做也可以不做;如果在期中实施了实质性程序,应当将期中测试得出的结论合理延伸至期末;对于以前审计中通过实质性程序获取的审计证据,基本不用。因为,即便拟利用以前审计中实施实质性程序获取的审计证据,注册会计师也应当在本期实施审计程序,以确定这些审计证据是否具有持续相关性。

## 项目练习

### 一、单选题

1. 注册会计师应当针对评估的由于舞弊导致的财务报表层次重大错报风险确定总体应对措施。下列各项措施中，错误的是（ ）。

A. 评价被审计单位对会计政策的选择和运用

B. 指派更有经验、知识、技能和能力的项目组成员

C. 修改财务报表整体的重要性

D. 在确定审计程序的性质、时间安排或范围时，增加审计程序的不可预见性

2. 下列有关实质性程序时间安排的说法中，错误的是（ ）。

A. 控制环境和其他相关的控制越薄弱，注册会计师越不宜在期中实施实质性程序

B. 注册会计师评估的某项认定的重大错报风险越高，越应当考虑将实质性程序集中在期末或接近期末实施

C. 如果实施实质性程序所需信息在期中之后难以获取，注册会计师应考虑在期中实施实质性程序

D. 如在期中实施了实质性程序，应针对剩余期间实施控制测试，以将期中测试得出的结论合理延伸至期末

3. 下列有关控制测试目的的说法中，正确的是（ ）。

A. 控制测试旨在评价内部控制在防止或发现并纠正认定层次重大错报方面的运行有效性

B. 控制测试旨在发现认定层次发生错报的金额

C. 控制测试旨在验证实质性程序结果的可靠性

D. 控制测试旨在确定控制是否得到执行

4. 在利用以前年度获取的审计证据时，下列说法中，错误的是（ ）。

A. 对于不属于旨在减轻特别风险的控制，如果在本年未发生变化，且上年经测试运行有效，本次审计中无须测试

B. 对于旨在减轻特别风险的控制，如果在本年未发生变化，可以依赖上年的测试结果

C. 如果相关事项未发生重大变化，则上年通过实质性测试获取的审计证据可以作为本年的有效审计证据

D. 一般而言，上年通过实质性测试获取的审计证据对本年只有很弱的证据效力或没有证据效力

5. 下列有关实质性程序的说法中，正确的是（ ）。

A. 注册会计师应当针对所有类别的交易、账户余额和披露实施实质性程序

B. 注册会计师针对认定层次的特别风险实施的实质性程序应当包括实质性分析程序

C. 如果在期中实施了实质性程序，注册会计师应当对剩余期间实施控制测试和实质性程序

D. 注册会计师实施的实质性程序应当包括将财务报表与其所依据的会计记录进行核对或调整

## 二、多选题

1. 在确定进一步审计程序的时间时，注册会计师应当考虑的主要因素有(　　)。

A. 评估的认定层次重大错报风险

B. 审计意见的类型

C. 错报风险的性质

D. 审计证据适用的期间或时点

2. 在确定控制测试的性质时，注册会计师正确的做法有(　　)。

A. 当拟实施的进一步审计程序以控制测试为主时，应当获取有关控制运行有效性的更高的保证水平

B. 根据特定控制的性质选择所需实施审计程序的类型

C. 询问本身不足以测试控制运行的有效性，应当与其他审计程序结合使用

D. 考虑测试与认定直接相关和间接相关的控制

3. 在确定控制测试的范围时，以下说法正确的有(　　)。

A. 拟信赖期间控制执行的频率越高，控制测试的范围越大

B. 当针对其他相关控制获取的审计证据的充分性和适当性较高时，测试该控制的范围可适当缩小

C. 拟信赖期间越长，控制测试的范围越大

D. 如果控制的预期偏差率过高，注册会计师应当考虑相应扩大控制测试的范围

4. 下列有关实质性程序时间的说法中，注册会计师认为错误的有(　　)。

A. 如识别出管理层凌驾于内部控制之上的风险，应当考虑在期中实施审计程序

B. 评估的认定层次的重大错报风险越高，越应当考虑在期中实施审计程序

C. 由于与未决诉讼认定相关的特殊性质，注册会计师应当在期末或接近期末实施实质性程序

D. 如果在期中实施了实质性程序，注册会计师应当针对剩余期间实施控制测试，以将期中测试得出的结论合理延伸至期末

5. 在针对特别风险计划如何实施进一步审计程序时，注册会计师可能采取的做法有(　　)。

A. 实施控制测试和实质性程序　　B. 实施细节测试和实质性分析程序

C. 仅实施控制测试　　D. 仅实施实质性分析程序

## 三、案例题

**资料：**

ABC会计师事务所负责审计甲公司20×1年度财务报表，审计工作底稿中与内部控

制相关的部分内容摘录如下：

(1) 因被投资单位(联营企业)资不抵债，甲公司于 20×0 年度对一项金额重大的长期股权投资全额计提减值准备。20×1 年年末，该项投资及其减值准备余额未发生变化，审计项目组拟不实施进一步审计程序。

(2) 在识别甲公司管理层未向注册会计师披露的诉讼事项时，审计项目组根据管理层提供的诉讼事项清单，检查相关的文件记录，未发现明显异常。

(3) 甲公司营业收入的发生认定存在特别风险，相关控制在 20×0 年度审计中经测试运行有效，因这些控制本年未发生变化，审计项目组拟继续予以信赖，并依赖了上年审计获取的有关这些控制运行有效的审计证据。

(4) 审计项目组拟信赖与固定资产折旧计提相关的自动化信息处理控制，因该控制在 20×0 年度审计中测试结果满意，且在 20×1 年未发生变化，审计项目组仅对信息技术一般控制实施测试。

(5) 审计项目组认为甲公司存在低估负债的特别风险，在了解相关控制后，未信赖这些控制，直接实施了细节测试。

(6) 甲公司使用存货库龄等信息测算产成品的可变现净值，审计项目组拟信赖与库龄记录相关的内部控制，通过穿行测试确定了相关内部控制运行有效。

**要求：**针对上述第(1)至(6)项，逐项指出 ABC 事务所的注册会计师的做法是否恰当。如不恰当，简要说明理由。

拓展阅读资料　　思政园地

# 项目十
# 审计报告

## 知识目标

1. 理解审计报告的含义、特征及作用。
2. 熟悉审计报告的基本内容。
3. 掌握审计意见的形成和类型。
4. 掌握不同类型审计报告的出具条件。

## 技能目标

1. 能根据审计的情况判断审计报告意见类型。
2. 能撰写审计报告。

## 案例导入

### 我国上市公司第一份否定意见的审计报告

1998 年 4 月 29 日，重庆渝钛白有限公司(以下简称渝钛白)公布了 1997 年年度报告。其中在审计报告部分，刊登了重庆会计师事务所于 1998 年 3 月 8 日出具的否定意见审计报告。这是我国证券市场上有关上市公司的首份否定意见审计报告，它立即在平静的中国资本市场掀起了一场“审计风暴”。渝钛白怎么了？研究其审计报告可以发现端倪：“1997 年应计入财务费用的借款利息即应付债券利息 8 064 万元，公司将其资本化计入了钛白粉工程成本；欠付中国银行重庆市分行的美元借款利息 89.8 万元(折合人民币约 743 万元)，公司未将计提利息入账，两项共计影响利润约 8 807 万元，而渝钛白 1997 年财务报表未调整前净利润亏损 3 136 万元。”由此，注册会计师发表了否定意见的审计报告。

**思考：**

注册会计师在什么情况下应出具否定意见审计报告？

# 任务一　审计报告概述

## 一、审计报告的含义与特征

### （一）审计报告的含义

审计报告是指注册会计师根据审计准则的规定，在执行审计工作的基础上，对被审计单位的财务报表发表审计意见的书面文件。这里的财务报表是指按照通用目的编制基础编制的财务报表，包括相关附注。审计报告是审计工作的最终成果，是审计人员完成审计工作后向委托人（授权人）提交的证明文件。

### （二）审计报告的特征

审计报告是注册会计师在完成审计工作后向委托人提交的最终产品，具有以下特征：

（1）注册会计师应当按照审计准则的规定执行审计工作。

（2）注册会计师在实施审计工作的基础上才能出具审计报告。

（3）注册会计师通过对财务报表发表意见履行业务约定书约定的责任。

（4）注册会计师应当以书面形式出具审计报告。

注册会计师应当根据审计证据得出的结论，清楚表达对财务报表发表的审计意见。无论出具何种意见审计报告，注册会计师一旦在审计报告上签名并盖章，就表明对其出具的审计报告负责。

审计报告是注册会计师对财务报表是否在所有重大方面按照财务报告编制基础编制并实现合法、公允反映发表审计意见的书面文件。注册会计师应当将已审计的财务报表附于审计报告之后，以便于财务报表使用者正确理解和使用审计报告，并防止被审计单位替换、更改已审计的财务报表。

## 二、审计报告的作用

注册会计师签发的审计报告主要具有鉴证、保护和证明三方面的作用。

### （一）鉴证作用

注册会计师签发的审计报告，是以超然独立的第三者身份，对被审计单位财务报表合法性、公允性发表意见。这种意见，具有鉴证作用，得到了政府及其各部门和社会各界的普遍认可。政府有关部门了解、掌握企业的财务状况和经营成果的主要依据是企业提供的财务报表，财务报表是否合法、公允，主要依据注册会计师的审计报告做出判断。股份制企业的股东，主要依据注册会计师的审计报告来判断被投资企业的财务报表是否公允地反映了财务状况和经营成果，以进行投资决策等。

### （二）保护作用

注册会计师通过审计，可以对被审计单位财务报表出具不同类型审计意见的审计报告,以提高或降低财务报表使用者对财务报表的信赖程度。审计报告能够在一定程度上对被审计单位的债权人和股东以及其他利害关系人的利益起到保护作用。例如,投资者在投资之前根据被投资企业的财务报表和注册会计师的审计报告做出投资决策,可以降低其投资风险。

**(三) 证明作用**

审计报告是对注册会计师审计任务完成情况及其结果所做的总结,它可以表明审计工作的质量并明确注册会计师的审计责任。审计报告可以对审计工作质量和注册会计师的审计责任起证明作用。通过审计报告,可以证明注册会计师在审计过程中是否实施了必要的审计程序,是否以审计工作底稿为依据发表审计意见,发表的审计意见是否与被审计单位的实际情况相一致,审计工作的质量是否符合要求。通过审计报告,可以证明注册会计师对审计责任的履行情况。

**【注意事项 10-1】** 审计报告只是注册会计师表述审计结论的手段,它本身不包括企业或组织的财务信息或具体数据资料,不能代替财务报表。会计师事务所签发的审计报告,不仅是对注册会计师审计任务完成情况及其结果的总结,而且是注册会计师向委托人(授权人)及社会各界证明其审计责任履行情况的重要依据。

## 三、审计报告的类型

审计报告按其发表审计意见的类型,分为无保留意见审计报告和非无保留意见审计报告。

**(一) 无保留意见审计报告**

无保留意见审计报告是指注册会计师认为财务报表在所有重大方面按照适用的财务报告编制基础编制并实现公允反映时发表的审计报告。

**(二) 非无保留意见审计报告**

非无保留意见审计报告是指对财务报表发表保留意见、否定意见或无法表示意见的审计报告。

**【注意事项 10-2】** 注册会计师对被审计单位的财务报表发表审计意见,出具审计报告只能是上述四种类型中的一种,不能出具两种意见不同的审计报告。

**【例 10-1·多选题】** 非无保留意见审计报告包括(　　)。

A. 否定意见审计报告

B. 带强调事项段无保留意见审计报告

C. 无法表示意见审计报告

D. 带强调事项段保留意见审计报告

**【答案】** ACD。

**【解析】** 带强调事项段或其他事项段不改变审计意见类型。选项 B 是无保留意见审计报告。

# 任务二 审计意见的形成与类型

## 一、审计意见的形成

注册会计师应当就财务报表是否在所有重大方面按照适用的财务报告编制基础编制并实现公允反映形成审计意见。为了对财务报表形成审计意见,针对财务报表整体是否不存在由于舞弊或错误导致的重大错报,注册会计师应当得出结论,确定是否已就此获取合理保证。

在得出结论时,注册会计师应当考虑下列方面:

(1) 评价是否已获取充分、适当的审计证据。

在得出总体结论之前,注册会计师应当根据审计程序和获取的审计证据,评价对认定层次重大错报风险的评估是否仍然适当。在形成审计意见时,注册会计师应当考虑所有相关的审计证据,无论该证据与财务报表认定相互印证还是相互矛盾。如果对重大的财务报表认定没有获取充分、适当的审计证据,注册会计师应当尽可能获取进一步的审计证据。

(2) 评价未更正错报单独或汇总起来是否构成重大错报。

在确定时,注册会计师应当考虑:

① 相对特定类别的交易、账户余额或披露以及财务报表整体而言,错报的金额和性质以及错报发生的特定环境。

② 与以前期间相关的未更正错报对相关类别的交易、账户余额或披露以及财务报表整体的影响。

(3) 评价财务报表是否在所有重大方面均按照适用的财务报告编制基础编制。

注册会计师应当依据适用的财务报告编制基础特别评价下列内容:

① 财务报表是否恰当披露了所选择和运用的重要会计政策。注册会计师作出这一评价时,应当考虑会计政策与被审计单位的相关性,以及会计政策是否以可理解的方式予以表述。

② 选择和运用的会计政策是否符合适用的财务报告编制基础,并适合被审计单位的具体情况。会计政策是被审计单位在会计确认、计量和报告中采用的原则、基础和会计处理方法。被审计单位选择和运用的会计政策不仅应符合适用的财务报表编制基础,也应适合被审计单位的具体情况。

③ 管理层作出的会计估计是否合理。会计估计通常是指被审计单位以最近可利用的信息为基础对结果不确定的交易或事项所做的判断。由于会计估计的主观性、复杂性和不确定性,管理层作出的会计估计发生重大错报的可能性较大。因此,注册会计师应当判断管理层作出的会计估计是否合理,确定会计估计的重大错报风险是否是特别风险,是否采取了有效的措施予以应对。

④ 财务报表列报的信息是否具有相关性、可靠性、可比性和可理解性。财务报表反

映的信息应当符合信息质量特征，具有相关性、可靠性、可比性和可理解性。注册会计师应当根据适用的财务报告编制基础的规定，考虑财务报表反映的信息是否符合信息质量特征。对于这一评价，注册会计师应当考虑：a. 应当包括的信息是否均已包括，这些信息的分类、汇总或分解以及描述是否适当；b. 财务报表的总体列报（包括披露）是否由于包括不相关的信息或不利于正确理解所披露事项的信息而受到不利影响。

⑤ 财务报表是否做出充分披露，使财务报表预期使用者能够理解重大交易和事项对财务报表所传递的信息的影响。

⑥ 财务报表使用的术语（包括每一财务报表的标题）是否适当。在评价财务报表是否在所有重大方面按照适用的财务报告编制基础编制时，注册会计师还应当考虑被审计单位会计实务的质量，包括表明管理层的判断可能出现偏向的迹象。管理层需要对财务报表中的金额和披露做出大量判断。在考虑被审计单位会计实务的质量时，注册会计师需要注意管理层判断中可能存在的偏向。

(4) 评价财务报表是否实现公允反映。

在评价财务报表是否实现公允反映时，注册会计师应当考虑下列内容：① 财务报表的整体列报（包括披露）、结构和内容是否合理。②财务报表（包括相关附注）是否公允地反映了相关交易和事项。

(5) 评价财务报表是否恰当提及或说明适用的财务报告编制基础。

管理层和治理层编制的财务报表需要恰当说明适用的财务报告编制基础。由于这种说明向财务报表使用者告知编制财务报表所依据的编制基础，因此非常重要。只有财务报表符合适用的财务报表编制基础的所有要求，声明财务报表按照该编制基础编制才是恰当的。

## 二、审计意见的类型

审计报告的类型

注册会计师的目标是在评价根据审计证据得出的结论的基础上，对财务报表形成审计意见，并通过书面报告的形式清楚地表达审计意见。

审计意见的类型分为无保留意见和非无保留意见两大类。无保留意见，是指当注册会计师认为财务报表在所有重大方面按照适用的财务报告编制基础编制并实现公允反映时发表的审计意见。非无保留意见，是指对财务报表发表的保留意见、否定意见或无法表示意见。

如果认为财务报表在所有重大方面均按照适用的财务报告编制基础编制并实现公允反映，注册会计师应当发表无保留意见。

当存在下列情形之一时，注册会计师应当在审计报告中发表非无保留意见：① 根据获取的审计证据，得出财务报表整体存在重大错报；② 无法获取充分、适当的审计证据，不能得出财务报表整体不存在重大错报的结论。

如果认为财务报表没有实现公允反映，注册会计师应当就该事项与管理层讨论，并根据适用的财务报告编制基础的规定和该事项得到解决的情况，决定是否有必要在审计报告中发表非无保留意见。

# 任务三 审计报告的基本内容

审计报告应当包括下列要素：标题；收件人；审计意见；形成审计意见的基础；管理层对财务报表的责任；注册会计师对财务报表的责任；按照相关法律法规的要求报告的事项（如适用）；注册会计师的签名和盖章；会计师事务所的名称、地址和盖章；报告日期。

**【知识链接 10-1】** 《中国注册会计师审计准则第 1501 号——对财务报表形成审计意见和出具审计报告》规定了注册会计师对形成审计意见，以及作为财务报表审计结果出具的审计报告的格式和内容。在适用情况下，注册会计师还应当按照《中国注册会计师审计准则第 1324 号——持续经营》《中国注册会计师审计准则第 1504 号——在审计报告中沟通关键审计事项》《中国注册会计师审计准则第 1521 号——注册会计师对其他信息的责任》的相关规定，在审计报告中对与持续经营相关的重大不确定性、关键审计事项、被审计单位年度报告中包含的除财务报表和审计报告之外的其他信息进行报告。

## 一、标题

审计报告的标题应当统一规范为"审计报告"。

## 二、收件人

审计报告的收件人是指注册会计师按照业务约定书的要求致送审计报告的对象，一般指审计业务的委托人。审计报告应当按照审计业务约定载明收件人的全称。

注册会计师应当与委托人在业务约定书中约定致送审计报告的对象，以防止在此问题上发生分歧或审计报告被委托人滥用。针对整套通用财务报表出具的审计报告，审计报告的致送对象通常为被审计单位的股东或治理层。

**【例 10-2·单选题】** 审计报告的收件人应该是（　　）。

A. 审计业务的委托人　　B. 社会公众

C. 被审计单位的治理层　　D. 被审计单位的管理层

**【答案】** A。

**【解析】** 审计报告的收件人是注册会计师按照业务约定书的要求致送审计报告的对象，一般是指审计业务的委托人。

## 三、审计意见

审计意见由两部分构成。

第一部分指出已审计财务报表，应当包括下列内容：

(1) 指出被审计单位的名称；

(2) 说明财务报表已经审计；

(3) 指出构成整套财务报表的每一财务报表的名称；

(4) 提及财务报表附注；

(5) 指明构成整套财务报表的每一财务报表的日期或涵盖的期间。

为了体现上述要求，审计报告可说明："我们审计了被审计单位的财务报表，包括(指明适用的财务报告编制基础规定的构成整套财务报表的每一财务报表名称、日期或涵盖的期间)以及财务报表附注，包括重大会计政策和会计估计。"例如，根据企业会计准则规定，整套财务报表的每一财务报表名称分别为资产负债表、利润表、现金流量表、所有者(股东)权益变动表和相关附注。

第二部分应当说明注册会计师发表的审计意见。如果对财务报表发表无保留意见，除非法律法规另有规定，审计意见应当使用"我们认为，财务报表在所有重大方面按照适用的财务报告编制基础(如企业会计准则等)编制，公允反映了……"的措辞。无保留意见说明财务报表在所有重大方面按照适用的财务报告编制基础编制，公允地反映了财务报表旨在反映的事项。

## 四、形成审计意见的基础

审计报告应当包含标题为"形成审计意见的基础"的部分。该部分应当紧接着审计意见部分之后，并包括下列方面：

(1) 说明注册会计师按照审计准则的规定执行了审计工作。

(2) 提及审计报告中用于描述审计准则规定的注册会计师责任的部分。

(3) 声明注册会计师按照与审计相关的职业道德要求对被审计单位保持了独立性，并履行了职业道德方面的其他责任。声明应当指明适用的职业道德要求，如中国注册会计师职业道德守则。

(4) 说明注册会计师是否相信获取的审计证据是充分、适当的，为发表审计意见提供了基础。

## 五、管理层对财务报表的责任

审计报告应当包含标题为"管理层对财务报表的责任"的部分，其中应当说明管理层负责下列方面：

(1) 按照适用的财务报告编制基础编制财务报表，使其实现公允反映，并设计、执行和维护必要的内部控制，以使财务报表不存在由于舞弊或错报导致的重大错报。

(2) 评估被审计单位的持续经营能力和使用持续经营能力假设是否适当，并披露与持续经营相关的事项(如适用)。对管理层评估责任的说明应当包括描述在何种情况下使用持续经营假设是适当的。

**【例 10-3·多选题】** 下列属于管理层对财务报表责任的有(　　)。

A. 按照适用的财务报告编制基础编制财务报表，并使其实现公允反映

B. 对财务报表是否不存在重大错报获取合理保证

C. 设计、执行和维护必要的内部控制，以使财务报表不存在由于舞弊或错误导致的重大错报

D. 在执行审计工作的基础上对财务报表发表审计意见

【答案】 AC。

## 六、注册会计师对财务报表审计的责任

审计报告应当包含标题为“注册会计师对财务报表审计的责任”的部分，其中应当包括下列内容：

（1）说明注册会计师的目标是对财务报表整体是否不存在由于舞弊或错误导致的重大错报获取合理保证，并出具包含审计意见的审计报告。

（2）说明合理保证是高水平的保证，但按照审计准则执行的审计并不能保证一定会发现存在的重大错报。

（3）说明错报可能是舞弊或错误导致。

【注意事项 10－3】 在说明错报可能由于舞弊或错误导致时，注册会计师应当从以下两种做法中选择一种：① 描述如果合理预期错报单独或汇总起来可能影响财务报表使用者依据财务报表做出的经济决策，则通常认为错报是重大的；② 根据适用的财务报告编制基础，提供关于重要性的定义或描述。

注册会计师对财务报表审计的责任部分还应当包括下列内容：

（1）说明在按照审计准则执行审计工作的过程中，注册会计师运用职业判断，并保持职业怀疑。

（2）通过说明注册会计师的责任，对审计工作进行描述。这些责任包括：

① 识别和评估由于舞弊或错误导致的财务报表重大错报风险，设计和实施审计程序以应对这些风险，并获取充分、适当的审计证据，作为发表审计意见的基础。由于舞弊可能涉及串通、伪造、故意遗漏、虚假陈述或凌驾于内部控制之上，未能发现由于舞弊导致的重大错报风险高于未能发现由于错误导致的重大错报风险。

② 了解与审计相关的内部控制，以设计恰当的审计程序，但目的并非对内部控制的有效性发表意见。当注册会计师有责任在财务报表审计的同时对内部控制的有效性发表意见时，应当略去上述“目的并非对内部控制的有效性发表意见”的表述。

③ 评价管理层选用会计政策的恰当性和做出会计估计及相关披露的合理性。

④ 对管理层使用持续经营假设的恰当性得出结论。同时，根据获取的审计证据，就可能导致对被审计单位持续经营能力产生重大疑虑的事项或情况是否存在重大不确定性得出结论。如果注册会计师得出结论认为存在重大不确定性，审计准则要求注册会计师在审计报告中提请报表使用者关注财务报表中的相关披露；如果披露不充分，注册会计师应当发表非无保留意见。注册会计师的结论基于截止审计报告日可获取的信息。然而，未来的事项或情况可能导致被审计单位不能持续经营。

⑤ 评价财务报表的总体列报、结构和内容（包括披露），并评价财务报表是否公允反映相关交易和事项。

注册会计师对财务报表审计的责任部分还应当包括下列内容：

（1）说明注册会计师与治理层就计划的审计范围、时间安排和重大审计发现等事项进行沟通，包括沟通注册会计师在审计中识别的值得关注的内部控制缺陷。

（2）对于上市实体财务报表审计，指出注册会计师就已遵守与独立性相关的职业道

德要求向治理层提供声明，并与治理层沟通可能被合理认为影响注册会计师独立性的所有关系和其他事项，以及相关的防范措施（如适用）。

（3）对于上市实体财务报表审计，以及决定按照《中国注册会计师审计准则第1504号——在审计报告中沟通关键审计事项》的规定沟通关键审计事项的其他情况，说明注册会计师从已与治理层沟通的事项中确定哪些事项对本期财务报表审计最为重要，因而构成关键审计事项。注册会计师应当在审计报告中描述这些事项，除非法律法规禁止公开披露这些事项，或在极少数情况下，注册会计师合理预期在审计报告中沟通某事项造成的负面后果超过在公共利益方面产生的益处，因而决定不应在审计报告中沟通该事项。

**【例10-4·多选题】** 在审计报告中，注册会计师对财务报表审计的责任应当包括（　　）。

A. 设计和实施审计程序以应对舞弊或错误导致的财务报表重大错报风险，并获取充分、适当的审计证据，作为发表审计意见的基础

B. 评价管理层选用会计政策的恰当性和做出会计估计及相关披露的合理性

C. 按照企业会计准则的规定编制财务报表，并使其实现公允反映

D. 注册会计师审计的目的同时包括对内部控制的有效性发表审计意见

**【答案】** AB。

**【解析】** 选项C属于管理层职责，不属于注册会计师审计责任。选项D不正确，注册会计师在进行风险评估时需要考虑与财务报表编制和公允列报相关的内部控制，以设计恰当的审计程序，但目的并非对内部控制的有效性发表意见。

## 七、按照相关法律法规的要求报告的事项（如果适用）

除审计准则规定的注册会计师对财务报表出具审计报告的责任外，相关法律法规可能对注册会计师设定了其他报告责任。例如，如果注册会计师在财务报表中注意到某些事项，可能被要求对这些事项予以报告。此外，注册会计师可能被要求实施额外的规定程序并予以报告，或对特定事项（如会计账簿和记录的适当性）发表意见。

如果注册会计师在对财务报表出具的审计报告中履行其他报告责任，应当在审计报告中将其单独作为一部分，并以“按照相关法律法规的要求报告的事项”为标题。此时，审计报告分为“对财务报表出具的审计报告”和“按照相关法律法规的要求报告的事项”两部分，以便将其同注册会计师的财务报告责任明确区分。

## 八、注册会计师的签名和盖章

审计报告应当由项目合伙人和另一名负责该项目的注册会计师签名和盖章。负责审计项目的注册会计师在报告上签名和盖章，有利于明确法律责任。指明项目合伙人有助于增强项目合伙人的个人责任感。因此，对上市实体整套通用目的财务报表出具的审计报告中应当注明项目合伙人。

## 九、会计师事务所的名称、地址和盖章

审计报告应当载明会计师事务所的名称和地址，并加盖会计师事务所公章。

**【知识链接 10－2】**《中华人民共和国注册会计师法》规定，注册会计师承办业务，由其所在的会计师事务所统一受理并与委托人签订委托合同。因此，审计报告除了应由注册会计师签名和盖章外，还应载明会计师事务所的名称和地址，并加盖会计师事务所公章。

注册会计师在审计报告中载明会计师事务所地址时，标明会计师事务所所在的城市即可。在实务中，审计报告通常载于会计师事务所统一印刷的、标有该所详细通信地址的信笺上，因此，无须在审计报告中注明详细地址。

## 十、报告日期

审计报告应当注明报告日期。审计报告的日期为完成审计工作的日期，不应早于注册会计师获取充分、适当的审计证据（包括管理层认可对财务报表的责任且已批准财务报表的证据），并在此基础上对财务报表形成审计意见的日期。

在确定审计报告日期时，注册会计师应当确信已获取下列两方面的审计证据：

(1) 构成整套财务报表的所有报表（包括相关附注）已编制完成；

(2) 被审计单位的董事会、管理层或类似机构已经认可其对财务报表负责。

审计报告的日期向审计报告使用者表明，注册会计师已考虑其知悉的、截至审计报告日发生的事项和交易的影响。审计报告的日期非常重要。注册会计师对不同时段的资产负债表日后事项有着不同的责任，而审计报告的日期是划分时段的关键时点。由于审计意见是针对财务报表发表的，而编制财务报表是管理层的责任，所以，只有在注册会计师获取证据证明构成整套财务报表的所有报表（包括相关附注）已经编制完成，并且管理层已认可其对财务报表的责任的情况下，注册会计师才能得出已经获取充分、适当的审计证据的结论。

在审计实务中，注册会计师在正式签署审计报告前，通常把审计报告草稿随附管理层已按审计调整建议修改后的财务报表提交给管理层。如果管理层批准并签署已按审计调整建议修改后的财务报表，注册会计师即可签署审计报告。注册会计师签署审计报告的日期通常与管理层签署已审计财务报表的日期为同一天，或晚于管理层签署已审计财务报表的日期。

**【例 10－5・多选题】** 注册会计师在确定审计报告日期时，下列属于确定审计报告日条件的有（　　　）。

A. 构成整套财务报表的所有报表已编制完成

B. 被审计单位的董事会、管理层或类似机构已经认可其对财务报表负责

C. 应当提请被审计单位调整的事项已经提出，但被审计单位还未进行调整

D. 相关附注已编制完成

**【答案】** ABD。

**【解析】** 审计报告的日期不应早于注册会计师获取充分、适当的审计证据（包括管理层认可其对财务报表的责任且已批准财务报表的证据），并在此基础上对财务报表形成审计意见的日期，所以，被审计单位对注册会计师已经提出的调整事项必须已经做出调整或拒绝做出调整。

注册会计师在对上市实体整体通用目的财务报表中进行审计时，需要在审计报告中增加关键审计事项部分，用于沟通关键审计事项。关键审计事项，是指注册会计师根据职业判断认为对当期财务报表审计最为重要的事项。关键审计事项选自与治理层沟通的事项。在审计报告中沟通关键审计事项，可以提高已执行审计工作的透明度，从而提高审计报告的决策相关性和有用性。

**【注意事项 10－4】** 除非法律法规另有规定，当对财务报表发表无法表示意见时，注册会计师不得在审计报告中包含关键审计事项。

# 任务四　无保留意见审计报告

## 一、无保留审计意见审计报告的出具条件

无保留意见，是指当注册会计师认为财务报表在所有重大方面按照适用的财务报告编制基础编制并实现公允反映时发表的审计意见。

注册会计师通过审计，认为被审计单位财务报表同时满足下列所有条件时，注册会计师应当签发无保留意见审计报告：

(1) 财务报表已经在所有重大方面按照适用的财务报告编制基础编制，公允反映了被审计单位的财务状况、经营成果和现金流量；

(2) 注册会计师已经按照中国注册会计师审计准则的规定计划和实施审计工作，在审计过程中未受到限制。

## 二、无保留意见审计报告参考格式

无保留意见审计报告见参考格式 10－1。

**参考格式 10－1　对上市实体财务报表出具的审计报告参考格式**

**审计报告**

ABC 股份有限公司全体股东：

一、对财务报表出具的审计报告

(一) 审计意见

我们审计了 ABC 股份有限公司(以下简称“ABC 公司”)财务报表，包括 20×1 年 12 月 31 日的资产负债表，20×1 年度的利润表、现金流量表、股东权益变动表以及相关财务报表附注。

我们认为，后附的财务报表在所有重大方面按照企业会计准则的规定编制，公允反映了 ABC 公司 20×1 年 12 月 31 日的财务状况以及 20×1 年度的经营成果和现金流量。

(二) 形成审计意见的基础

我们按照中国注册会计师审计准则的规定执行了审计工作。审计报告的“注册会计师对财务报表审计的责任”部分进一步阐述了我们在这些准则下的责任。按照中国注册

会计师职业道德守则,我们独立于ABC公司,并履行了职业道德方面的其他责任。我们相信,我们获取的审计证据是充分、适当的,为发表审计意见提供了基础。

(三) 关键审计事项

关键审计事项是我们根据职业判断,认为对本期财务报表审计最为重要的事项。这些事项是在对财务报表整体进行审计并形成审计意见的背景下处理的,我们不对这些事项单独发表意见。

(按照《中国注册会计师审计准则第1504号——在审计报告中沟通关键审计事项》的规定描述每一关键审计事项。)

(四) 管理层和治理层对财务报表的责任

ABC公司管理层(以下简称管理层)负责按照企业会计准则的规定编制财务报表,使其实现公允反映,并设计、执行和维护必要的内部控制,以使财务报表不存在由于舞弊或错误导致的重大错报。

在编制财务报表时,管理层负责评估ABC公司的持续经营能力,披露与持续经营相关的事项(如适用),并运用持续经营假设,除非管理层计划清算ABC公司、终止运营或别无其他现实的选择。

治理层负责监督ABC公司的财务报告过程。

(五) 注册会计师对财务报表审计的责任

我们的目标是对财务报表整体是否不存在由于舞弊或错误导致的重大错报获取合理保证,并出具包含审计意见的审计报告。合理保证是高水平的保证,但并不能保证按照审计准则执行的审计在某一重大错报存在时总能发现。错报可能由于舞弊或错误导致,如果合理预期错报单独或汇总起来可能影响财务报表使用者依据财务报表做出的经济决策,则通常认为错报是重大的。

在按照审计准则执行审计工作的过程中,我们运用职业判断,并保持职业怀疑。同时,我们也执行以下工作:

(1) 识别和评估由于舞弊或错误导致的财务报表重大错报风险;对这些风险有针对性地设计和实施审计程序;获取充分、适当的审计证据,作为发表审计意见的基础。由于舞弊可能涉及串通、伪造、故意遗漏、虚假陈述或凌驾于内部控制之上,未能发现由于舞弊导致的重大错报的风险高于未能发现由于错误导致的重大错报的风险。

(2) 了解与审计相关的内部控制,以设计恰当的审计程序,但目的并非对内部控制的有效性发表意见(如果注册会计师结合财务报表审计对内部控制的有效性发表意见,应当删除"但目的并非对内部控制的有效性发表意见"的措辞)。

(3) 评价管理层选用会计政策的恰当性和做出会计估计及相关披露的合理性。

(4) 对管理层使用持续经营假设的恰当性得出结论。同时,根据获取的审计证据,就可能导致对ABC公司持续经营能力产生重大疑虑的事项或情况是否存在重大不确定性得出结论。如果我们得出结论认为存在重大不确定性,审计准则要求我们在审计报告中提请报表使用者注意财务报表中的相关披露;如果披露不充分,我们应当发表非无保留意见。我们的结论基于截至审计报告日可获得的信息。然而,未来的事项或情况可能导致ABC公司不能持续经营。

(5) 评价财务报表的总体列报、结构和内容,并评价财务报表是否公允反映相关交易和事项。

我们与治理层就计划的审计范围、时间安排和重大审计发现等事项进行沟通,包括沟通我们在审计中识别出的值得关注的内部控制缺陷。

我们还就遵守独立性相关的职业道德要求向治理层提供声明,并就可能被合理认为影响我们独立性的所有关系和其他事项,以及相关的防范措施(如适用)与治理层进行沟通。

从与治理层沟通过的事项中,我们确定哪些事项对本期财务报表审计最为重要,因而构成关键审计事项。我们在审计报告中描述这些事项,除非法律法规禁止公开披露这些事项,或在极其罕见的情形下,如果合理预期在审计报告中沟通某事项造成的负面后果超过在公众利益方面产生的益处,我们确定不应在审计报告中沟通该事项。

二、按照相关法律法规的要求报告的事项

本部分的格式和内容,取决于法律法规对其他报告责任性质的规定。本部分应当说明相关法律法规规定的事项(其他报告责任),除非其他报告责任涉及的事项与审计准则规定的报告责任涉及的事项相同。如果涉及相同的事项,其他报告责任可以在审计准则要求的同一报告要素部分列示。当其他报告责任和审计准则规定的报告责任涉及同一主题,并且审计报告中的措辞能够将其他报告责任与审计准则规定的责任(如存在差异)予以清楚地区分时,可以将两者合并列示(即包含在"对财务报表出具的审计报告"部分中,并使用适当的副标题)。

××会计师事务所　　　　　中国注册会计师:×××(项目合伙人)
(盖章)　　　　　　　　　　　　　　(签名并盖章)
　　　　　　　　　　　　中国注册会计师:×××
　　　　　　　　　　　　　　　　　(签名并盖章)
中国××市　　　　　　　　　二〇×二年×月×日

# 任务五　非无保留意见审计报告

## 一、非无保留意见的含义

非无保留意见是指保留意见、否定意见或无法表示意见。

当存在下列情形之一时,注册会计师应当在审计报告中发表非无保留意见:

(1) 根据获取的审计证据,得出财务报表整体存在重大错报的结论。

为了形成审计意见,针对财务报表整体是否不存在由于舞弊或错误导致的重大错报,注册会计师应当得出结论,确定是否已就此获取合理保证。在得出结论时,注册会计师需要评价未更正错报对财务报表的影响。

错报是指某一财务报表项目的金额、分类、列报或披露,与按照适用的财务报告编制基础应当列示的金额、分类、列报或披露之间存在差异。财务报表的重大错报可能源于：

① 选择的会计政策的恰当性。

在选择的会计政策的恰当性方面，当出现下列情形时，财务报表可能存在重大错报：

a. 选择的会计政策与适用的财务报告编制基础不一致；

b. 财务报表（包括相关附注）没有按照公允列报的方式反映交易和事项。

c. 财务报表没有正确描述与资产负债表、利润表、所有者权益变动表或现金流量表中的重大项目相关的会计政策。

财务报告编制基础通常包括对会计处理、披露和会计政策变更的要求。如果被审计单位变更了重大会计政策，且没有遵守这些要求，财务报表可能存在重大错报。

② 对所选择的会计政策的运用。

在对所选择的会计政策的运用方面，当出现下列情形时，财务报表可能存在重大错报：

a. 管理层没有按照适用的财务报告编制基础的要求一贯运用所选择的会计政策，包括管理层未在不同会计期间或对相似的交易和事项一贯运用所选择的会计政策（运用的一致性）；

b. 不当运用所选择的会计政策（如运用中的无意错误）。

③ 财务报表披露的恰当性和充分性。

在财务报表披露的恰当性或充分性方面，当出现下列情形时，财务报表可能存在重大错报：

a. 财务报表没有包括适用的财务报告编制基础要求的所有披露；

b. 财务报表的披露没有按照适用的财务报告编制基础列报；

c. 财务报表没有作出适用的财务报告编制基础特定要求之外的其他必要的披露以实现公允反映。

**【例 10-6·多选题】** 下列各项中，可能导致财务报表出现重大错报的有（　　）。

A. 选择的会计政策与适用的财务报表编制基础不一致

B. 财务报表没有按照公允列报的方式反映交易和事项

C. 管理层随意变更会计政策

D. 财务报表没有做出必要的披露以实现公允反映

**【答案】** ABCD。

（2）无法获取充分、适当审计证据，不能得出财务报表整体不存在重大错报的结论。

如果注册会计师能够通过实施替代程序获取充分、适当的审计证据，则无法实施特定的程序并不构成对审计范围的限制。

下列情形可能导致注册会计师无法获取充分、适当的审计证据，即审计范围受到限制的情形：

① 超出被审计单位控制的情形。例如：a. 被审计单位的会计记录已被破坏；b. 重要组成部分的会计记录已被政府有关机构无限期查封。

② 与注册会计师工作性质或时间安排相关的情形。例如：a. 被审计单位需要使用权益法对联营企业进行核算，注册会计师无法获取有关联营企业财务信息的充分、适当的审计证据以评价是否恰当运用了权益法；b. 注册会计师接受审计委托的时间安排，使注册会计师无法实施存货监盘；c. 注册会计师确定仅实施实质性程序是不充分的，但被审计单位

的控制是无效的。

③ 管理层施加限制的情形。例如：a. 管理层阻止注册会计师实施存货监盘；b. 管理层阻止注册会计师对特定账户余额实施函证。

**【例 10－7·单选题】** 下列属于由被审计单位管理层造成的审计范围受到限制的情形是（　　）。

A. 管理层不允许注册会计师观察存货盘点

B. 被审计单位重要的部分会计资料被洪水冲走，无法进行检查

C. 截至资产负债表日处于外海的远洋捕捞船队的捕鱼量无法监盘

D. 外国子公司的存货无法监盘

**【答案】** A。

**【例 10－8·多选题】** 审计范围受到限制可能是（　　）。

A. 客观环境造成的限制

B. 审计成本过高造成的限制

C. 管理层造成的限制

D. 审计抽样造成的限制

**【答案】** AC。

## 二、确定非无保留意见的类型

注册会计师确定恰当的非无保留意见类型，取决于下列事项：

（1）导致非无保留意见的事项的性质，是财务报表存在重大错报，还是在无法获取充分、适当的审计证据的情况下，财务报表可能存在重大错报；

（2）注册会计师就导致非无保留意见的事项对财务报表产生或可能产生影响的广泛性做出的判断。

广泛性是描述错报影响的术语，用以说明错报对财务报表的影响，或者由于无法获取充分、适当的审计证据而未发现的错报（如存在）对财务报表可能产生的影响。

根据注册会计师的判断，对财务报表的影响具有广泛性的情形包括：

（1）不限于对财务报表的特定要素、账户或项目产生影响；

（2）虽然仅对财务报表的特定要素、账户或项目产生影响，但这些要素、账户或项目是或可能是财务报表的主要组成部分；

（3）当与披露相关时，产生的影响对财务报表使用者理解财务报表至关重要。

表 10－1 列示了注册会计师对导致发表非无保留意见的事项的性质和这些事项对财务报表产生或可能产生影响的广泛性做出的判断，以及注册会计师的判断对审计意见类型的影响。

**表 10－1　财务报表影响的广泛性对审计意见类型的影响**

| 导致发表非无保留意见的事项的性质 | 这些事项对财务报表产生或可能产生影响的广泛性 | |
|---|---|---|
| | 重大但不具有广泛性 | 重大且具有广泛性 |
| 财务报表存在重大错报 | 保留意见 | 否定意见 |
| 无法获取充分、适当的审计证据 | 保留意见 | 无法表示意见 |

### (一) 发表保留意见

当存在下列情形之一时,注册会计师应当发表保留意见:

(1) 在获取充分、适当的审计证据后,注册会计师认为错报单独或汇总起来对财务报表影响重大,但不具有广泛性。

注册会计师在获取充分、适当的审计证据后,只有当认为财务报表就整体而言是公允的,但还存在对财务报表产生重大影响的错报时,才能发表保留意见。如果注册会计师认为错报对财务报表产生的影响极其严重且具有广泛性,则应当发表否定意见。因此,保留意见被视为注册会计师在不能发表无保留意见情况下最不严厉的审计意见。

(2) 注册会计师无法获取充分、适当审计证据以作为形成审计意见的基础,但认为未发现的错报(如存在)对财务报表可能产生的影响重大,但不具有广泛性。

注册会计师因审计范围受到限制而发表保留意见还是无法表示意见,取决于无法获取的审计证据对形成审计意见的重要性。注册会计师在判断重要性时,应当考虑有关事项潜在影响的性质和范围以及在财务报表中的重要程度。只有当未发现的错报(如存在)对财务报表可能产生的影响重大但不具有广泛性时,才能发表保留意见。

**【例 10-9·单选题】** 注册会计师实施替代程序无法获取有关存货的存在和状况的充分适当证据,但项目组认为未发现的错报对财务报表可能产生的影响重大,但不具有广泛性,注册会计师应当发表的审计意见是(　　)。

A. 保留意见　　B. 否定意见　　C. 无法表示意见　　D. 无保留意见

**【答案】** A。

### (二) 发表否定意见

在获取充分、适当的审计证据后,如果认为错报单独或汇总起来对财务报表的影响重大且具有广泛性,注册会计师应当发表否定意见。

否定意见说明被审计单位的财务报表不能信赖。因此,无论是注册会计师,还是被审计单位都不希望发表此类意见,所以,发表否定意见的情况在审计实务中是极其罕见的。

**【例 10-10·单选题】** (　　)表明注册会计师认为被审计单位财务报表无法接受。

A. 保留意见　　B. 否定意见　　C. 无法表示意见　　D. 无保留意见

**【答案】** B。

### (三) 发表无法表示意见

如果无法获取充分、适当的审计证据以作为形成审计意见的基础,但认为未发现的错报(如存在)对财务报表可能产生的影响重大且具有广泛性,注册会计师应当发表无法表示意见。

注册会计师发表无法表示意见,不同于注册会计师拒绝接受委托,它是在注册会计师实施了必要的审计程序后所形成的结论。注册会计师发表无法表示意见,不是注册会计师不愿意发表无保留意见或否定意见,而是由于一些重大限制使得注册会计师无法实施必要的审计程序,未能对一些重大事项获取充分、适当的审计证据,从而不能对财务报表发表意见。

**【注意事项 10-5】** 在极其特殊的情况下,可能存在多个不确定事项。即使注册会计师对每个单独的不确定事项获取充分、适当的审计证据,但由于不确定事项之间可能存在相互影响,以及可能对财务报表产生累积影响,注册会计师不可能对财务报表形成审计意见。在这种情况下，注册会计师应当发表无法表示意见。

**【例 10-11·单选题】** 审计范围受到限制可能产生的影响非常重大和广泛，应签发(　　)审计报告。

A. 保留意见　　B. 否定意见　　C. 无法表示意见　　D. 无保留意见

**【答案】** C。

## 三、非无保留意见审计报告格式的内容

### (一) 导致非无保留意见的事项段

1. 审计报告格式和内容的一致性

如果对财务报表发表非无保留意见，除在审计报告中包含《中国注册会计师审计准则第1501号——对财务报表形成审计意见和出具审计报告》规定的审计报告要素外，注册会计师还应当直接在审计意见段之后增加一个部分，并使用恰当的标题，如"形成保留意见的基础""形成否定意见的基础"或"形成无法表示意见的基础"，说明导致发表非无保留意见的事项。审计报告的格式和内容的一致性有助于提高使用者的理解和识别存在的异常情况。因此，尽管不可能统一非无保留意见的措辞和对导致非无保留意见的事项的说明，但仍有必要保持审计格式和内容的一致性。

2. 量化财务影响

如果财务报表中存在与具体金额(包括定量披露)相关的重大错报，注册会计师应当在导致非无保留意见的事项段中说明并量化该错报的财务影响。比如，如果存货被高估，注册会计师就可以在审计报告中形成保留、否定或无法表示意见的基础部分说明该重大错报的财务影响，即量化其对所得税、税前利润、净利润和所有者权益的影响。如果无法量化财务影响，注册会计师应当在审计报告中形成保留、否定或无法表示意见的基础部分说明这一情况。

3. 存在与定性披露相关的重大错报

如果财务报表中存在与定性披露相关的重大错报，注册会计师应当在形成审计意见的基础部分解释该错报错在何处。

4. 存在与应披露而未披露信息相关的重大错报

如果财务报表存在与应当披露而未披露相关的重大错报，注册会计师应当：

(1) 与治理层讨论未披露信息的情况。

(2) 在形成审计意见的基础部分描述未披露信息的性质。

(3) 如果可行并且已针对未披露信息获取了充分、适当的审计证据，在形成审计意见的基础部分包含对未披露信息的披露(除非法律法规禁止)。

如果存在下列情形之一，则在形成审计意见的基础部分披露遗漏信息是不可行的：

(1) 管理层还没有作出这些披露，或管理层已作出但注册会计师不易获取这些披露。

(2) 根据注册会计师的判断，在审计报告中披露该事项过于庞杂。

5. 无法获取充分适当的审计证据

如果因无法获取充分、适当的审计证据而导致发表非无保留意见，注册会计师应当在

形成审计意见的基础部分说明无法获取审计证据的原因。

6. 披露其他事项

即使发表了否定意见或无法表示意见，注册会计师也应当在形成审计意见的基础部分说明注意到的、将导致发表非无保留意见的所有其他相关事项及其影响。这是因为，注册会计师注意到的其他事项的披露可能与财务报表使用者的信息需求相关。

### （二）审计意见段

1. 标题

在发表非无保留意见时，注册会计师应当对审计意见段使用恰当的标题，如"保留意见""否定意见"或"无法表示意见"。审计意见段的标题能够使财务报表使用者清楚注册会计师发表了非无保留意见，并能够表明非无保留意见的类型。

2. 发表保留意见

当由于财务报表存在重大错报而发表保留意见时，注册会计师应当根据适用的财务报告编制基础在审计意见段中说明：注册会计师认为，除了形成保留意见的基础部分所述事项产生的影响外，财务报表在所有重大方面按照适用的财务报告编制基础编制，并实现公允反映。

当无法获取充分、适当的审计证据而导致发表保留意见时，注册会计师应当在审计意见段中使用"除……可能产生的影响外"等措辞。

当注册会计师发表保留意见时，在审计意见段中使用"由于上述解释"或"受……影响"等措辞是不恰当的，因为这些措辞不够清晰或没有足够的说服力。

3. 发表否定意见

当发表否定意见时，注册会计师应当根据适用的财务报告编制基础在审计意见段中说明：注册会计师认为，由于形成否定意见的基础部分所述事项的重要性，财务报表没有在所有重大方面按照适用的财务报告编制基础编制，未能实现公允反映。

4. 发表无法表示意见

当由于无法获取充分、适当的审计证据而发表无法表示意见时，注册会计师应当在审计意见段中说明：由于形成无法表示意见的基础部分所述事项的重要性，注册会计师无法获取充分、适当的审计证据以为发表审计意见提供基础，因此，注册会计师不对这些财务报表发表审计意见。

### （三）非无保留意见对审计报告要素内容的修改

当发表保留意见或否定意见时，注册会计师应当修改形成无保留意见的基础部分的描述，以说明：注册会计师相信，已获取的审计证据是充分、适当的，为发表非无保留意见提供了基础。

当由于无法获取充分、适当的审计证据而发表无法表示意见时，注册会计师应当修改审计报告的意见段，说明：注册会计师接受委托审计财务报表；注册会计师不对后附的财务报表发表审计意见；由于形成无法表示意见的基础部分所述事项的重要性，注册会计师无法获取充分、适当的审计证据以作为对财务报表发表审计意见的基础。

当注册会计师对财务报表发表无法表示意见时，注册会计师应当修改无保留意见审计报告中形成审计意见的基础部分，不应提及审计报告中用于描述注册会计师责任的部分，也不应说明注册会计师是否已获取充分、适当的审计证据以作为形成审计意见的基础。

当注册会计师对财务报表发表无法表示意见时，注册会计师应当修改无保留意见审计报告中注册会计师对财务报表审计的责任部分，使之仅包含下列内容：

(1) 注册会计师的责任是按照中国注册会计师审计准则的规定，对被审计单位财务报表执行审计工作，以出具审计报告；

(2) 但由于形成无法表示意见的基础部分所述的事项，注册会计师无法获取充分、适当的审计证据以作为发表审计意见的基础；

(3) 声明注册会计师在独立性和职业道德方面的其他责任。

## 四、非无保留意见的审计报告的参考格式

### (一) 发表保留意见的审计报告

由于财务报表存在重大错报而发表保留意见的审计报告见参考格式 10 - 2。

**参考格式 10 - 2　由于财务报表存在重大错报而发表保留意见的审计报告**

**审计报告**

ABC 股份有限公司全体股东：

一、对财务报表出具的审计报告

(一) 保留意见

我们审计了 ABC 股份有限公司(以下简称“ABC 公司”)财务报表，包括 20×1 年 12 月 31 日的资产负债表，20×1 年度的利润表、现金流量表、股东权益变动表以及相关财务报表附注。

我们认为，除“形成保留意见的基础”部分所述事项产生的影响外，后附的财务报表在所有重大方面按照企业会计准则的规定编制，公允地反映了 ABC 公司 20×1 年 12 月 31 日的财务状况以及 20×1 年度的经营成果和现金流量。

(二) 形成保留意见的基础

ABC 公司 20×1 年 12 月 31 日资产负债表中存货的列示金额为×元。ABC 公司管理层(以下简称管理层)根据成本对存货进行计量，而没有根据成本与可变现净值孰低的原则进行计量，这不符合企业会计准则的规定。ABC 公司的会计记录显示，如果管理层以成本与可变现净值孰低来计量存货，存货列示金额将减少×元。相应地，资产减值损失将增加×元，所得税、净利润和股东权益将分别减少×元、× 元和×元。

我们按照中国注册会计师审计准则的规定执行了审计工作。审计报告的“注册会计师对财务报表审计的责任”部分进一步阐述了我们在这些准则下的责任。按照中国注册会计师职业道德守则，我们独立于 ABC 公司，并履行了职业道德方面的其他责任。我们相信，我们获取的审计证据是充分、适当的，为发表保留意见提供了基础。

（三）关键审计事项

关键审计事项是我们根据职业判断，认为对本期财务报表审计最为重要的事项。这些事项是在对财务报表整体进行审计并形成审计意见的背景下进行处理的，我们不对这些事项单独发表意见。除“形成保留意见的基础”部分所述事项外，我们确定下列事项是需要在审计报告中沟通的关键审计事项。

（按照《中国注册会计师审计准则第 1504 号——在审计报告中沟通关键审计事项》的规定描述每一关键审计事项。）

（四）管理层和治理层对财务报表的责任

（按照《中国注册会计师审计准则第 1501 号——对财务报表形成审计意见和出具审计报告》的规定报告，参见参考格式 10－1。）

（五）注册会计师对财务报表审计的责任

（按照《中国注册会计师审计准则第 1501 号——对财务报表形成审计意见和出具审计报告》的规定报告，参见参考格式 10－1。）

二、按照相关法律法规的要求报告的事项

（按照《中国注册会计师审计准则第 1501 号——对财务报表形成审计意见和出具审计报告》的规定报告，参见参考格式 10－1。）

××会计师事务所　　　　　　中国注册会计师：×××（项目合伙人）
（盖章）　　　　　　　　　　　　　　　　（签名并盖章）
　　　　　　　　　　　　　　中国注册会计师：×××
　　　　　　　　　　　　　　　　　　　　（签名并盖章）
中国××市　　　　　　　　　　　二〇×二年×月×日

**（二）发表否定意见**

由于合并财务报表存在重大错报而发表否定意见的审计报告见参考格式 10－3。

**参考格式 10－3　由于合并财务报表存在重大错报而发表否定意见的审计报告**

**审计报告**

ABC 股份有限公司全体股东：

一、对合并财务报表出具的审计报告

（一）否定意见

我们审计了 ABC 股份有限公司及其子公司（以下简称 ABC 集团）的合并财务报表，包括 20×1 年 12 月 31 日的合并资产负债表，20×1 年度的合并利润表、合并现金流量表、合并股东权益变动表以及相关合并财务报表附注。

我们认为，由于“形成否定意见的基础”部分所述事项的重要性，后附的合并财务报表没有在所有重大方面按照企业会计准则的规定编制，未能公允反映 ABC 集团 20×1 年 12 月 31 日的合并财务状况以及 20×1 年度的合并经营成果和合并现金流量。

（二）形成否定意见的基础

如财务报表附注×所述，20×1 年 ABC 集团通过非同一控制下的企业合并获得对

XYZ公司的控制权，因未能取得购买日XYZ公司某些重要资产和负债的公允价值，故未将XYZ公司纳入合并财务报表的范围。按照企业会计准则的规定，该集团应将这一子公司纳入合并范围，并以暂估金额为基础核算该项收购。如果将XYZ公司纳入合并财务报表的范围，后附的ABC集团合并财务报表的多个报表项目将受到重大影响。但我们无法确定未将XYZ公司纳入合并范围对合并财务报表产生的影响。

我们按照中国注册会计师审计准则的规定执行了审计工作。审计报告的"注册会计师对合并财务报表审计的责任"部分进一步阐述了我们在这些准则下的责任。按照中国注册会计师职业道德守则，我们独立于ABC集团，并履行了职业道德方面的其他责任。我们相信，我们获取的审计证据是充分、适当的，为发表否定意见提供了基础。

（三）关键审计事项

除"形成否定意见的基础"部分所述事项外，我们认为，没有其他需要在审计报告中沟通的关键审计事项。

（四）管理层和治理层对合并财务报表的责任

（按照《中国注册会计师审计准则第1501号——对财务报表形成审计意见和出具审计报告》的规定报告，参见参考格式10-1。）

（五）注册会计师对合并财务报表审计的责任

（按照《中国注册会计师审计准则第1501号——对财务报表形成审计意见和出具审计报告》的规定报告，参见参考格式10-1。）

二、按照相关法律法规的要求报告的事项

（按照《中国注册会计师审计准则第1501号——对财务报表形成审计意见和出具审计报告》的规定报告，参见参考格式10-1。）

××会计师事务所　　　　中国注册会计师：×××（项目合伙人）
（盖章）　　　　　　　　　　　　（签名并盖章）
　　　　　　　　　　　　中国注册会计师：×××
　　　　　　　　　　　　　　　　（签名并盖章）
中国××市　　　　　　　　二〇×二年×月×日

### （三）发表无法表示意见

由于无法针对财务报表多个要素获取充分、适当的审计证据而发表无法表示意见的审计报告见参考格式10-4。

**参考格式10-4　由于无法针对财务报表多个要素获取充分、适当的审计证据而发表无法表示意见的审计报告**

**审计报告**

ABC股份有限公司全体股东：

一、对财务报表出具的审计报告

（一）无法表示意见

我们接受委托，审计ABC股份有限公司（以下简称ABC公司）财务报表，包括20×1

年 12 月 31 日的资产负债表，20×1 年度的利润表、现金流量表、股东权益变动表以及相关财务报表附注。

我们不对后附的 ABC 公司财务报表发表审计意见。由于“形成无法表示意见的基础”部分所述事项的重要性，我们无法获取充分、适当的审计证据以作为对财务报表发表审计意见的基础。

（二）形成无法表示意见的基础

我们于 20×2 年 1 月接受委托审计 ABC 公司财务报表，因而未能对 ABC 公司 20×1 年初金额为×元的存货和年末金额为×元的存货实施监盘程序。此外，我们也无法实施替代审计程序获取充分、适当的审计证据。并且，ABC 公司于 20×1 年 9 月采用新的应收账款电算化系统，由于存在系统缺陷导致应收账款出现大量错误。截至报告日，ABC 公司管理层（以下简称管理层）仍在纠正系统缺陷并更正错误，我们也无法实施替代审计程序，以对截至 20×1 年 12 月 31 日的应收账款总额×元获取充分、适当的审计证据。因此，我们无法确定是否有必要对存货、应收账款以及财务报表其他项目做出调整，也无法确定应调整的金额。

（三）管理层和治理层对财务报表的责任

（按照《中国注册会计师审计准则第 1501 号——对财务报表形成审计意见和出具审计报告》的规定报告，参见参考格式 10-1。）

（四）注册会计师对财务报表审计的责任

我们的责任是按照中国注册会计师审计准则的规定，对 ABC 公司的财务报表执行审计工作，以出具审计报告。但由于“形成无法表示意见的基础”部分所述的事项，我们无法获取充分、适当的审计证据以作为发表审计意见的基础。

按照中国注册会计师职业道德守则，我们独立于 ABC 公司，并履行了职业道德方面的其他责任。

二、按照相关法律法规的要求报告的事项

（按照《中国注册会计师审计准则第 1501 号——对财务报表形成审计意见和出具审计报告》的规定报告，参见参考格式 10-1。）

××会计师事务所　　　　中国注册会计师：×××（项目合伙人）
（盖章）　　　　　　　　（签名并盖章）
　　　　　　　　　　　　中国注册会计师：×××
　　　　　　　　　　　　（签名并盖章）
中国××市　　　　　　　二〇×二年×月×日

# 任务六　在审计报告中增加强调事项段和其他事项段

## 一、强调事项段

### （一）强调事项段的含义

审计报告的强调事项段是指审计报告中的一个段落，该段落提及已在财务报表中恰当列报或披露的事项，根据注册会计师的职业判断，该段落对财务报表使用者理解财务报表至关重要。

### （二）增加强调事项段的情形

在审计报告中增加强调事项段的情形

如果认为有必要提醒财务报表使用者关注已在财务报表中列报或披露，且根据职业判断认为对财务报表使用者理解财务报表至关重要，在同时满足下列条件时，注册会计师应当在审计报告中增加强调事项段：

(1) 该事项不会导致注册会计师发表非无保留意见；

(2) 该事项未被确认为在审计报告中沟通的关键审计事项。

某些审计准则对特定情况下在审计报告中增加强调事项段提出具体要求。这些情形包括：

(1) 法律法规规定的财务报告编制基础不可接受，但其是由法律或法规做出的规定；

(2) 提醒财务报表使用者注意财务报表按照特殊目的编制基础编制；

(3) 注册会计师在审计报告日后知悉了某些事实（即期后事项），并且出具了新的审计报告或修改了审计报告。

除上述审计准则要求增加强调事项的情形外，注册会计师可能认为需要增加强调事项段的情形举例如下：

(1) 异常诉讼或监管行动的未来结果存在不确定性；

(2) 提前应用（在允许的情况下）对财务报表有广泛影响的新会计准则；

(3) 存在已经或持续对被审计单位财务状况产生重大影响的特大灾难。

**【注意事项 10-6】** 强调事项段的过多使用会降低注册会计沟通所强调事项的有效性。此外，与财务报表中的列报或披露相比，在强调事项段中包括过多的信息，可能隐含着这些事项未被恰当列报或披露。因此，强调事项段应当仅提及已在财务报表中列报或披露的信息。

**【知识链接 10-3】**《中国注册会计师审计准则第 1503 号——在审计报告中增加强调事项段和其他事项段》规定了注册会计师在审计报告中增加强调事项和其他事项段时，审计报告的格式和内容如何进行相应调整。当审计报告中包含强调事项段时，注册会计师应当采取下列措施：① 将强调事项段作为单独一部分置于审计报告中，并使用包括“强调事项”这一术语的适当标题；② 明确提及被强调事项以及相关披露的位置，以便能够在财务报表中找到对该事项的详细描述，强调事项段应当仅提及已在财务报表中列报的信息；③ 指出审计意见并没有该强调事项而改变。

**【例 10－12·多选题】** 下列情形中，可能需要在审计报告中增加强调事项段的有(　　)。

A. 异常诉讼或监管行动的未来结果存在不确定性

B. 在允许的情况下，提前应用对财务报表有广泛影响的新会计准则

C. 与使用者理解审计工作相关的情形

D. 对两套以上财务报表出具审计报告

**【答案】** AB。

**参考格式 10－5　由于偏离适用的财务报告编制基础的规定导致的带强调事项段的保留意见审计报告**

**审计报告**

ABC 股份有限公司全体股东：

一、对财务报表出具的审计报告

(一) 保留意见

(按照《中国注册会计师审计准则第 1501 号——对财务报表形成审计意见和出具审计报告》的规定报告，参见参考格式 10－2。)

(二) 形成保留意见的基础

ABC 公司 20×1 年 12 月 31 日资产负债表中列示的以公允价值计量且变动计入当期损益的金融资产为×元。ABC 公司管理层(以下简称管理层)对这些金融资产未按照公允价值进行后续计量，而是按照其历史成本进行计量，这不符合企业会计准则的规定。如果按照公允价值进行后续计量，ABC 公司 20×1 年度利润表中公允价值变动损益将减少×元，20×1 年 12 月 31 日资产负债表中以公允价值计量且变动计入当期损益的金融资产将减少×元。相应地，所得税、净利润和股东权益将分别减少×元、× 元和×元。

我们按照中国注册会计师审计准则的规定执行了审计工作。审计报告的“注册会计师对财务报表审计的责任”部分进一步阐述了我们在这些准则下的责任。按照中国注册会计师职业道德守则，我们独立于 ABC 公司，并履行了职业道德方面的其他责任。我们相信，我们获取的审计证据是充分、适当的，为发表保留意见提供了基础。

(三) 强调事项——火灾的影响

我们提醒财务报表使用者关注，财务报表附注×描述了火灾对 ABC 公司的生产设备造成的影响。本段内容不影响已发表的审计意见。

(四) 管理层和治理层对财务报表的责任

(按照《中国注册会计师审计准则第 1501 号——对财务报表形成审计意见和出具审计报告》的规定报告，参见参考格式 10－1。)

(五) 注册会计师对财务报表审计的责任

(按照《中国注册会计师审计准则第 1501 号——对财务报表形成审计意见和出具审计报告》的规定报告，参见参考格式 10－1。)

二、按照相关法律法规的要求报告的事项

(按照《中国注册会计师审计准则第 1501 号——对财务报表形成审计意见和出具审计报告》的规定报告，参见参考格式 10－1。)

××会计师事务所　　　　　　中国注册会计师：×××（项目合伙人）
（盖章）　　　　　　　　　　　　　　（签名并盖章）
　　　　　　　　　　　　　中国注册会计师：×××
　　　　　　　　　　　　　　　　　　（签名并盖章）
中国××市　　　　　　　　　　　二〇×二年×月×日

## 二、其他事项段

### (一) 其他事项段的含义

其他事项段是指审计报告中含有的一个段落，该段落提及未在财务报表中列报或披露的事项，根据注册会计师的职业判断，该事项与财务报表使用者理解审计工作、注册会计师的责任或审计报告相关。

### (二) 增加其他事项段的情形

增加其他事项段的情形

如果认为有必要沟通虽然未在财务报表中列报或披露，但根据职业判断认为与财务报表使用者理解审计工作、注册会计师责任或审计报告相关的事项，在同时满足下列条件时，注册会计师应当在审计报告中增加其他事项段：

(1) 未被法律法规禁止；

(2) 未被确定为在审计报告中沟通的关键审计事项。

具体讲，需要在审计报告中增加其他事项段的情形包括：

(1) 与使用者理解审计工作相关的情节；

(2) 与使用者理解注册会计师的责任或审计报告相关的情形；

(3) 对两套以上财务报表出具审计报告的情形；

(4) 限制审计报告分发和使用的情形。

**【例 10－13・单选题】** 下列情形中，不属于注册会计师考虑在审计报告中添加其他事项段予以说明的情形是(　　)。

A. 在极其特殊的情况下，即使管理层对审计范围施加的限制导致无法获取充分、适当的审计证据，可能产生的影响具有广泛性，注册会计师也不能解除业务约定

B. 提前应用(在允许的情况下)对财务报表有广泛影响的新会计准则

C. 被审计单位按照我国的企业会计准则编制一套财务报表，同时按照国际财务报告准则编制另一套财务报表，并委托注册会计师同时对两套财务报表出具审计报告

D. 限制审计报告分发和使用的情形

**【答案】** B。

**参考格式 10－6　有关对应数据的其他事项段的无保留意见审计报告**

**审计报告**

ABC 股份有限公司全体股东：

一、对财务报表出具的审计报告

(一) 审计意见

(按照《中国注册会计师审计准则第1501号——对财务报表形成审计意见和出具审计报告》的规定报告,参见参考格式10-1。)

(二) 形成审计意见的基础

(按照《中国注册会计师审计准则第1501号——对财务报表形成审计意见和出具审计报告》的规定报告,参见参考格式10-1。)

(三) 其他事项

20×0年12月31日的资产负债表,20×0年度的利润表、现金流量表和股东权益变动表以及财务报表附注由其他会计师事务所审计,并于20×1年3月31日发表了无保留意见。

(四) 管理层和治理层对财务报表的责任

(按照《中国注册会计师审计准则第1501号——对财务报表形成审计意见和出具审计报告》的规定报告,参见参考格式10-1。)

(五) 注册会计师对财务报表审计的责任

(按照《中国注册会计师审计准则第1501号——对财务报表形成审计意见和出具审计报告》的规定报告,参见参考格式10-1。)

二、按照相关法律法规的要求报告的事项

(按照《中国注册会计师审计准则第1501号——对财务报表形成审计意见和出具审计报告》的规定报告,参见参考格式10-1。)

××会计师事务所　　中国注册会计师:×××(项目合伙人)
(盖章)　　(签名并盖章)
中国注册会计师:×××
(签名并盖章)

中国××市　　二〇×二年×月×日

## 三、与治理层的沟通

如果拟在审计报告中增加强调事项段或其他事项段,注册会计师应当就该事项和拟使用的措辞与治理层沟通。

**【例10-14·单选题】** 如果拟在审计报告中增加强调事项段或其他事项段,注册会计师应当就该事项和拟使用的措辞进行沟通的对象是(　　)。

A. 管理层　　B. 治理层

C. 监管机构　　D. 相关专家

**【答案】** B。

## 概念索引

审计报告　审计报告的基本内容　无保留意见　保留意见　否定意见　无法表示意见

## 项目总结

审计报告指注册会计师根据审计准则的规定，在执行审计工作的基础上，对被审计单位的财务报表发表审计意见的书面文件。审计报告分为无保留意见审计报告和非无保留意见审计报告。

审计报告的基本内容包括标题；收件人；审计意见；形成审计意见的基础；管理层对财务报表的责任；注册会计师对财务报表的责任；按照相关法律法规的要求报告的事项（如适用）；注册会计师的签名和盖章；会计师事务所的名称、地址和盖章；报告日期。

注册会计师通过审计，认为被审计单位财务报表同时满足下列所有条件时，注册会计师应当签发无保留意见审计报告：① 财务报表已经在所有重大方面按照适用的财务报告编制基础编制，公允反映了被审计单位的财务状况、经营成果和现金流量。② 注册会计师已经按照中国注册会计师审计准则的规定计划和实施审计工作，在审计过程中未受到限制。

当存在下列情形之一时，注册会计师应当发表保留意见：① 在获取充分、适当的审计证据后，注册会计师认为错报单独或汇总起来对财务报表影响重大，但不具有广泛性。② 注册会计师无法获取充分、适当审计证据以作为形成审计意见的基础，但认为未发现的错报（如存在）对财务报表可能产生的影响重大，但不具有广泛性。

在获取充分、适当的审计证据后如果认为错报单独或汇总起来对财务报表的影响重大且具有广泛性，注册会计师应当发表否定意见。

如果无法获取充分、适当的审计证据以作为形成审计意见的基础，但认为未发现的错报（如存在）对财务报表可能产生的影响重大且具有广泛性，注册会计师应当发表无法表示意见。

## 项目练习

### 一、单选题

1. 在我国，注册会计师的审计报告的标题统一为（　　）。

A. 会计师事务所审计报告　　B. 查账报告

C. 审计报告　　D. 注册会计师审计报告

2. 当审计报告的审计意见部分出现“我们接受委托”的字样，表明审计意见是（　　）。

A. 保留意见　　B. 否定意见

C. 无法表示意见　　D. 无保留意见

3. 下列关于审计报告的说法中，不正确的是（　　）。

A. 审计报告采用书面形式

B. 审计报告由不是注册会计师的项目经理签字盖章

C. 审计报告应当具有标题，统一规范为“审计报告”

D. 审计报告应当按照审计业务约定的要求载明收件人

4. 下列对审计报告作用的理解中，不正确的是（　　）。

A. 由于注册会计师是以超然独立的第三方身份，对被审计单位财务报表的合法性、公允性发表意见，因此这种意见具有鉴证作用

B. 审计报告可以提高或降低财务报表使用者对财务报表的信赖程度，在一定程度上对利害关系人的利益起到保护作用

C. 审计报告可以对审计工作质量是否符合准则要求起证明作用，从而达到消除市场风险的目的

D. 通过审计报告，可以证明注册会计师对审计责任的履行情况

5. 注册会计师实施替代程序无法获取有关存货的存在和状况的充分适当的审计证据，但项目组认为未发现的错报对财务报表可能产生的影响重大，但不具有广泛性，那么注册会计师应发表的审计意见是（　　）。

A. 保留意见　　B. 否定意见　　C. 无法表示意见　　D. 无保留意见

## 二、多选题

1. 下列关于注册会计师签署审计报告的日期和管理层签署已审计财务报表的日期说法正确中的有（　　）。

A. 注册会计师签署审计报告的日期通常与管理层签署已审计财务报表的日期为同一天

B. 注册会计师签署审计报告的日期可以晚于管理层签署已审计财务报表的日期

C. 注册会计师签署审计报告的日期可以早于管理层签署已审计财务报表的日期

D. 注册会计师签署审计报告的日期一定晚于管理层签署已审计财务报表的日期

2. 如果审计范围受到重大限制，注册会计师出具的审计报告可能是（　　）。

A. 无保留意见审计报告　　B. 保留意见审计报告

C. 否定意见审计报告　　D. 无法表示意见审计报告

3. 审计意见的基本类型有（　　）。

A. 无保留意见　　B. 否定意见　　C. 保留意见　　D. 无法表示意见

4. 下列情况中可能应当对财务报表发表无法表示意见的是（　　）。

A. 注册会计师未能对存货进行监盘

B. 财务报表虚盈实亏

C. 未能取得被审计单位的财务报表

D. 被审计单位内部控制混乱，会计记录缺乏系统性和完整性

5. 需要增加强调事项段予以说明的事项应当同时具备的条件有（　　）。

A. 对财务报表有重大影响

B. 该事项不会导致注册会计师发表非无保留意见

C. 该事项会导致注册会计师发表非无保留意见

D. 该事项未被确认为在审计报告中沟通的关键审计事项

## 三、判断题

1. 注册会计师出具的审计报告具有法定证明效力。 （ ）

2. 无法表示意见，就意味着注册会计师不愿意发表意见。 （ ）

3. 在无法表示意见的审计报告中，要删除注册会计师的责任段。 （ ）

4. 审计报告的收件人一般为被审计单位的管理层。 （ ）

5. 由于审计范围受到被审计单位管理层或客观环境的限制，不能获取必要的审计证据，未发现的错报可能影响重大且广泛，因此注册会计师应当出具否定意见的审计报告。 （ ）

## 四、思考题

1. 如何对审计报告进行分类？

2. 注册会计师在何种情况下出具无保留意见的审计报告？

3. 注册会计师在何种情况下出具保留意见的审计报告？

4. 注册会计师在何种情况下出具否定意见的审计报告？

5. 注册会计师在何种情况下出具无法表示意见的审计报告？

## 五、案例题

**资料：**

注册会计师于20×2年3月20日完成了对甲公司20×1年财务报表的审计工作，注册会计师确定的财务报表层次重要性水平为10万元。除了以下事项，没有其他影响注册会计师发表审计意见的问题，审计工作按照中国注册会计师审计准则的要求进行。

(1) 在对甲公司应收账款进行函证时，其中对金额为16万元的客户乙公司的函证未收到回函，注册会计师运用其他程序搜集了充分、适当的审计证据。

(2) 甲公司20×1年利润总额的70%是由其境外子公司提供的，注册会计师无法赴国外对子公司的财务报表进行审查，也无法通过其他审计程序进行验证。

(3) 20×1年12月，预付20×2年财产保险费5 000元，全部作当月“管理费用”处理。该公司没有接受注册会计师的调整建议。

(4) 20×1年1月，从二级市场购入20万元股票，将其列入“管理费用”账户，造成资产、利润、所得税反映失实。注册会计师提出调整建议，该公司拒绝采纳。

(5) 该公司管理层拒绝注册会计师参加存货盘点，该存货占总资产的65%，注册会计师无法对存货运用替代审计程序。

**要求：**分别根据上述情况，说明注册会计师应发表何种审计意见，并简要说明理由。

拓展阅读资料　　思政园地

# 项目十一
# 销售与收款循环审计

## 知识目标

1. 了解销售与收款循环的主要业务活动和涉及的主要凭证。
2. 熟悉销售与收款循环的内部控制测试程序。
3. 掌握营业收入、应收账款审计的实质性程序。

## 技能目标

1. 能评估销售与收款循环的重大错报风险。
2. 能对销售与收款循环实施控制测试，找出内控存在的关键问题。
3. 能对营业收入、应收账款实施实质性程序，揭示其可能存在的重大错报。

## 案例导入

### 美国女王真空吸尘器公司财务造假案

美国女王真空吸尘器公司（简称女王公司）是一家上市公司，以生产耐用的吸尘器著称，唐希兰是该吸尘器公司的首席执行官。当初，为了获取该公司的控股权，唐希兰抵押了其所有的私人资产，以获得巨额借款用于购买女王公司的股票。不懂吸尘器行业的唐希兰及其管理小组武断地认定开发新一代真空吸尘器是大幅提高利润的最佳途径。

为了筹措新生产线的资金，唐希兰授意财务经理人为地夸大几个季度的利润从而使股票价格上涨，再用股价上涨抛售部分股票的方法产生资金。财务经理选择了在销售和费用的截期上玩花样。他指示销售经理将期后的销售发票提前到会计年度结束前开，嘱咐仓库将货物的发运提前，并同时编造大量的非法分录以掩盖造假举动。此外，他还将积存的商品发运他处，视之为销售计入销售收入；将未付的账单锁在橱柜里不确认负债。唐希兰通过他的方案得到了急需的现金流。由于公司从未在期后冲销虚假的销售，审计人员并未发现该公司的造假行为。

新一代的真空吸尘器销售业绩飙升，利润飞涨。然而好景不长，不久消费者们发现吸尘器存在严重的质量问题并要求退货，其幕后原因是唐希兰贪婪地追求利润，将吸尘器原先坚实的金属部分替换成了塑料装配，从而导致产品不耐热。于是，最初的利润转变为狂怒的抱怨声，仓库开始没有空间存放退回的产品。后来，公司不得不租用了较远的仓库存放退回的产品并销毁所有反映退货的记录，以此来蒙蔽审计人员。由于产品的口碑极差，公司名声一落千丈，销售严重滑坡。巨额的销售退回和销售额的锐减给唐希兰和财务经理带来了极大的压力，面对索要额外信息的审计人员，他们最终在律师的建议下主动认罪。

女王公司的舞弊行为使投资者和债权人遭受了 4 000 万美元的损失，公司也宣布倒闭。此外，唐希兰也被判处一年有期徒刑并附带数百万的赔偿。

**思考：**

对于美国女王真空吸尘器公司的造假行为，如果你是注册会计师，在对其主营业务收入实施实质性程序的过程中，你能识别出这些问题吗？你将如何识别？

# 任务一　销售与收款循环概述

## 一、销售与收款循环的内容

销售与收款循环是指企业向客户销售商品或提供劳务，并收回款项的过程。销售与收款循环的审计，通常可以相对独立于其他业务循环而单独进行。但注册会计师在最终判断被审计单位财务报表是否公允反映时，必须综合考虑审计过程中发现的各业务循环的错报对财务报表产生的影响。因此，即使单独执行销售与收款循环审计，注册会计师仍需将该循环与其他循环的审计情况结合起来加以考虑。

## 二、销售与收款循环涉及的主要业务活动

了解企业在销售与收款循环中的主要业务活动，对该循环的审计十分必要。

企业的销售与收款循环主要是由企业与顾客交换商品或劳务、收回现金等经营活动组成，涉及销售业务、收款业务（包括现销和应收账款收回）、销售调整业务（包括销售折扣、折让和退回，坏账准备的提取和冲销）等内容。每一业务均需经过若干步骤（或程序）才能完成。

销售与收款循环涉及的业务活动流程如图 11－1 所示。

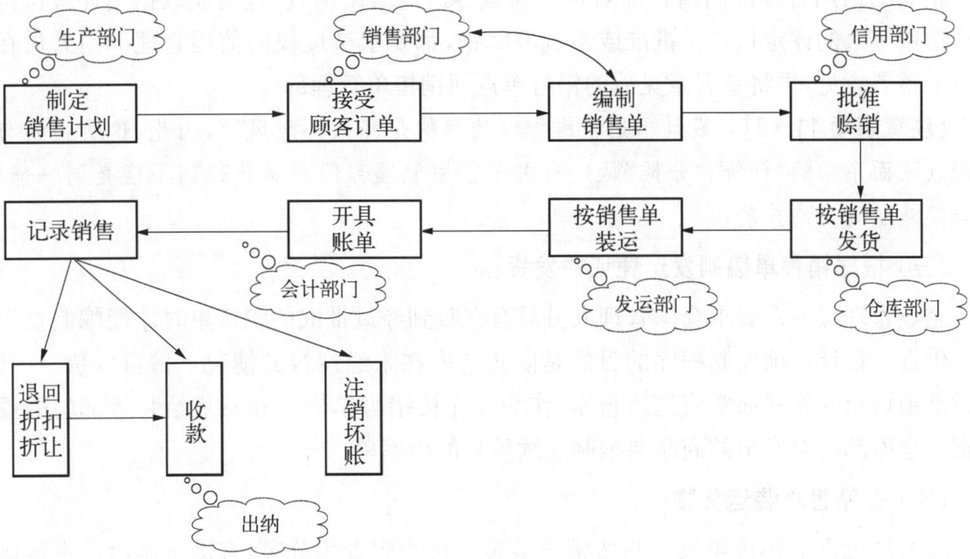


图 11-1　销售与收款循环涉及的业务活动

## (一) 接受客户订购单

1. 销售业务员接受客户订购单

客户提出订货要求是整个销售与收款循环的起点，是购买某种货物或接受某种劳务的一项申请。订单管理部门应区分现购订单和赊购订单。

2. 销售经理对客户订购单授权批准

客户的订购单只有在符合企业管理层授权标准的情况下才能接受。通常情况下，企业管理层一般都会列出已准予赊销的顾客名单。销售单管理部门在决定是否同意接受某客户的订单时，应追查该客户是否已被列在该名单中。如果顾客未被列入，则通常需要由销售单管理部门的主管来决定是否同意销售。

3. 销售部门编制销售单

销售管理部门根据审批后的客户订购单编制连续编号一式多联的销售单。

**【注意事项 11-1】** 销售单是证明销售交易的“发生”认定的凭据之一，也是此笔销售交易轨迹的起点之一。此外，由于客户订购单是来自外部的引发销售交易的文件之一，有时也能为有关销售交易的“发生”认定提供补充证据。

## (二) 批准赊销信用

信用管理部门根据企业管理层的赊销政策以及对每个顾客已授权的信用额度进行赊销批准。信用管理部门的职员在收到销售单管理部门的销售单后，应将销售单的金额与该客户已被授权的赊销信用额度扣除其迄今尚欠账款余额后的差额进行比较，以决定是否继续给予赊销。执行人工赊销信用检查时，应合理划分工作责任，以切实避免销售人员为增加销售而使企业承担不适当的信用风险。

批准赊销信用

企业的信用管理部门通常应对每个新顾客进行信用调查，包括获取信用评级机构对客户信用等级的评定报告。批准或不批准赊销，都要求被授权的信用管理部门人员在销售单上签署意见，再将签署意见后的销售单返回销售单管理部门。

**【注意事项 11－2】** 设计信用批准控制的目的是降低坏账风险，因此，这些控制与应收账款账面余额的“计价和分摊”认定有关。信用管理部门与销售部门不能是同一部门，应当实施职责分离控制。

**（三）根据销售单编制发运凭证并发货**

企业管理层通常要求仓库管理人员只有在收到经过批准的销售单时才能编制发运凭证并供货。设计这项控制程序的目的是防止仓库在未经授权的情况下擅自发货。因此，已批准销售单的副联通常应送达仓库，作为仓库按销售单供货和发货给装运部门的授权依据。仓库部门对发出的商品要编制连续编号的出库单。

**（四）按销售单装运货物**

将按经批准的销售单供货与按销售单装运货物职责相分离，有助于避免负责装运货物的职员在未经授权的情况下装运产品。此外，装运部门职员在装运之前，还必须进行独立验证，以确定从仓库提取的商品都附有经批准的销售单，并且，所提取商品的内容与销售单一致。发运部门与仓库部门的职责应当分离。货物运抵指定地点后，由客户验收无误，取得其签署的发运凭证或验收单。

**（五）向客户开具发票**

开具发票是指开具并向客户寄送事先连续编号的销售发票。这项活动所针对的主要问题是：

（1）是否对所有装运的货物都开具了发票；

（2）是否只对实际装运的货物才开具发票，有无重复开具发票或虚构交易；

（3）是否按已授权批准的商品价目表所列价格计价开具发票。

为了降低开具发票过程中出现遗漏、重复、错误计价或其他差错的风险，应设立以下控制程序：

（1）开具发票部门职员在开具每张销售发票之前，独立检查是否存在发运凭证和相应的经批准的销售单；

（2）依据已授权批准的商品价目表开具销售发票；

（3）独立检查销售发票计价和计算的正确性；

（4）将发运凭证上的商品总数与相对应的销售发票上的商品总数进行比较。

上述控制程序有助于保证用于记录销售交易的销售发票的正确性。因此，这些控制与销售交易的“发生”“完整性”以及“准确性”认定有关。企业通常保留销售发票的存根联。

**（六）记录销售**

在手工会计系统中，记录销售的过程包括区分赊销、现销，按销售发票编制转账凭证或现金、银行存款收款凭证，再据以登记销售明细账和应收账款明细账或库存现金、银行存款日记账。

记录销售的控制程序包括以下内容：

(1) 依据有效的发运凭证和销售单记录销售。这些发运凭证和销售单应能证明销售交易的发生及其发生的日期。

(2) 控制所有事先连续编号的销售发票。

(3) 独立检查已销售发票上的销售金额与会计记录金额的一致性。

(4) 记录销售的职责应与处理销售交易的其他功能相分离。

(5) 对记录过程中所涉及的有关记录的接触权限予以限制，以减少未经授权批准的记录发生。

(6) 定期独立检查应收账款的明细账与总账的一致性。

(7) 由不负责现金出纳和销售及应收账款记账的人员定期向客户寄发对账单，对不符事项进行调查，必要时调整会计记录，编制对账情况汇总报告并交管理层审核。

**(七) 办理和记录现金、银行存款收入**

这项活动涉及的是有关货款收回，现金、银行存款增加以及应收账款减少的活动。在办理和记录现金、银行存款收入时，企业最应关心的是货币资金的安全。货币资金失窃或被侵占可能发生在货币资金收入登记入账之前或登记入账之后。处理货币资金收入时要保证全部货币资金都必须如数、及时地记入库存现金、银行存款日记账或应收账款明细账，并如数、及时地将现金存入银行。在这方面，汇款通知书起着很重要的作用。

**(八) 办理和记录销售退回、销售折扣与折让**

客户如果对商品不满意，销售企业一般都会同意接受退货，或给予一定的销售折让；客户如果提前支付货款，销售企业则可能会给予一定的销售折扣。发生此类事项时，必须经授权批准，并应确保与办理此事有关的部门和职员各司其职，分别控制实物流和会计处理。在这方面，严格使用贷项通知单无疑会起到关键的作用。

**【注意事项 11－3】** 销售退回、销售折扣与折让一般需经过授权批准，且需要定期核查销售退回手续是否齐全，退回货物是否及时入库。

**(九) 注销坏账**

不管赊销部门的工作如何主动，客户因经营不善、宣告破产、死亡等原因而不支付货款的事仍可能发生。销售企业若认为某项货款再也无法收回，就必须注销这笔货款。对这些坏账，正确的处理方法应该是获取货款无法收回的确凿证据，经适当审批后及时做会计调整。

**(十) 提取坏账准备**

企业一般定期对应收账款的可回收性进行评估，并基于一定的指标(如账龄、客户的财务状况等)计提坏账准备。坏账准备提取的数额必须能够抵补企业以后无法收回的销货款。

**【注意事项 11－4】** 企业需要定期对应收账款的信用风险进行评估，并且根据预期信用损失计提坏账准备。

**【例 11-1·单选题】** 销售与收款循环业务的起点是(　　)。

A. 顾客提出订货要求　　B. 向顾客提供商品或劳务

C. 商品或劳务转化为应收账款　　D. 收入货币资金

**【答案】** A。

**【解析】** 销售与收款业务是从顾客提出订货请求开始的,这是整个业务循环的起点。

## 三、涉及的主要凭证与会计记录

### (一) 客户订购单

客户订购单即客户提出的书面购货要求。企业可以通过销售人员或其他途径,如采用电话、信函和向现有的及潜在的客户发送订购单等方式接受订货,取得客户订购单。

### (二) 销售单

销售单是列示客户所订商品的名称、规格、数量以及其他与客户订购单有关信息的凭证,作为销售方内部处理客户订购单的凭据。

### (三) 发运凭证

发运凭证即在发运货物时填制,用以反映发出商品的规格、数量和其他有关内容的凭据。发运凭证的一联留给客户,其余联(一联或数联)由企业保留。该凭证可用做向客户开具账单的依据。通常其中有一联由客户在收到商品时签署并返还给销售方,用作销售方确认收入及向客户收取货款的依据。

### (四) 销售发票

销售发票通常包含已销售商品的名称、规格、数量、价格、销售金额等内容。以增值税发票为例,销售发票的两联(抵扣联和记账联)寄送给客户,一联由企业保留。销售发票也是在会计账簿中登记销售交易的基本凭据之一。

### (五) 商品价目表

商品价目表是列示已经授权批准的、可供销售的各种商品的价格清单。

### (六) 贷项通知单

贷项通知单是一种用来表示由于销售退回或经批准的折让而引起的应收销货款减少的凭证。这种凭证的格式通常与销售发票的格式类似。

### (七) 应收账款账龄分析表

通常,应收账款账龄分析表按月编制,反映月末尚未收回的应收账款总额的账龄,并详细反映每个客户月末尚未偿还的应收账款数额和账龄。它也是常见的计提应收账款的坏账准备的重要依据之一。

### (八) 应收账款明细账

应收账款明细账是用来记录每个客户各项赊销、还款、销售退回及折让的明细账。

### (九) 主营业务收入明细账

主营业务收入明细账是一种用来记录销售交易的明细账。它通常记载和反映不同类别商品或服务的营业收入的明细发生情况和总额。

### (十) 折扣与折让明细账

折扣与折让明细账是一种用来核算企业销售商品时,按销售合同规定为了及早收回货款而给予客户的销售折扣和因商品品种、质量等原因而给予客户的销售折让情况的明细账。企业也可以不设置折扣与折让明细账,而将该类业务直接记录于主营业务收入明细账。

### (十一) 汇款通知书

汇款通知书是一种与销售发票一起寄给客户,由客户在付款时再寄回销售单位的凭证。这种凭证注明了客户的姓名、销售发票号码、销售单位开户银行账号以及金额等内容。

### (十二) 现金日记账和银行存款日记账

现金日记账和银行存款日记账是用来记录应收账款的收回或现销收入以及其他各种现金、银行存款收入和支出的日记账。

### (十三) 坏账核销审批表

坏账核销审批表是一种用来批准将某些应收款项注销为坏账,仅在企业内部使用的凭证。

### (十四) 客户对账单

客户对账单是一种定期寄送给客户的用于购销双方定期核对账目的凭证。客户对账单上通常注明应收账款的月初余额、本期销售交易的金额、本期已收到的货款、贷项通知单的金额以及期末余额等内容。对账单可能是月度、季度或年度的,取决于企业的经营管理需要。

### (十五) 转账凭证

转账凭证是指记录转账业务的记账凭证。它是根据有关转账业务(即不涉及现金、银行存款收付的各项业务)的原始凭证编制的。企业记录赊销交易的会计凭证即为一种转账凭证。

### (十六) 现金和银行凭证

现金和银行凭证是指分别用来记录现金和银行存款收入业务和支付业务的记账凭证。

# 任务二 销售与收款循环的内部控制和控制测试

## 一、销售与收款循环中的内部控制

### (一) 适当的职责分离

适当的职责分离不仅是预防舞弊的必要手段,也有助于防止各种有意或无意的错误。例如,主营业务收入账如果是由记录应收账款之外的职员独立登记,并由另一位不负责账簿记录的职员定期调节总账和明细账，就构成了一项交互牵制；规定负责主营业务收入和应收账款记账的职员不得经手货币资金，也是防止舞弊的一项重要控制。另外，销售人员通常有一种追求更大销售数量的自然倾向，而不问它是否将以巨额坏账损失为代价，赊销的审批则在一定程度上可以抑制这种倾向。因此，赊销批准职能与销售职能的分离，也是一种理想的控制。

为确保办理销售与收款业务的不相容岗位相互分离、制约和监督，一个企业销售与收款业务相关职责适当分离的基本要求通常包括：

(1) 企业应当分别设立办理销售、发货、收款三项业务的部门(或岗位)；

(2) 企业在销售合同订立前，应当指定专门人员就销售价格、信用政策、发货及收款方式等具体事项与客户进行谈判；

(3) 谈判人员至少应有两人以上，并与订立合同的人员相分离；

(4) 编制销售发票通知单的人员与开具销售发票的人员应相互分离；

(5) 销售人员应当避免接触销货现款；

(6) 企业应收票据的取得和贴现必须经由保管票据以外的主管人员书面批准。

**【例 11-2·多选题】** 销售交易的不相容岗位分离通常包括(　　)。

A. 企业在销售合同订立前，应当指定专门人员就销售价格、信用政策、发货以及收款方式等具体事宜与客户进行谈判，谈判人员应有两人以上，并与订立合同的人员相分离

B. 销售人员应当避免接触销货现款

C. 企业应收票据的取得和贴现必须经由保管票据以外的主管人员书面批准

D. 赊销批准职能与销售职能的分离，也是一种理想的控制

**【答案】** ABCD。

**(二) 恰当的授权审批**

对于授权审批问题，注册会计师应当关注以下关键点上的审批程序：

(1) 在销售发生之前，赊销已经正确审批；

(2) 非经正当审批，不得发出货物；

(3) 销售价格、销售条件、运费、折扣等必须经过审批；

(4) 审批人应当根据销售与收款授权批准制度的规定，在授权范围内进行审批，不得超越审批权限；

(5) 对于超过企业既定销售政策和信用政策规定范围的特殊销售交易，需要经过适当的授权。

前两项控制的目的在于防止企业因向虚构的或者无力支付货款的客户发货而蒙受损失；价格审批控制的目的在于保证销售交易按照企业定价政策规定的价格开票收款；对授权审批范围设定权限的目的则在于防止因审批人决策失误而造成严重损失。

**【例 11-3·多选题】** 对于授权审批控制，企业应当关注的审批程序有(　　)。

A. 在销售发生之前，赊销已经正确审批

B. 非经正当审批，不得发出货物

C. 销售价格、销售条件、运费、折扣等必须经过审批

D. 审批人应当根据销售与收款授权批准制度的规定，在授权范围内进行审批，不得超越审批权限

**【答案】** ABCD。

**(三) 充分的凭证和记录**

充分的凭证和记录有助于企业执行各项控制以控制目标。例如，企业在收到客户订购单后，编制一份预先编号的一式多联的销售单，分别用于批准赊销、审批发货、记录发货数量以及向客户开具账单和销售发票等。在这种制度下，通过定期清点销售单和销售发票，可以避免漏开发票或漏记销售的情况。

**【例 11-4·单选题】** 为了确保所有发出的货物均已开具发票，注册会计师应从本年度（　　）中抽取样本，与相关的发票核对。

A. 货运文件　　B. 销售合同　　C. 销售订单　　D. 销售记账凭证

**【答案】** A。

**【解析】** 为了验证所有发出的货物是否均已开票，应从货运文件中抽取样本，与相关发票核对，看是否存在漏开的情形。

**(四) 凭证的预先编号**

对凭证预先进行编号，旨在防止销售以后遗漏向客户开具账单或登记入账，也可防止重复开具账单或重复记账。当然，如果对凭证的编号不做清点，预先编号就会失去其控制意义。定期检查全部凭证的编号，并调查凭证缺号或重号的原因，是实施这项控制的关键点。

**(五) 按月寄出对账单**

由不负责现金出纳和销售及应收账款记账的人员按月向客户寄发对账单，能促使客户在发现应付账款余额不正确后及时反馈有关信息。为了使这项控制更加有效，最好将账户余额中出现的所有核对不符的账项，指定一位既不掌管货币资金也不记录主营业务收入和应收账款账目的主管人员处理，然后由独立人员按月编制对账情况汇总报告并交管理层审阅。

**(六) 内部核查程序**

由内部审计人员或其他独立人员核查销售交易的处理和记录，是实现内部控制目标所不可缺少的一项控制措施。销售与收款内部控制检查的主要内容包括：

(1) 销售与收款交易相关岗位及人员设置情况。重点检查是否存在销售与收款交易不相容职务混岗的现象。

(2) 销售与收款交易授权批准制度的执行情况。重点检查授权批准手续是否健全，是否存在越权审批行为。

(3) 销售的管理情况。重点检查信用政策、销售政策的执行是否符合规定。

(4) 收款的管理情况。重点检查销售收入是否及时入账，应收账款的催收是否有效，坏账核销和应收票据的管理是否符合规定。

(5) 销售退回的管理情况。重点检查销售退回手续是否齐全，退回货物是否及时入库。

## 二、销售与收款循环存在的重大错报风险

与销售与收款循环相关的财务报表项目主要为营业收入和应收账款，此外还有应收票据、预收货款、长期应收款、应交税费、税金及附加等。以一般制造类企业的赊销为例，相应交易和余额存在的重大错报风险通常包括：

收入舞弊

(1) 收入确认存在舞弊风险。收入是利润的来源，直接关系到企业的财务状况和经营成果。有些企业往往为了达到粉饰财务报表的目的而采用虚增(发生认定)或隐瞒收入(完整性认定)等方式实施舞弊。

(2) 收入的复杂性导致错误。

(3) 发生的收入交易未能得到准确记录。

(4) 期末收入交易和收款交易可能未记录于正确的期间，包括销售退回交易的截止错误。

(5) 收款未及时入账或记入不正确的账户，因而导致应收账款(或应收票据/银行存款)的错报。

(6) 应收账款坏账准备的计提不准确。

## 三、销售与收款循环的控制测试

风险评估和风险应对是整个审计过程的核心，因此，注册会计师通常以识别的重大错报风险为起点，选取拟测试的控制并实施控制测试。表 11－1 列示了通常情况下，销售与收款循环存在的重大错报风险及实施的控制测试。

**表 11－1　销售与收款循环的风险及控制测试**

| 可能发生错报的环节(风险点) | 内部控制测试程序 |
|---|---|
| (一) 订单处理和赊销的信用控制 | |
| 可能向没有获得赊销授权或超出其信用额度的客户赊销 | 1. 询问员工销售单的生成过程，检查是否所有生成的销售单均有对应的客户订购单为依据<br>2. 检查系统中自动生成销售单的生成逻辑，是否确保满足客户范围及其信用控制的要求<br>3. 对系统外授权审批的销售单，检查其是否经过适当批准 |
| (二) 发运商品 | |
| ① 可能在没有批准发货的情况下发出商品 | 1. 检查系统内发运凭证的生成逻辑以及发运凭证是否连续编号<br>2. 询问并观察发运时保安人员的放行检查 |
| ② 发运商品与客户销售单可能不一致 | 检查例外报告和暂缓发货的清单 |

续　表

| 可能发生错报的环节(风险点) | 内部控制测试程序 |
|---|---|
| ③ 已发出的商品可能与发运凭证上的商品种类和数量不符 | 检查发运凭证上相关员工及客户的签名,作为发货一致的证据 |
| ④ 已销售商品可能未实际发运给客户 | 检查发运凭证上客户的签名,作为收货的证据 |
| (三) 开具发票 | |
| ① 商品发运可能未开具销售发票或已开出的发票没有发运凭证的支持 | 1. 检查系统生成发票的逻辑<br>2. 检查例外报告及跟进情况 |
| ② 定价或产品摘要不正确,以及销售单或发运凭证或销售发票代码输入错误,可能导致销售价格不正确 | 1. 检查文件以确定价格更改是否经过授权<br>2. 重新执行以确定打印出的更改后价格与授权是否一致<br>3. 通过检查 IT 的一般控制和收入交易的应用控制,确定正确的定价主文档版本是否已被用来生成发票<br>4. 如果发票由手工填写,检查发票中价格复核人员的签名。通过核对经授权的价格清单与发票上的价格,重新执行该核对过程 |
| ③ 发票上的金额可能出现计算错误 | 1. 检查与发票计算金额正确性相关的人员的签名<br>2. 重新计算发票金额,证实其是否正确 |
| (四) 记录赊销 | |
| ① 销售发票入账的会计期间可能不正确 | 1. 重新执行销售截止检查程序<br>2. 检查客户质询信件并确定问题是否得到解决 |
| ② 销售发票入账的金额可能不正确 | 1. 对调节项目进行检查,并调查原因是否合理<br>2. 检查客户质询信件并确定问题是否得到解决 |
| ③ 销售发票可能被记入不正确的应收账款明细账户 | 1. 检查应收账款客户主文档中明细余额汇总金额的调节结果与应收账款总分类账是否核对相符,以及负责该项工作的员工的签名<br>2. 检查客户质询信件并确定问题是否得到解决 |
| (五) 记录应收账款的收款 | |
| ① 应收账款记录的收款与银行存款可能不一致 | 1. 检查核对每日收款汇总表、电子版收款清单和银行存款清单的核对记录和核对人员签名<br>2. 检查银行存款余额调节表和负责编制的员工的签名<br>3. 检查客户质询信件并确定问题是否得到解决 |
| ② 收款可能被记入不正确的应收账款明细账户 | 1. 检查客户质询信件并确定问题是否得到解决<br>2. 检查管理层对应收账款账龄分析表的复核及跟进措施 |
| (六) 坏账准备计提及坏账核销 | |
| 坏账准备的计提可能不充分 | 1. 询问管理层如何复核坏账准备计提表的计算,检查是否有复核人员的签字<br>2. 检查坏账核销是否经过管理层的恰当审批 |
| (七) 记录现金销售 | |

续 表

| 可能发生错报的环节(风险点) | 内部控制测试程序 |
| --- | --- |
| 登记入账的现金收入与企业已经实际收到的现金不符 | 1. 实地观察收银台、销售点的收款过程,并检查在这些地方是否有足够的物理监控<br>2. 检查收款台打印销售小票和现金销售汇总表的程序设置和修改权限设置<br>3. 检查盘点记录和结算记录上负责计算现金和与销售汇总表相调节工作的员工的签名<br>4. 检查银行存款单和销售汇总表上的签名,证明已实施复核<br>5. 检查银行存款余额调节表的编制和复核人员的审核记录 |

# 任务三　销售与收款循环的实质性程序

## 一、营业收入的实质性程序

### (一) 营业收入的审计目标

营业收入的审计目标一般包括:

(1) 确定利润表中记录的营业收入是否已发生,且与被审计单位有关。(发生认定)

(2) 确定所有应当记录的营业收入是否均已记录。(完整性认定)

(3) 确定与营业收入有关的金额及其他数据是否已恰当记录,包括对销售退回、销售折扣与折让的处理是否适当。(准确性认定)

(4) 确定营业收入是否已记录于正确的会计期间。(截止认定)

(5) 确定营业收入是否已按照企业会计准则的规定在财务报表中做出恰当的列报。(列报)

### (二) 主营业务收入的一般实质性程序

(1) 获取营业收入项目明细表,并执行以下工作:

① 复核加计是否正确,并与总账和明细账合计数核对是否相符;

② 检查以非记账本位币结算的主营业务收入使用的折算汇率及折算是否正确。

(2) 实施实质性分析程序。

注册会计师应实施分析程序检查主营业务收入是否有异常变动和重大波动,从而在总体上对主营业务收入的真实性做出初步判断。一般分五个步骤:

① 针对已识别需要运用分析程序的有关项目,基于对被审计单位及其环境的了解,通过进行以下比较,同时考虑有关数据间关系的影响,以建立有关数据的期望值:

a. 将账面销售收入、销售清单和销售增值税销项清单核对。

b. 将本期销售收入与以前可比期间的对应数据或预算数比较。

c. 分析月度或季度销售量、销售单价、销售收入金额、毛利率变动趋势。

d. 将销售收入变动幅度与销售商品及提供劳务收到的现金、应收账款/合同资产、存货、税金等项目的变动幅度进行比较。

e. 将销售毛利率、应收账款/合同资产周转率、存货周转率等与可比期间数据、预算数或同行业其他企业数据进行比较。

f. 分析销售收入与销售费用之间的关系，包括销售人员的人均业绩指标、销售人员薪酬、广告费、差旅费，以及销售机构的设置、规模、数量、分布等。

g. 分析销售收入等财务信息与投入产出率、劳动生产率、产能、水电能耗、运输数量等非财务信息之间的关系。

② 确定可接受的差异额。

③ 将实际金额与期望值相比较，计算差异。

④ 如果其差额超过可接受的差异额，调查并获取充分的解释和恰当的、佐证性质的审计证据(如通过检查相关的凭证等)。需要注意的是，如果差异超过可接受差异额，注册会计师需要对差异额的全额进行调查证实，而非仅针对超出可接受差异额的部分。

⑤ 评估实质性分析程序的结果。

(3) 检查主营业务收入确认方法是否符合《企业会计准则》的规定。

**【知识链接 11－1】** 根据《企业会计准则第 14 号——收入》的规定，企业应当在履行了合同中的履约义务，以及在客户取得相关商品控制权时确认收入。取得相关商品控制权，是指能够主导该商品的使用并从中获得几乎全部的经济利益。

当企业与客户之间的合同同时满足下列条件时，企业应当在客户取得商品控制权时确认收入：

① 合同各方已批准该合同并承诺将履行各自义务；

② 合同明确了各方与所转让商品或提供劳务相关的权利义务；

③ 合同有明确的与所转让的商品相关的支付条款；

④ 合同具有商业实质，即履行该合同将改变企业未来现金流量的风险、时间分布或金额；

⑤ 企业因向客户转让商品而有权取得的对价很可能收回。

**【知识链接 11－2】** 根据《企业会计准则第 14 号——收入》的规定，分别对“在某一时段内履行的履约义务”和“在某一时点履行的履约义务”的收入确认做出了规定。

对于在某一时段内履行的履约义务，企业应当在该段时间内按照履约进度确认收入。当履约进度能够合理确定时，采用产出法或投入法确定恰当的履约进度。当履约进度不能合理确定时，企业已经发生的成本预计能够得到补偿的，应当按照已经发生的成本金额确认收入，直到履约进度能够合理确定为止。

对于在某一时点履行的履约义务，企业应当在客户取得相关商品的控制权时确认收入。在判断客户是否已取得商品控制权时，企业应当考虑下列 6 种迹象：① 企业就该商品享有现时收款权利，即客户就该商品负有现时付款义务；② 企业已将该商品的法定所有权转移给客户，即客户已拥有该商品的法定所有权；③ 企业已将该商品实物转移给客户，即客户已实物占有该商品；④ 企业已将该商品所有权上的主要风险和报酬转移给客户，即客户已取得该商品所有权上的主要风险和报酬；⑤ 客户已接受该商品；⑥ 其他表明客户已取得商品控制权的迹象。

(4) 核对收入交易的原始凭证与会计分录。

以主营业务收入明细账中的会计分录为起点,检查相应原始凭证(如订购单、销售单、发运凭证、发票等),以评价已入账的营业收入是否真实发生。检查订购单和销售单,用以确认存在真实的客户购买要求,销售交易已经过适当的授权批准。销售发票存根上所列的单价,通常还要与经过批准的商品价目表进行比较核对,对其金额小计和合计数也要进行复算。发票中列出的商品的规格、数量和客户代码等,则应与发运凭证进行比较核对,尤其是由客户签收商品的一联,确定已按合同约定履行了履约义务,可以确认收入。同时,还要检查原始凭证中的交易日期(客户取得商品控制权的日期),以确认收入计入了正确的会计期间。

(5) 从发运凭证(客户签收联)中选取样本,追查至主营业务收入明细账,以确定是否存在遗漏事项(完整性认定)。

**【注意事项 11-5】** 如果注册会计师测试收入的"完整"这一目标,起点应是发货凭证。为此,注册会计师需要确认全部发运凭证均已归档,这一般可以通过检查发运凭证的顺序编号来查明。

(6) 结合对应收账款实施的函证程序,选择主要客户函证本期销售额。

(7) 实施销售截止测试。

对销售实施截止测试,其目的主要在于确定被审计单位主营业务收入的会计记录归属期是否正确:应计入本期或下期的主营业务收入是否被推延至下期或提前至本期。

注册会计师对销售交易实施的截止测试可能包括以下程序:

① 选取资产负债表日前后若干天的发运凭证,与应收账款和收入明细账进行核对;同时,从应收账款和收入明细账选取在资产负债表日前后若干天的凭证,与发运凭证核对,以确定销售是否存在跨期现象。

② 复核资产负债表日前后的销售和发货水平,确定业务活动水平是否异常,并考虑是否有必要追加实施截止测试程序。

③ 取得资产负债表日后所有的销售退回记录,检查是否存在提前确认收入的情况。

④ 结合对资产负债表日应收账款的函证程序,检查有无未取得对方认可的销售。

**【例 11-5·多选题】** 对主营业务收入实施截止测试的目标主要包括(　　)。

A. 应归入下期的业务是否被提前到本期

B. 凭证的日期与账簿记录的日期是否接近

C. 应归入本期的业务是否被推迟到下期

D. 所测试账户的会计记录归属期是否正确

**【答案】** ACD。

(8) 检查销货退回。

存在销货退回的,检查相关手续是否符合规定,结合原始销售凭证检查其会计处理是否正确,结合存货项目审计关注其真实性。

(9) 检查销售折扣和折让。

企业在销售业务中,往往会因各种原因向客户提供销售折扣和折让,销售折扣和折让直接影响收入的确认和计量。

(10) 检查主营业务收入在财务报表中的列报和披露是否符合企业会计准则的规定。

**(三) 营业收入的特别审计程序**

除了上述较为常规的审计程序外,注册会计师还要根据被审计单位的特定情况和收入的重大错报风险程度,考虑是否有必要实施一些特别的审计程序:

(1) 附有销售退回条件的商品销售,评估对退货部分的估计是否合理,确定其是否按估计不会退货部分确认收入;

(2) 售后回购,了解回购安排属于远期安排、企业拥有回购选择权还是客户拥有回售选择权,确定企业是否根据不同的安排进行了恰当的会计处理;

(3) 以旧换新销售,确定销售的商品是否按照商品销售的方法确认收入,回收的商品是否作为购进商品处理;

(4) 出口销售,确定其是否按离岸价格、到岸价格或成本加运费价格等不同的定价和成交方式,确定收入确认的时点和金额。

**【注意事项 11-6】** 如果识别出被审计单位收入真实性存在重大异常情况,且通过常规程序无法获取充分、适当的审计证据,注册会计师需要考虑实施"延伸检查"程序,即对检查范围进行合理延伸,以应对识别出的舞弊风险。

## 二、应收账款的实质性程序

**(一) 应收账款的审计目标**

应收账款的审计目标一般包括:

(1) 确定资产负债表中记录的应收账款是否存在。(存在认定)

(2) 确定所有应当记录的应收账款是否均已记录。(完整性认定)

(3) 确定记录的应收账款是否由被审计单位拥有或控制。(权利和义务认定)

(4) 确定应收账款是否可收回,坏账准备的计提方法和比例是否恰当,计提是否充分。(计价与分摊认定)

(5) 确定应收账款及其坏账准备是否已按照企业会计准则的规定在财务报表中做出恰当列报。(列报)

**【例 11-6·单选题】** 审计人员审计应收账款的目的,不包括(　　)。

A. 确定应收账款内部控制的存在性

B. 确定应收账款记录的完整性

C. 确定应收账款的是否可收回

D. 确定应收账款在财务报表上披露的恰当性

**【答案】** A。

**(二) 应收账款的实质性程序**

(1) 取得应收账款明细表。

① 复核加计正确,并与总账数和明细账合计数核对是否相符;结合坏账准备科目与报表数核对是否相符。应当注意,应收账款报表数反映企业因销售商品、提供劳务等应向

购买单位收取的各种款项，减去已计提的相应的坏账准备后的净额。

② 检查非记账本位币应收账款的折算汇率及折算是否正确。对于用非记账本位币(通常为外币)结算的应收账款，注册会计师应检查被审计单位外币应收账款的增减变动是否采用交易发生日的即期汇率将外币金额折算为记账本位币金额，或者采用按照系统合理的方法确定的、与交易发生日即期汇率近似的汇率折算，选择采用汇率的方法前后各期是否一致；期末外币应收账款余额是否采用期末即期汇率折合为记账本位币金额，折算差额的会计处理是否正确。

③ 分析有贷方余额的项目，查明原因，必要时，建议做重分类调整。

④ 结合其他应收款、预收款项等往来项目的明细余额，调查有无同一客户多处挂账、异常余额或有无与销售无关的其他款项(如代销账户、关联方账户或员工账户)。如有，应做出记录，必要时提出调整建议。

(2) 分析与应收账款相关的财务指标。

① 复核应收账款借方累计发生额与主营业务收入关系是否合理，并将当期应收账款借方发生额占销售收入净额的百分比与管理层考核指标和被审计单位相关赊销政策比较，如存在异常应查明原因。

② 计算应收账款周转率、应收账款周转天数等指标，并与被审计单位相关赊销政策、被审计单位以前年度指标、同行业同期相关指标对比分析，检查是否存在重大异常。

(3) 检查应收账款账龄分析是否正确。

① 获取应收账款账龄分析表。

被审计单位通常会编制应收账款账龄分析报告，以监控货款回收情况、及时识别可能无法收回的应收账款并作为计提坏账准备的依据之一。注册会计师可以通过查看应收账款账龄分析表了解和评估应收账款的可回收性。

应收账款账龄分析表参考格式如表 11－2 所示。

**表 11－2　应收账款账龄分析表**

年　　月　　日　　　　　　　　　　货币单位：

| 客户名称 | 期末余额 | 账　龄 | | | |
|---|---|---|---|---|---|
| | | 1 年以内 | 1～2 年 | 2～3 年 | 3 年以上 |
| | | | | | |
| 合　计 | | | | | |

应收账款的账龄，通常是指资产负债表中的应收账款从销售实现、产生应收账款之日起，至资产负债表日止所经历的时间。编制应收账款账龄分析表时，可以考虑选择重要的客户及其余额列示，而将不重要的或余额较小的汇总列示。应收账款账龄分析表的合计数减去已计提的相应坏账准备后的净额，应该等于资产负债表中的应收账款项目余额。

**【例 11－7・单选题】** 注册会计师分析应收账款的账龄可以通过(　　)

A. 编制应收账款明细账　　　　B. 索取应收账款账龄分析表

C. 审查应收账款明细账　　　　D. 编制资产负债表

【答案】 B。

【解析】 注册会计师可以通过获取或编制应收账款账龄分析表来分析应收账款的账龄。

② 测试应收账款账龄分析表计算的准确性，并将应收账款账龄分析表中的合计数与应收账款总分类账余额相比较，并调查重大调节项目。

③ 从账龄分析表中抽取一定数量的项目，追查至相关的原始凭证，测试账龄划分的准确性。

(4) 对应收账款实施函证程序。

应收账款函证

函证应收账款的目的在于证实应收账款账户余额的真实性、正确性，防止或发现被审计单位及其有关人员在销售交易中发生的错误或舞弊行为。通过第三方提供的函证回复，可以比较有效地证明被询证者(即债务人)的存在和被审计单位记录的可靠性。注册会计师应当考虑被审计单位的经营环境、内部控制的有效性、应收账款账户的性质、被询证者处理询证函的习惯做法及回函的可能性等，以确定应收账款函证的范围、对象、方式和时间。

① 函证决策。除非有充分证据表明应收账款对被审计单位财务报表而言是不重要的，或者函证很可能是无效的，否则，注册会计师应当对应收账款进行函证。如果注册会计师不对应收账款进行函证，应当在审计工作底稿中说明理由。如果认为函证很可能是无效的，注册会计师应当实施替代审计程序，获取相关、可靠的审计证据。

② 函证的范围和对象。函证范围是由诸多因素决定的，主要有：

a. 应收账款在全部资产中的重要性。若应收账款在全部资产中所占的比重较大，则函证的范围应相应大一些。

b. 被审计单位内部控制的强弱。若内部控制制度较健全，则可以相应减少函证量；反之，则应相应扩大函证范围。

c. 以前期间的函证结果。若以前期间函证中发现过重大差异，或欠款纠纷较多，则函证范围应相应扩大一些。

一般情况下，注册会计师应选择以下项目作为函证对象：大额或账龄较长的项目；与债务人发生纠纷的项目；重大关联方项目；主要客户(包括关系密切的客户)项目；交易频繁但期末余额较小甚至余额为零的项目；可能产生重大错报或舞弊的非正常的项目。

【例 11-8·单选题】 注册会计师负责对甲公司 20×1 年度财务报表进行审计。在确定函证对象时，下列项目中应当进行函证的是(　　)。

A. 函证很可能无效的应收款项

B. 交易频繁但期末余额较小的应收款项

C. 执行其他审计程序可以确认的应收款项

D. 应收纳入审计范围内子公司的款项

【答案】 B。

【解析】 根据《函证》的具体准则，注册会计师应选择的函证对象主要为：大额或账龄长的；与债务人发生纠纷的；关联方；主要客户；交易频繁但期末余额较小的以及非正常项目。题目中选项 B 属于应进行函证的项目。

③ 函证的方式。注册会计师可采用积极的或消极的函证方式实施函证，也可将两种方式结合使用。

a. 肯定式函证，又称正面式、积极式函证，就是向债务人发出询证函，要求其证实所函证的欠款是否正确，无论对错都要求复函。

**【例 11－9・单选题】** 审查应收账款最重要的实质性测试程序是(　　)。

A. 函证　　B. 询问　　C. 观察　　D. 计算

**【答案】** A。

**【解析】** 除非有充分证据表明应收账款对被审计单位财务报表而言是不重要的，或者函证很可能是无效的，否则，注册会计师应当对应收账款进行函证。

财政部、中国人民银行制定的肯定式询证函参考格式如下：

**企业询证函**

××公司：　　　　　　　　　　　　　　　　　　　编号：

本公司聘请的××会计师事务所正在对本公司20××年度财务报表进行审计，按照中国注册会计师审计准则的要求，应当询证本公司与贵公司的往来账项等事项。下列数据出自本公司账簿记录，如与贵公司记录相符，请在本函下端“信息证明无误”处签章证明；如有不符，请在“信息不符”处列明不符金额。回函请直接寄至××会计师事务所。

回函地址：

邮编：　　　　电话：　　　　传真：　　　　联系人：

1. 本公司与贵公司的往来账项列示如下：

单位：元

| 截止日期 | 贵公司欠 | 欠贵公司 | 备　注 |
|---|---|---|---|
| | | | |
| | | | |

2. 其他事项。

本函仅为复核账目之用，并非催款结算。若款项在上述日期之后已经付清，仍请及时函复为盼。

(公司盖章)

年　　月　　日

结论：1. 信息证明无误。

(公司盖章)

年　　月　　日

经办人：

2. 信息不符，请列明不符的详细情况：

(公司盖章)

年　　月　　日

经办人：

b. 否定式函证，又称反面式、消极式函证，它也是向债务人发出询证函，但所函证的款项相符时不必复函，只有在所函证的款项不符时才要求债务人向注册会计师复函。

否定式询证函格式如下：

**企业询证函**

××公司：　　　　　　　　　　　　　　　　　　　　　编号：

本公司聘请的××会计师事务所正在对本公司财务报表进行审计，按照中国注册会计师审计准则的要求，应当询证本公司与贵公司的往来账项等事项。下列数据出自本公司账簿记录，如与贵公司记录相符，则无须回复；如有不符，请直接通知会计师事务所，并请在空白处列明贵公司认为是正确的信息。回函请直接寄至××会计师事务所。

回函地址：

邮编：　　　　电话：　　　　传真：　　　　联系人：

1. 本公司与贵公司的往来账项列示如下：

| 截止日期 | 贵公司欠 | 欠贵公司 | 备　注 |
| --- | --- | --- | --- |
| | | | |
| | | | |

2. 其他事项。

本函仅为复核账目之用，并非催款结算。若款项在上述日期之后已经付清，仍请及时核对为盼。

（公司盖章）

年　　月　　日

××会计师事务所：

上面的信息不正确，差异如下：

（公司盖章）

年　　月　　日

经办人：

注册会计师采用哪种函证方式，可以根据下述情形做出选择。

当债务人符合下列情况时，采用肯定式函证较好：a. 个别账户的欠款金额较大；b. 有理由相信欠款可能存在争议、差错等问题。

当债务人符合以下所有条件时，可以采用否定式函证：a. 相关的内部控制是有效的，固有风险和控制风险评估为低水平；b. 预计差错率较低；c. 欠款余额小的债务人数量很多；d. 注册会计师有理由确信大多数被函证者能认真对待询证函，并对不正确的情况予以反馈。

有时候两种函证方式结合起来使用可能更适宜：对于单项金额重大账项采用肯定式函证，对于小金额账项则采用否定式函证。

④ 函证时间的选择。注册会计师通常以资产负债表日为截止日，在资产负债表日后适当时间内实施函证。如果重大错报风险评估为低水平，注册会计师可选择资产负债表

日前适当日期为截止日实施函证，并对所函证项目自该截止日起至资产负债表日止发生的变动实施其他实质性程序。

⑤ 函证的控制。注册会计师通常利用被审计单位提供的应收账款明细账户名称及客户地址等资料据以编制询证函，但注册会计师应当对确定需要确认或填列的信息、选择适当的被询证者、设计询证函以及发出和跟进（包括收回）询证函保持控制。

⑥ 对不符事项的处理。对回函中出现的不符事项，注册会计师需要调查核实原因，确定其是否构成错报。注册会计师不能仅通过询问被审计单位相关人员对不符事项的性质和原因得出结论，而是要在询问原因的基础上，检查相关的原始凭证和文件资料予以证实。必要时与被询证方联系，获取相关信息和解释。对应收账款而言，登记入账的时间不同而产生的不符事项主要表现为：a. 询证函发出时，债务人已经付款，而被审计单位尚未收到货款；b. 询证函发出时，被审计单位的货物已经发出并已做销售记录，但货物仍在途中，债务人尚未收到货物；c. 债务人由于某种原因将货物退回，而被审计单位尚未收到；d. 债务人对收到的货物的数量、质量及价格等方面有异议而全部或部分拒付货款等。如果不符事项构成错报，注册会计师应当评价该错报是否表明存在舞弊，并重新考虑所实施审计程序的性质、时间安排和范围。

⑦ 对未回函项目实施替代程序。

如果未收到被询证方的回函，注册会计师应当实施替代审计程序。例如：a. 检查资产负债表日后收回的货款，但不能仅查看贷方发生额，要查看相关收款单据，以证实付款方确为该客户且确与资产负债表日的应收账款相关；b. 检查相关的销售合同、销售单、发运凭证等文件，根据被审计单位收入确认条件和时点，确定能够证明收入发生的凭证；c. 检查被审计单位与客户之间的往来邮件，如有关发货、对账、催款等事宜的邮件。

（5）对应收账款余额实施函证以外的细节测试。

（6）检查坏账的冲销和转回。

首先，注册会计师检查有无债务人破产或死亡的，以及破产或以遗产清偿后仍无法收回的，或者债务人长期未履行清偿义务的应收账款；其次，应检查被审计单位坏账的处理是否经授权批准，有关会计处理是否正确。

（7）确定应收账款的列报是否恰当。

除了企业会计准则要求的披露之外，如果被审计单位为上市公司，注册会计师还要评价其披露是否符合证券监管部门的特别规定。

**（三）坏账准备的实质性程序**

应收账款属于以摊余成本计量的金融资产，企业应当以预期信用损失为基础，对其进行减值会计处理并确认损失准备。以下阐述坏账准备审计常用的实质性程序：

（1）取得坏账准备明细表，复核加计是否正确，与坏账准备总账数、明细账合计数核对是否相符。将应收账款坏账准备本期计提数与资产减值损失相应明细项目的发生额核对是否相符。

（2）检查应收账款坏账准备计提和核销的批准程序，取得书面报告等证明文件，结合应收账款函证回函结果，评价计提坏账准备所依据的资料、假设及方法。

企业应合理预计信用损失并计提坏账准备，不得多提或少提，否则应视为滥用会计估计，按照前期差错更正的方法进行会计处理。

(3) 实际发生坏账损失的，检查转销依据是否符合有关规定，会计处理是否正确。

对有确凿证据表明确实无法收回的应收账款，如债务单位已撤销、破产、资不抵债、现金流量严重不足等，企业应根据管理权限，经股东(大)会或董事会，或经理(厂长)办公会或类似机构批准作为坏账损失，冲销提取的坏账准备。

(4) 已经确认并转销的坏账重新收回的，检查其会计处理是否正确。

(5) 确定应收账款坏账准备的披露是否恰当。企业应当在财务报表附注中清晰地说明坏账的确认标准、坏账准备的计提方法和计提比例。

## 概念索引

销售与收款循环　内部控制　营业收入实质性测试　应收账款实质性测试

## 项目总结

销售与收款业务是企业的主要经营业务之一，是决定企业收入的重要经营环节。注册会计师可以根据内部控制的评价结果，运用检查、查询、函证、计算、分析性程序等方法，对销售与收款循环中涉及的各项账户余额和交易种类进行实质性测试，以实现特定的审计目标。

销售与收款循环包括十大业务活动：接受客户订购单；批准赊销信用；按销售单供货；按销售单装运货物；向客户开具账单；记录销售；办理和记录现金、银行存款收入；办理和记录销售退回、销售折扣和折让；注销坏账；提取坏账准备。

销售交易的内部控制包括适当的职责分离；恰当的授权审批；充分的凭证记录；凭证的预先编号；按月寄出对账单；内部核查过程。

销售交易的细节测试包括登记入账的交易是真实的；已发生的销售交易均已登记入账；登记入账的销售交易均经正确计价；登记入账的销售交易分类恰当；销售交易的记录及时；销售交易已正确地记入明细账并正确地汇总。

## 项目练习

### 一、单选题

1. 针对销售与收款循环的主要单据与会计记录，下列说法中不正确的是(　　)。

A. 发运凭证的一联留给客户，其余联由企业保留，通常其中有一联由客户在收到商品时签署并返还给销售方，用作销售方确认收入及向客户收取货款的依据

B. 销售发票是在会计账簿中登记销售交易的基本凭据之一

C. 企业管理层通常要求商品仓库管理人员只有在收到经过批准的销售单时才能编

制发运凭证并供货

D. 应收账款账龄分析表应当按年编制，反映年末应收账款总额的账龄区间，并详细反映每个客户年末应收账款金额和账龄

2. 下列与销售相关的内部控制中，与营业收入的发生认定直接相关的是(　　)。

A. 仓库管理人员只有在收到经批准的销售单时才能编制发运凭证并供货

B. 负责开具销售发票的员工无权修改开票系统中已设置好的商品价目表

C. 依据有效的发运凭证和销售单以及销售发票记录销售

D. 一般于资产负债表日对应收账款的信用风险进行评估，并根据预期信用损失计提坏账准备

3. 下列有关舞弊风险的说法中正确的是(　　)。

A. 金额大的存货项目一定会存在舞弊

B. 应收账款作为重要项目，在审计时应当直接假定其存在舞弊风险

C. 注册会计师应当直接假定收入确认存在舞弊风险

D. 注册会计师在关联方审计中，应当直接假定超出正常经营过程的关联方交易存在舞弊风险

4. 下列关于函证应收账款的说法中，不正确的是(　　)。

A. 注册会计师应当对应收账款实施函证程序，除非有充分证据表明应收账款对被审计单位财务报表而言是不重要的，并且与之相关的重大错报风险很低

B. 函证应收账款的目的在于证实应收账款账户余额是否真实准确

C. 如果不对应收账款进行函证，注册会计师应当在审计工作底稿中说明理由

D. 注册会计师根据被审计单位的经营环境、内部控制的有效性、应收账款账户的性质、被询证者处理询证函的习惯做法及回函的可能性等，确定应收账款函证的范围、对象、方式和时间

5. 下列审计程序中，能够发现被审计单位高估应收账款的是(　　)。

A. 从发运凭证追查至应收账款明细账

B. 检查销售发票连续编号的完整性

C. 检查应收账款记账凭证是否后附销售发票、发运凭证等原始凭证

D. 检查发运凭证连续编号的完整性

## 二、多选题

1. 以下有关职责分离的说法中恰当的有(　　　)。

A. 适当的职责分离不仅是预防舞弊的必要手段，也有助于防止各种有意或无意的错误

B. 主营业务收入账系由记录主营业务成本之外的员工独立登记，并由另一位不负责账簿记录的员工定期调节总账和明细账，构成一项交互牵制

C. 负责主营业务收入和应收账款记账的员工不得经手货币资金，是防止舞弊的一项重要控制

D. 销售人员通常有一种追求更大销售数量的自然倾向，赊销的审批则在一定程度上可以抑制这种倾向

2. 某被审计单位为一般制造型企业，针对其以赊销为主的销售模式，相关交易和余额存在的重大错报风险通常包括(　　)。

A. 收入确认存在的舞弊风险

B. 收入的复杂性可能导致的错误

C. 期末收入交易和收款交易可能未计入正确的期间，包括销售退回交易的截止错误

D. 收款未及时入账或记入不正确的账户，因而导致应收账款的错报

3. 针对应收账款实施函证程序，如果未收到被询证方的回函，注册会计师应当实施的替代审计程序包括(　　)。

A. 检查资产负债表日后收回的货款，查看应收账款的贷方发生额及相关的收款单据，以证实付款方确为该客户且确与资产负债表日的应收账款相关

B. 检查相关的销售合同、销售单、发运凭证等文件

C. 检查被审计单位与客户之间的往来邮件，如有关发货、对账、催款等事宜的邮件

D. 向以前审计过程中接触不多的被审计单位员工询问

4. 下列各项中，属于销售与收款循环涉及的主要凭证的有(　　)。

A. 请购单　　B. 发运凭证

C. 验收及入库单　　D. 折扣与折让明细账

5. 企业在销售交易中通常需要经过审批的单据包括(　　)。

A. 商品价目表　　B. 销售单　　C. 销售发票　　D. 贷项通知单

## 三、判断题

1. 客户订购单是销售业务流程的起点。(　　)

2. 仓库管理人员需要根据已批准的销售单才能编制发运凭证并供货。(　　)

3. 收入的完整性认定存在舞弊风险的可能性较大，而存在认定则通常不存在舞弊风险。(　　)

4. 注册会计师应当对应收账款实施函证程序，除非有充分证据表明应收账款对财务报表不重要，且函证很可能无效。(　　)

5. 如果未收到被询证方的回函，注册会计师应当实施替代审计程序。(　　)

## 四、思考题

1. 销售与收款循环涉及的业务活动包括哪些？

2. 营业收入的审计目标包括哪些？

3. 注册会计师对销售交易实施的截止测试可能包括哪些审计程序？

4. 营业收入的特别审计程序包括哪些？

5. 对未回函项目实施的替代程序包括哪些？

## 五、案例题

**资料：**

A 注册会计师在审计工作底稿中记录了甲公司销售与收款循环的内部控制，部分内

容摘录如下：

(1) 企业的信用管理部门通过应对每个新客户进行信用调查，如果批准赊销，被授权的信用管理部门人员在销售单上签署意见；如果不批准赊销，则直接将销售单退回销售单管理部门。

(2) 开具账单部门审核发运单和销售单后开具销售发票，在保留副本后将相关单据送交会计部门职员G审核。会计部门职员G核对无误后登记主营业务收入明细账和应收账款明细账。

(3) 对于可能成为坏账的应收账款由管理层审批后进行会计处理。

(4) 每月末，财务部向客户寄送对账单，如客户未及时回复，销售人员需要跟进，如客户回复表明差异超过该客户欠款余额的5%，则进行调查。

(5) 销售部门和仓库部门每月月末核对发货通知单和出库单，并将核对结果交销售部经理审阅。

**要求：**针对上述第(1)至(5)项，假定不考虑其他条件，逐项指出所列控制的设计是否恰当。如不恰当，简要说明理由。

拓展阅读资料　　思政园地

# 项目十二
# 采购与付款循环审计

## 知识目标

1. 了解采购与付款循环的业务活动和涉及的主要凭证。
2. 熟悉采购与付款循环的内部控制测试程序。
3. 掌握应付账款审计的实质性程序。

## 技能目标

1. 能评估采购与付款循环的重大错报风险。
2. 能对采购与付款循环实施控制测试,找出内控存在的关键问题。
3. 能对应付账款实施实质性程序,揭示其可能存在的重大错报。

## 案例导入

### 采购案例

M公司因管理不善出现了严重的经营失败,公司管理层为了掩盖经营失败的事实,大量篡改会计记录,如把经营损失改成巨额盈利,同时虚列预付账款,大量伪造购货退款与折让,从而冲减应付账款余额,提高流动比率和存货周转率。这一系列操作达到了美化财务报表的效果。

注册会计师对该公司的预付账款审计时,只是从近 1 000 家供应商中抽取 6 家发函询证,并且要求该公司提供另外 21 家的预付账款的内部证明文件,显然抽取 27 个样本不能提供充分的证据证明所有预付账款的存在,且对收到的回函中明确指出“预付账款不存在”的情况也选择了漠视,同时,仅仅依靠内部证据证明这 21 家预付账款存在也是不合理的;面对购货退回等冲减大量的应付账款,注册会计师迫于公司的压力,允许公司人员先与被询证方通话,致使审计程序无法独立进行。

最终,注册会计师在与该公司管理层的讨价还价中出具了无保留意见的审计报告,该公司凭借审计报告得以股票上市从而取得股权融资。不久后,该公司财务舞弊事件暴露,公司破产,会计师事务所与签字的注册会计师也承担了相应的法律责任。

**思考:**

在该采购案例中,注册会计师应该如何实施审计程序?

# 任务一　采购与付款循环概述

## 一、采购与付款循环的内容

采购与付款循环包括购买商品和劳务，以及企业在经营活动中为获取收入而发生的直接或间接的支出。该循环所涉及的业务与资产负债表项目相关程度较高，因此对资产负债表中相关项目的审计比较关注。

采购与付款循环的主要业务活动如图 12－1 所示。

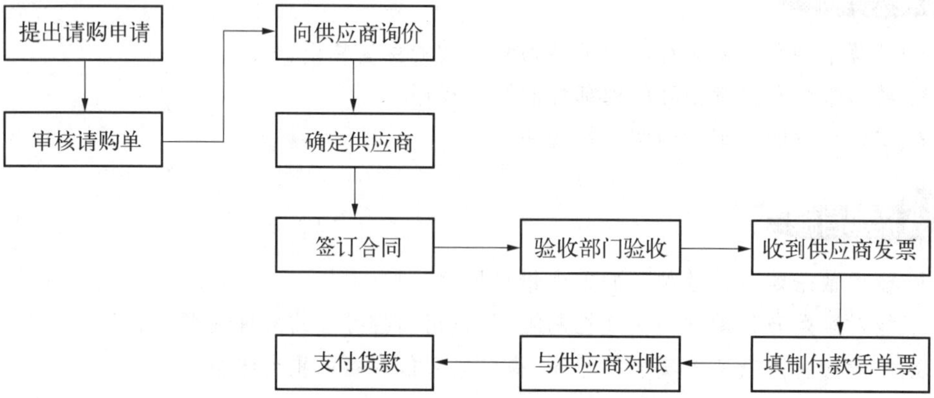


**图 12－1　采购与付款循环的主要业务活动**

## 二、涉及的主要业务活动

企业应将各项职能活动指派给不同的部门或职员来完成。这样，每个部门或员工都可以独立检查其他部门和员工工作的合规性。下面以一般制造类企业采购商品为例，详细阐述采购与付款循环中的主要环节。

### (一) 制订采购计划

基于企业的生产经营计划，生产、仓库等部门定期编制采购计划，经部门负责人等适当的管理人员审批后提交采购部门，具体安排商品及服务采购。

### (二) 供应商认证及信息维护

企业通常对于合作的供应商事先进行资质等审核，将通过审核的供应商信息录入系统，形成完整的供应商清单，并及时对其信息变更进行更新。采购部门只能向通过审核的供应商进行采购。

### (三) 请购商品和劳务

生产部门根据采购计划，对需要购买的已列入存货清单的原材料等项目填写请购单，其他部门也可以对所需要购买的商品或劳务编制请购单。大多数企业对正常经营所需物资的购买均作一般授权，如生产部门在现有库存达到再订购点时就可直接提出采购申请，其他部门也可为正常的维修工作和类似工作直接申请采购有关物品。但对资本支出和租赁合同，企业则通常要求作特别授权，只允许指定人员提出请购。请购单可由手工或计算机编制。由于企业内不少部门都可以填列请购单，可分别部门设置请购单的连续编号，为了加强控制，每张请购单必须经过对这类支出预算负责的主管人员签字批准。

请购单是证明有关采购交易的“发生”认定的凭据之一，也是采购交易轨迹的起点。

**【例 12-1·单选题】** 在企业内部控制制度比较健全的情况下，下列凭证中的（ ）既可以证明有关采购交易的“发生”认定，同时也是采购交易轨迹的起点。

A. 订购单　　B. 请购单　　C. 验收单　　D. 付款凭单

**【答案】** A。

**（四）编制订购单**

采购部门在收到请购单后，只能对经过批准的请购单发出订购单。对每张订购单，采购部门应确定最佳的供应来源。对一些大额、重要的采购项目，应采取竞价方式来确定供应商，以保证供货的质量、及时性和成本的低廉。

订购单应正确填写所需要的商品品名、数量、价格、厂商名称和地址等，预先予以顺序编号并经过被授权的采购人员签名。其正联应送交供应商，副联则送至企业内部的验收部门、应付凭单部门和编制请购单的部门。随后，应独立检查订购单的处理，以确定是否确实收到商品并正确入账。这项检查与采购交易的“完整性”和“发生”认定有关。

**【例 12-2·单选题】** 由采购部门编制，向另一企业购买该单上所指定商品、劳务或其他资产的书面凭证是（ ）。

A. 订购单　　B. 请购单　　C. 验收单　　D. 付款凭单

**【答案】** A。

**（五）验收商品**

有效的订购单代表企业已授权验收部门接受供应商发运来的商品。验收部门首先应比较所收商品与订购单上的要求是否相符，如商品的品名、摘要、数量、到货时间等，然后再盘点商品并检查商品有无损坏。

验收后，验收部门应对已收货的每张订购单编制一式多联、预先按顺序编号的验收单，作为验收和检验商品的依据。验收人员将商品送交仓库或其他请购部门时，应取得经过签字的收据，或要求其在验收单的副联上签收，以确立他们对所采购的资产应负的保管责任。验收人员还应将其中的一联验收单送交应付凭单部门。

验收单是支持资产或费用以及与采购有关的负债的“存在或发生”认定的重要凭证。定期独立检查验收单的顺序以确定每笔采购交易都已编制凭单，则与采购交易的“完整性”认定有关。

**（六）储存已验收的商品**

将已验收商品的保管与采购的其他职责相分离，可减少未经授权的采购和盗用商品的风险。存放商品的仓储区应相对独立，限制无关人员接近。这些控制与商品的“存在”认定有关。

**（七）编制付款凭单**

记录采购交易之前，应付凭单部门应核对订购单、验收单和卖方发票的一致性并编制付款凭单。这项控制的功能包括：

（1）确定供应商发票的内容与相关的验收单、订购单的一致性。

（2）确定供应商发票计算的正确性。

（3）编制有预先顺序编号的付款凭单，并附上支持性凭证（如订购单、验收单和供应商发票等）。这些支持性凭证的种类，因交易对象的不同而不同。

（4）独立检查付款凭单计算的正确性。

（5）在付款凭单上填入应借记的资产或费用账户名称。

（6）由被授权人员在凭单上签字，以示批准照此凭单要求付款。所有未付凭单的副联应保存在未付凭单档案中，以待日后付款。

经适当批准和预先编号的凭证为记录购货交易提供了依据。这些控制与“存在”“发生”“完整性”“权利和义务”和“计价和分摊”等认定有关。

**（八）确认与记录负债**

正确确认已验收货物和已接受劳务的债务，对企业财务报表和实际现金支出具有重大影响。与应付账款确认和记录相关的部门一般有责任核查购置的财产，并在应付凭单登记簿或应付账款明细账中加以记录。在收到供应商发票时，应付账款部门应将发票上所记载的品名、规格、价格、数量、条件及运费与订购单上的有关资料核对，如有可能，还应与验收单上的资料进行比较。

应付账款确认与记录的一项重要控制是要求记录现金支出的人员不得经手现金、有价证券和其他资产。恰当的凭证、记录与记账手续，对业绩的独立考核和应付账款职能而言是必不可少的控制。

对每月月末尚未收到供应商发票的情况，则需要根据验收单和订购单暂估相关负债。

**（九）付款**

企业在准备付款前，应核对付款条件，并检查资金是否充足。在签发支票的同时登记支票簿和日记账，以便登记每一笔付款。已签发的支票连同有关发票、合同凭证应送交有关负责人审核签字，并将支票送交供应商。这一环节是付款活动的关键环节，应采用邮寄或其他方式以保证支票安全地送到供应商手中。

通常由应付凭单部门负责确定未付凭单在到期日付款。企业有多种款项结算方式，以支票结算方式为例，编制和签署支票的有关控制包括：

（1）独立检查已签发支票的总额与所处理的付款凭单的总额的一致性。

（2）应由被授权的财务部门的人员负责签署支票。

（3）被授权签署支票的人员应确定每张支票都附有一张已经适当批准的未付款凭单，并确定支票收款人姓名和金额与凭单内容的一致。

（4）支票一经签署就应在其凭单和支持性凭证上加盖印戳或打洞等方式将其注销，以免重复付款。

（5）支票签署人不应签发无记名甚至空白支票。

(6) 支票应预先顺序编号,保证支出支票存根的完整性和作废支票处理的恰当性。

(7) 应确保只有被授权的人员才能接近未使用的空白支票。

**(十) 记录现金、银行存款支出**

以记录银行存款支出为例,有关控制包括:

(1) 会计主管应独立检查记入银行存款日记账和应付账款明细账的金额的一致性,以及与支票汇总记录的一致性。

(2) 通过定期比较银行存款日记账记录的日期与支票副本的日期,独立检查入账的及时性。

(3) 独立编制银行存款余额调节表。

## 三、涉及的主要凭证与会计记录

采购与付款交易通常要经过请购—订货—验收—付款这样的程序,同销售与收款交易一样,在内部控制比较健全的企业,处理采购与付款交易通常需要使用很多凭证与会计记录。以一般制造业为例,典型的采购与付款循环所涉及的主要凭证与会计记录有以下几种。

**(一) 采购计划**

企业以销售和生产计划为基础,考虑供需关系及市场计划变化等因素,制定采购计划,并经适当的管理层审批后执行。

**(二) 供应商清单**

企业通过文件审核及实地考察等方式对合作的供应商进行认证,对通过认证的供应商进行手工或系统维护,并及时进行更新。

**(三) 请购单**

请购单是由产品制造、资产使用等部门的有关人员填写,送交采购部门,申请购买商品、劳务或其他资产的书面凭证。

**(四) 订购单**

订购单是由采购部门填写,经适当的管理层审核后发送供应商,是向供应商购买订购单上所指定的商品、劳务或其他资产的书面凭证。

**(五) 验收单**

验收单是收到商品、资产时所编制的凭证,列示通过质量检验的、从供应商处收到的商品、资产的种类和数量等内容。入库单是由仓库管理人员填写的验收合格品入库的凭证。

**(六) 卖方发票**

卖方发票(供应商发票)是供应商开具的,交给买方以载明发运的货物或提供的劳务、应付款金额和付款条件等事项的凭证。

**(七) 付款凭单**

付款凭单是采购方企业的应付凭单部门编制的,载明已收到的商品、资产或接受的劳务、应付款金额和付款日期的凭证。付款凭单是采购方企业内部记录和支付负债的授权证明文件。

**(八) 转账凭证**

转账凭证是指记录转账交易的记账凭证，它是根据有关转账交易(即不涉及库存现金、银行存款收付的各项交易)的原始凭证编制的。

**(九) 付款凭证**

付款凭证包括现金付款凭证和银行存款付款凭证，是指用来记录库存现金和银行存款支出交易的记账凭证。

**(十) 应付账款明细账**

应付账款明细账是用来记录因购买材料、商品或授受劳务等发生的未支付款项的债务明细账簿。

**(十一) 库存现金日记账和银行存款日记账**

库存现金日记账是专门用来记录库存现金收支业务的序时账簿。银行存款日记账是专门用来记录银行存款收支业务的序时账簿。

**(十二) 供应商对账单**

供应商对账单是由供应商按月编制的、用于核对与采购企业往来款项的凭据，通常标明期初余额、本期购买、本期支付给供应商的款项和期末余额的凭证。供应商对账单是供应商对有关交易的陈述，如果不考虑买卖双方在收发货物上可能存在的时间差等因素，其期末余额通常应与采购方相应的应付账款期末余额一致。

# 任务二　采购与付款循环的内部控制和控制测试

## 一、采购与付款循环的内部控制

**(一) 职责分离控制**

采购与付款循环的内部控制

企业应当建立采购与付款业务的岗位责任制，明确相关部门和岗位的职责、权限，确保办理采购与付款业务的不相容岗位相互分离、制约和监督。企业采购与付款业务的不相容岗位至少包括以下内容：

(1) 请购与审批。

(2) 询价与确定供应商。

(3) 采购合同的订立与审批。

(4) 采购与验收。

(5) 采购、验收与相关会计记录。

(6) 付款的申请、审批与执行。

**【例 12-3・多选题】** 采购与付款业务不相容岗位包括(　　　　)。

A. 询价与确定供应商　　B. 请购与审批
C. 付款审批与付款执行　　D. 采购合同的订立与审批

【答案】 ABCD。

**(二) 请购控制**

提出货物和劳务的需要是购货环节的第一步,一个企业可以有若干不同的请购制度,对不同的需要有不同的确定和提出请购的方法。

(1) 原材料或零配件购进。一般首先由生产部门根据生产计划或即将签发的生产通知单提出请购单。材料保管人员接到请购单后,应将材料保管卡上记录的库存数与生产部门需要的数量进行比较。当生产所需材料和仓储所需后备数量合计超过库存数量时,则应同意请购。

(2) 临时性物品的购进。通常由使用者而不需经过仓储部门直接提出,由于这种需要很难列入计划之中,因此,使用者在请购单上一般要对采购需要做出描述,解释其目的和用途。请购单须由使用者的部门主管审批同意,并须经资金预算的责任人同意签字后,采购部门才能办理采购手续。

(3) 经常性服务项目的请购。由同一服务机构或公司所提供的某些经常性服务项目,如公用事业、报纸杂志、保安等服务项目,请购手续的处理通常是一次性的。即当使用者最初需要这些服务时,应提出请购单,由负责资金预算的部门进行审批。

(4) 特殊服务项目的请购。确定如保险、广告、法律和管理咨询服务等特殊项目的需要,一般由企业最高负责人审批。可参照过去的服务质量和收费标准,分析由专人提出的需要内容,包括选定的保险公司、广告商、会计师事务所及费用水平等是否合理,经批准后,这些特殊服务项目才能进行。

**(三) 订货控制**

无论何种需要的请购,购货部门在收到请购单后,在最终发出购货订单之前,都应明确订购多少、向谁订购、何时购货等问题。

(1) 在订购多少的控制方面,购货部门首先对每一份请购单审查其请购数量是否在控制限额的范围内,其次是检查使用物品和获得劳务的部门主管是否在请购单上签字同意。对于需大量采购的原材料、零配件等,必须进行各种采购数量对成本影响的成本分析,其内容是将各种请购项目进行有效归类,然后利用经济批量法测算成本。

(2) 关于向谁订购的问题,购货部门在正式填制购货订单前,必须向不同的供应商(通常要求两家以上)索取供应物品的价格、质量指标、折扣和付款条件以及交货时间等资料,比较不同供应商所提供的资料,选择最有利于企业生产和成本最低的供应商,然后与供应商签订合同。

(3) 关于何时订货的问题,主要由存货管理部门运用经济批量法和分析最低存货点来进行,而不是在购货部门。当请购单已提出,购货部门应对这些请购单的处理结果及时告知仓储和生产部门。

在上述三个方面的决定做出之后,购货部门应及时填制购货订单,并对其进行控制,主要是预先对每份订单进行编号;在购货订单向供应商发出前,必须由专人检查该订单是否得到授权人的签字；由专人复查购货订单的编制过程和内容；购货订单的副本应递交给请购、保管与会计部门等。

**(四) 验收控制**

货物的验收应当由独立于请购、采购和会计部门的人员来承担，其控制责任是检验收到货物的数量和质量。

(1) 对于数量，验收部门在货运单上签字之前，应通过计数、过磅或测量等方法来证明货运单上所列数量，并要求两个收货人在收货报告单上签字。

(2) 对于质量，验收部门应检验有无因运输损失而导致的缺陷，在货物质量检验需要有较高的专业知识或者必须经过仪器、实验才能进行的情况下，收货部门应将部分样品送交专家和实验室以对其质量进行检验。

(3) 每一项收到的货物必须在检验以后填制包括供应商名称、收货日期、货物名称、数量和质量以及运货人名称、原购货订单编号等内容的收货报告单，并及时报告请购、购货和会计部门。

**(五) 应付账款控制**

任何应付账款上的不正确记录和不按时偿还该债务，都会导致交易双方不必要的债务纠纷。对应付账款的控制有：应付账款的记录必须由独立于请购、采购、验收、付款的员工来进行；应付账款的入账必须在取得和审核各种必要的凭证以后才能进行；对于有预付货款的交易，在收到供应商发票后，应将预付金额冲抵部分发票金额来记录应付账款；必须分别设置应付账款的统驭账户和明细账；对于享有折扣的交易，应根据供应商发票金额减去折扣金额的净额登记应付账款；每月应将应付账款明细账与客户的对账单进行核对。

**(六) 付款控制**

(1) 支票准备。支票准备应独立于采购、付款确认和函证程序，所有付款都应有事前编号的支票，对已签发的支票应将其原始凭证加盖“已付款”印章，以避免重复付款，尽可能使用有安全保障的支票书写器或电脑生成的支票，对于空白支票应安全存放，作废的支票应立即注销等。

(2) 支付。付款前，应复核客户发票上的数量、价格和合计数以及折扣条件等，核对支票的金额，采购和付款应有各自独立的签名，对支票应采取函寄或其他安全方式送交。

(3) 会计处理。会计部门应及时记录付款业务，定期核对总账的分类账以及日记账，注意未付账款，检查应付账款的明细账和有关文件，以防失去可能的现金折扣。

**(七) 记录现金、银行存款支出控制**

以记录银行存款支出为例，有关控制包括：

(1) 会计主管应独立检查记入银行存款日记账和应付账款明细账的金额的一致性，与支票汇总记录的一致性。

(2) 通过定期比较银行存款日记账记录的日期与支票副本的日期，独立检查入账的及时性。

(3) 独立编制银行存款余额调节表。

## 二、采购与付款循环存在的重大错报风险

在实施控制测试和实质性程序之前，注册会计师基于在了解被审计单位及其环境的整个过程中所识别的相关风险，结合对采购与付款循环中拟测试控制的了解，考虑在采购与付款循环中发生错报的可能性以及潜在错报的重大程度是否足以导致重大错报，从而评估采购与付款循环的相关交易和余额存在的重大错报风险，以为设计和实施进一步审计程序提供基础。

采购与付款循环存在的重大错报风险

影响采购与付款交易和余额的重大错报风险可能包括以下几个方面。

### （一）低估负债和相关准备

在承受反映较高盈利水平和营运资本的压力下，被审计单位管理层可能试图低估应付账款等负债或资产相关准备，包括低估对存货计提的跌价准备。重大错报风险常常集中体现在：

（1）遗漏交易。例如，未记录已收取货物但尚未收到发票的采购相关的负债，或者不记录已购买但尚未付款的服务支出等。

（2）采取不正确的费用支出截止期。例如，将本期的支出延迟到下期确认。

（3）将应当及时确认损益的费用支出资本化，然后通过资产的逐步摊销予以消化等。

### （二）管理层错报负债费用支出的偏好和动因

被审计单位管理层可能为了完成预算、满足业绩考核要求，保证从银行获得资金，吸引潜在投资者、误导股东、影响公司股价等动机，通过操纵负债和费用的确认控制损益。例如：

（1）平滑利润。通过多计准备或少计负债和准备，把损益控制在被审计单位管理层希望的程度。

（2）利用特别目的实体把负债从资产负债表中剥离，或利用关联方之间的费用定价优势制造虚假的收益增长趋势。

（3）被审计单位管理层把私人费用计入企业费用，把企业资金当作私人资金运作。

### （三）费用支出的复杂性

被审计单位以复杂的交易安排购买一定期间的多种服务，管理层对涉及的服务受益与付款安排所涉及的复杂性缺乏足够的了解，这可能导致费用支出分配或计提的错误。

### （四）不正确地记录外币交易

被审计单位在进口用于出售的商品时，可能采用不恰当的外币汇率而导致该项采购记录出现差错。此外，还存在未能将运费、保险费和关税等与存货相关的进口费用进行正确分摊的风险。

### （五）舞弊和盗窃的固有风险

如果被审计单位经营大型零售业务，因所采购商品和固定资产的数量及支付款项繁多且复杂，容易造成商品发运错误，员工和客户发生舞弊和盗窃的风险较高。如果那些负

责付款的会计人员有权接触应付账款主文档，并能够通过在应付账款主文档中擅自添加新的账户来虚构采购交易，风险也会增加。

**（六）存在未记录的权利和义务**

如果被审计单位存在未记录的权利和义务，可能导致资产负债表分类错误以及财务报表附注不正确或披露不充分。例如，被审计单位的固定资产被抵押，就需要在财务报告附注中披露。

## 三、采购与付款循环的控制测试

采购与付款循环的控制测试

风险评估和风险应对是整个审计过程的核心，因此，注册会计师通常以识别的重大错报风险为起点，选取拟测试的控制并实施控制测试。表12－1列示了通常情况下，采购与付款循环存在的重大错报风险及实施的控制测试。

**表12－1　采购与付款循环的风险及控制测试**

| 可能发生错报环节 | 内部控制测试程序 |
|---|---|
| 采购计划未经适当审批 | 询问复核人复核采购计划的过程，检查采购计划是否经复核人恰当复核 |
| 新增供应商或供应商信息变更未经恰当认证 | 1. 询问复核人复核供应商数据变更请求的过程，抽样检查变更需求是否有相关文件支持及有复核人复核确认<br>2. 检查系统中采购订单的生成逻辑，确认是否存在供应商代码匹配的要求 |
| 录入系统的供应商数据可能未经恰当复核 | 1. 检查系统报告的生成逻辑及完整性<br>2. 询问复核人对报告的检查过程，确认其是否签署 |
| 采购订单与有效的请购单不符 | 1. 询问复核人复核采购订单的过程，包括复核人提出的问题及跟进记录<br>2. 抽样检查采购订单是否有对应的请购单及复核人签署确认 |
| 订单未被录入系统或在系统中重复录入 | 1. 检查系统例外报告的生成逻辑<br>2. 询问复核人对例外报告的检查过程，确认发现的问题是否及时得到了跟进处理 |
| 接收了缺乏有效采购订单或未经验收的商品 | 1. 检查系统入库单编号的连续性<br>2. 询问收货人员的收货过程，抽样检查入库单是否有对应一致的采购订单及验收单 |
| 临近会计期末的采购未被记录在正确的会计期间 | 1. 检查系统例外报告生成逻辑<br>2. 询问复核人对例外报告的检查过程，确认发现的问题是否及时得到了跟进处理<br>3. 询问复核人对报告的复核过程，核对报告中的采购是否计提了相应负债，检查复核人的签署确认 |

续　表

| 可能发生错报环节 | 内部控制测试程序 |
| --- | --- |
| 发票未被正确编码，导致在成本或费用之间的分类错误 | 1. 询问复核人对发票编号、总分类代码的复核过程，抽样检查相关发票是否被恰当分类到了相关费用<br>2. 根据样本量要求选取关键绩效报刊，确定是否经管理层复核；复核是否存在合理的时间内完成；检查关键绩效指标的计算是否准确，是否与账面记录核对一致；评估用于调查重大差异的界限是否适当<br>3. 向复核人询问其复核方法，对于其提出的问题，检查是否经恰当根据处理。<br>4. 评价使用数据的完整性和准确性 |
| 批准付款的发票上存在价格、数据错误或劳务尚未提供的情形 | 1. 检查系统报告的生成逻辑，确认例外报告的完整性及准确性<br>2. 与复核人讨论其复核过程，抽样选取例外、删改情况报告。检查每一份报告并确定：是否存在管理层复核的证据；复核是否在合理的时间范围内完成；复核人提出问题的跟进是否适当；是否能使交易恰当记录于会计系统<br>3. 抽样选取采购发票，检查是否与入库单和采购订单所记载的价格、供应商、日期、描述及数量一致 |
| 现金支付未记录或未记录在正确的供应商账户或金额不正确 | 1. 询问复核人对银行存款余额调节表的复核过程<br>2. 抽样检查银行余额调节表，检查其是否及时得到复核、复核的问题是否得到了恰当跟进处理、复核人是否签署确认<br>3. 询问复核人对供应商对账结果的复核过程，抽样选取供应商对账单，检查其是否与应付账款明细账得到了正确的核对，差异是否得到了恰当的跟进处理。检查复核人的相关签署确认 |
| 员工具有不适当的访问权力，使其能够实施违规交易或隐瞒错误 | 1. 检查系统中相关人员的访问权限<br>2. 复核管理层的授权职责分配表，对不相容职位(申请与审批等)是否设置了恰当的职责分离 |
| 总账与明细账的记录不一致 | 核对总账与明细账的一致性，检查复核人的复核及差异跟进记录 |

**【例 12-4・单选题】** 针对可能向未经批准的供应商采购，注册会计师执行的控制测试是(　　)。

A. 询问和检查授权批准和授权越权的文件，同时检查订购单并确定其是否在授权批准的范围之内

B. 检查复核例外报告的证据，以及批准越权控制的人工处理的恰当签名

C. 询问并检查文件，以证实对未执行的订单的跟进情况

D. 询问、观察商品实物并与订购单进行核对，检查打印文件以获取复核和跟进的证据

**【答案】** B。

**【解析】** 选项 A，是针对采购可能由未经授权的员工执行的风险；选项 C，是针对订购的商品或劳务可能未被提供的风险；选项 D，是针对收到的商品可能不符合订购单的要求或可能已被损坏的风险。

# 任务三　采购与付款循环的实质性程序

## 一、应付账款的审计目标

应付账款的审计目标

应付账款的审计目标一般包括：

（1）确定资产负债表中记录的应付账款是否存在。（存在认定）

（2）确定所有应当记录的应付账款是否均已记录。（完整性认定）

（3）确定资产负债表中的应付账款是否为被审计单位应履行的现时义务。（权利和义务认定）

（4）确定应付账款是否以恰当的金额包括在财务报表中，与之相关的计价调整是否已恰当记录。（计价与分摊认定）

（5）确定应付账款是否已按照企业会计准则的规定在财务报表中做出恰当的列报。（列报）

## 二、应付账款的实质性程序

（1）获取或编制应付账款明细表，并开展以下工作：

① 复核加计是否正确，并与报表数、总账数和明细账合计数核对是否相符。

② 检查非记账本位币应付账款的折算汇率及折算是否正确。

③ 分析出现借方余额的项目，查明原因，必要时，做重分类调整。

④ 结合预付账款、其他应付款等往来项目的明细余额，检查有无针对同一交易在应付账款和预付款项同时记账的情况、异常余额或与购货无关的其他款项（如关联方账户或雇员账户），如有，应做记录，必要时做调整。

（2）对应付账款进行实质性分析程序。

① 对本期期末应付账款余额与上期期末余额进行比较，分析其波动原因。

② 分析长期挂账的应付账款，要求被审计单位做出解释，判断被审计单位是否缺乏偿债能力或利用应付账款隐瞒利润。

③ 计算应付账款对存货的比率、应付账款对流动负债的比率，并与以前期间对比分析，评价应付账款整体的合理性。

④ 分析存货、营业成本的增减变动幅度，判断应付账款增减变动的合理性。

（3）函证应付账款。

一般情况下，应付账款不需要函证，因为函证不能保证查出未记录的应付账款，况且注册会计师能够取得购货发票等外部凭证来证实应付账款的余额。但如果控制风险较高，某些应付账款明细账户金额较大或被审计单位处于财务困难阶段，则应进行应付账款的函证。

① 函证的对象。进行函证时，注册会计师应选择较大金额的债权人，以及那些在资产负债表日金额不大，甚至为零，但为被审计单位重要供应商的债权人，作为函证

对象。

② 函证方式。函证应付账款最好采用积极函证方式，并具体说明应付金额。

③ 函证的程序。获取适当的供应商清单，如本期采购量清单、所有现存供应商名单或应付账款明细账。询问该清单是否完整并考虑该清单是否应包括预期负债等附加项目。选取样本进行测试并执行如下程序：

a. 向债权人发送询证函。注册会计师应根据审计准则的规定对询证函保持控制，包括确定需要确认或填列的信息、选择适当的被询证者、设计询证函，包括正确填列被询证者的姓名和地址，以及被询证者直接向注册会计师回函的地址等信息，必要时再次向被询证者寄发询证函等。

b. 将询证函回函确认的余额与已记录金额相比较，如存在差异，检查支持性文件。评价已记录金额是否适当。

c. 对于未作回复的函证实施替代程序。例如，检查至付款文件（如现金支出、电汇凭证和支票复印件）、相关的采购文件（如采购订单、验收单、发票和合同）或其他适当文件。

d. 如果认为回函不可靠，评价对评估的重大错报风险以及其他审计程序的性质、时间安排和范围的影响。

④ 函证的控制。

与应收账款函证一样，注册会计师必须对函证的过程进行控制，要求债权人直接回函，并根据回函情况编制与分析函证结果汇总表，对未回函的，决定是否再次进行函证。

（4）检查应付账款是否计入了正确的会计期间，是否存在未入账的应付账款。

① 对本期发生的应付账款增减变动，检查至相关支持性文件，确认会计处理是否正确。

② 检查资产负债表日后应付账款明细账贷方发生额的相关凭证，关注其验收单、购货发票日期，确认其入账时间是否合理。

③ 获取并检查被审计单位与其供应商之间的对账单以及被审计单位编制的差异调节表，确定应付账款金额的准确性。

④ 针对资产负债表日后付款项目，检查银行对账单及有关付款凭证（如银行汇款通知、供应商收据等），询问被审计单位内部或外部的知情人员，查找有无未及时入账的应付账款。

⑤ 结合存在监盘程序，检查被审计单位在资产负债表日前后的存货入库资料（验收报告或入库单），检查相关负债是否计入了正确的会计期间。

如果注册会计师通过这些审计程序发现某些未入账的应付账款，应将有关情况详细记入审计工作底稿，并根据其重要性确定是否需要建议被审计单位进行相应的调整。

（5）寻找未入账负债的测试。

获取期后收取、记录或支付的发票明细，包括获取支票登记簿、电汇报告、银行对账单（根据被审计单位情况不同）以及入账的发票和未入账的发票。从中选取项目（尽量接近审计报告日）进行测试并实施以下程序：

① 检查支持性文件，如相关的发票、采购合同/申请、收货文件以及接受劳务明细，以

确定收到商品/授受劳务的日期及应在期末之前入账的日期。

② 追踪已选取项目至应付账款明细账、货到票未到的暂估入账和/或预提费用明细表，并关注费用所计入的会计期间。调查并跟进所有已识别的差异。

③ 评价费用是否被记录于正确的会计期间，并相应确定是否存在期末未入账负债。

(6) 检查应付账款长期挂账的原因并做出记录，确定无须支付的应付账款的会计处理是否正确。

(7) 如存在应付关联方的款项：

① 了解交易的商业理由。

② 检查证实交易的支持性文件(如发票、合同、协议及入库和运输单据等相关文件)。

③ 检查被审计单位与关联方的对账记录或向关联方函证。

(8) 检查应付账款是否已按照企业会计准则的规定在财务报表中做出恰当列报和披露。

**【例 12-5·业务题】** 注册会计师甲和乙在审计D公司20×1年度财务报表时，注意到与采购和付款循环相关的内部控制存在缺陷，该公司没有及时记录发生的应付账款。他们认为D公司管理层在资产负债表日故意推迟记录发生的应付账款，于是决定实施审计程序，进一步查找未入账的应付账款。

**要求：**指出注册会计师甲和乙应如何查找未入账的应付账款。

**【解析】** 注册会计师甲和乙查找未入账应付账款的实质性测试程序如下：

(1) 检查D公司在资产负债表日未处理的不相符购货发票及有材料入库凭证但未收到购货发票的经济业务，即根据债务形成的原始凭证(如供应商发票、验收报告或入库单等)，查找有无及时入账的应付账款，确认应付账款期末余额的完整性。

(2) 检查D公司资产负债表日后收到的购货发票，结合银行对账单及有关付款凭证，判断是否为资产负债表日后付款项目，确认其入账时间是否正确。

(3) 检查D公司资产负债表日后应付账款明细账贷方发生额的相应凭证，关注其验收单、购货发票的日期，确认其入账时间是否合理。

(4) 获取并检查D公司与其供应商之间的对账单以及被审计单位编制的差异调节表，查找有无未入账的应付账款，确定应付账款金额的准确性。

(5) 针对资产负债表日后付款项目，检查银行对账单及付款凭证(如银行汇款通知、供应商收据等)，询问D公司内部或外部的知情人员，查找有无未及时入账的应付账款。

(6) 结合存货监盘程序，检查被审计单位在资产负债表日前后的存货入库资料(验收报告或入库单)，检查是否有大额货到单未到的情况，确认相关负债是否计入了正确的会计期间。

## 概念索引

采购与付款循环　内部控制　应付账款的实质性程序

## 项目总结

采购与付款通常经过“请购—订货—验收—付款”这样一个业务活动程序来进行业务循环，涉及的业务凭证和会计记录主要是有关付款、应付和各项购入资产的原始单据和会计记录。

采购与付款业务包括十大业务活动：制定采购计划；供应商认证和信息维护；请购商品和劳务；编制订购单；验收商品；储存已验收的商品；编制付款凭单；确认与记录负债；付款；记录现金、银行存款支出。

采购与付款循环的内部控制包括职责分离控制；请购控制；订货控制；验收控制；应付账款控制；付款控制；记录现金、银行存款支出控制。

应付账款的实质性程序包括获取或编制应付账款明细表；应付账款实质性分析程序；函证应付账款；查找未入账应付账款；寻找未入账的负债测试；检查长期挂账的应付账款；检查应付关联方款项；查明应付账款在资产负债表上的披露是否恰当。

## 项目练习

### 一、单选题

1. 在企业内部控制制度比较健全的情况下，下列凭证中的(　　)既可以证明有关交易的“发生”认定，同时也是采购交易轨迹的起点。

A. 订购单　　B. 请购单　　C. 验收单　　D. 付款凭单

2. 注册会计师为了获取实际存在的固定资产均已入账的证据，应当采用的最佳审计程序是(　　)。

A. 以固定资产明细分类账为起点，进行实地追查账

B. 以实地为起点，追查至固定资产明细账

C. 先从实地追查固定资产明细账，再从固定资产明细账追查至实地

D. 先从固定资产明细账追查至实地，再从实地追查至固定资产明细账

3. 注册会计师为了审查被审计单位未入账负债而实施的下列审计程序中最有效的是(　　)。

A. 审查资产负债表日后货币资金的支出情况

B. 审查资产负债表日前后几天的发票

C. 审查应付账款、应付票据的函证回函

D. 审查购货发票与债权人名单

4. 对应付账款进行的分析程序不包括(　　)。

A. 计算应付账款对存货的比例、应付账款对流动负债的比率，并与以前会计期间对比分析，评价应付账款的整体合理性

B. 获取或编制应付账款明细表，复核加计是否正确，并与报表数、总账数和明细账合

计数核对是否相符

C. 分析长期挂账的应付账款，要求被审计单位做出解释，判断被审计单位是否缺乏偿债能力或利用应付账款隐瞒利润

D. 利用存货、营业收入和营业成本的增减变动幅度，判断应付账款增减变动的合理性

5. 注册会计师在审查 W 公司 20×1 年度应付账款项目时，发现 W 公司应付账款明细账中存在确实无法支付的巨额应付账款。对此，注册会计师应提请 W 公司管理层进行(　　)的会计处理。

A. 借记"坏账准备"，贷记"资本公积"　　B. 借记"坏账准备"，贷记"营业外收入"

C. 借记"应付账款"，贷记"资本公积"　　D. 借记"应付账款"，贷记"营业外收入"

## 二、多选题

1. 被审计单位进行采购与付款循环审计所涉及的重要凭证和账簿应包括(　　)。

A. 买方发票及验收单　　B. 请购单和订购单

C. 应付账款明细账　　D. 银行存款日记账

2. 采购与付款业务不相容的岗位包括(　　)。

A. 询价和确定供应商　　B. 请购与审批

C. 付款审批与付款执行　　D. 采购合同的订立与审批

3. 注册会计师在对被审计单位的应付账款进行审计时，为证实应付账款的发生记录是否完整，可以实施的审计程序有(　　)。

A. 审查资产负债表日收到，但尚未处理的购货发票

B. 审查应付账款函证的回函

C. 审查资产负债表日后一段时间内支票存根

D. 审查资产负债表日已入库，但尚未收到发票商品的有关记录

4. 下列属于应付账款的审计目标的有(　　)。

A. 确定资产负债表中记录的应付账款是否存在

B. 确定所有应当记录的应付账款是否均已记录

C. 确定应付账款是否以恰当的金额包括在财务报表中

D. 确定应付账款在财务报表中的列报是否恰当

5. 检查被审计单位固定资产折旧时应注意计提折旧范围不应包括(　　)。

A. 已提足折旧继续使用的固定资产　　B. 因改良停用的固定资产

C. 已全额计提减值准备的固定资产　　D. 未使用的、不需用的固定资产

## 三、判断题

1. 请购单可由手工或计算机编制，不但需事先编号，而且每张请购单必须经过对这类支出负预算责任的主管人员签字批准。(　　)

2. 通过审查关于固定资产所有权的有关书面文件，可以实现固定资产所有权目标。(　　)

3. 如果某一应付账款明细账户期末余额为零，注册会计师就不需要将其列为函证对象。（ ）

4. 注册会计师对固定资产进行实地观察时，可以以固定资产明细分类账为起点，重点观察本期新增加的重要固定资产。（ ）

5. 审计人员认为只要是被审计单位处置固定资产的净损益，均应计入营业外收入或营业外支出。（ ）

## 四、思考题

1. 采购与付款循环的重大错报风险包括哪些？
2. 应付账款的审计目标是什么？
3. 应付账款的实质性程序主要包括哪些内容？

## 五、案例题

**资料：**

注册会计师在对甲公司20×9年的应付账款项目进行审计。根据需要，注册会计师决定对甲公司下列应付账款四个明细账户中的两个进行函证。

**甲公司明细账户表** 单位：元

| | 应付账款年末余额 | 本年度供货总额 |
|---|---|---|
| A公司 | 31 000 | 56 000 |
| B公司 | 0 | 2 760 000 |
| C公司 | 56 000 | 84 000 |
| D公司 | 300 000 | 4 120 000 |

**要求：**注册会计师应选择哪两家公司进行函证并说明理由。

拓展阅读资料

思政园地

# 项目十三
# 生产与存货循环审计

## 知识目标

1. 了解生产与存货循环的主要业务活动和涉及的主要凭证。
2. 熟悉生产与存货循环的内部控制测试程序。
3. 掌握存货、营业成本审计的实质性程序。

## 技能目标

1. 能评估生产与存货循环的重大错报风险。
2. 能对生产与存货循环实施控制测试,找出内控存在的关键问题。
3. 能对存货、营业成本实施实质性程序,揭示其可能存在的重大错报。

## 案例导入

### 法尔莫案

人为"调整"存货数量是许多企业调节利润的手段之一,一些企业通过虚构存货等手段达到粉饰利润的目的。美国法尔莫公司由一家从小药店发展到拥有300家连锁店的"药品帝国",其就曾通过伪造记账凭证、确认购货而不同时确认负债、多记存货数量等手段高估存货,然后把虚增的存货分配于注册会计师未盘点的药店,而注册会计师只对300家药店中的4家进行存货盘点,并且将盘点计划提前数月通知公司。公司管理人员在得到消息后只将那4家药店堆满存货,而把那些虚增的存货分配到剩余的296家。事实上,法尔莫公司已经濒临破产,而注册会计师未能发现公司舞弊,审计失败导致接受委托的会计师事务所在民事诉讼中遭受重大损失。

**思考:**

注册会计师应当怎样对存货实施监盘程序才能避免上述情况的出现?

# 任务一 生产与存货循环概述

## 一、生产与存货循环的内容

生产与存货循环同销售与收款循环、采购与付款循环的联系非常密切,原材料采购与付款循环进入生产与存货循环,而生产与存货循环又跟随着销售与收款循环中商品的结束而结束。本项目侧重介绍原材料入库之后至产成品发出之间的业务活动。

## 二、涉及的主要业务活动

以一般制造类企业为例,生产与存货循环所涉及的主要业务活动如下。

### (一) 计划和安排生产

生产计划部门的职责是根据客户订购单或者对销售预测和产品需求分析来决定生产授权。如决定授权生产,即签发预先顺序编号的生产通知单。该部门通常应将发出的所有生产通知单顺序编号并加以记录控制。此外,该部门还需要编制一份材料需求报告,列示所需要的材料和零件及其库存。

### (二) 发出原材料

仓库部门的责任是根据从生产部门收到的领料单发出原材料。领料单上必须列示所需的材料数量和种类,以及领料部门的名称。领料单可以一料一单,也可以多料一单,通常需一式三联。仓库管理人员发料并签署后,将其中一联连同材料交给领料部门(生产部门存根联),一联留在仓库登记材料明细账(仓库联),一联送会计部门进行材料收发核算和成本核算(财务联)。

### (三) 生产产品

生产部门在收到生产通知单及领取原材料后,便将生产任务分解到每一个生产工人,并将所领取的原材料交给生产工人,据以执行生产任务。生产工人在完成生产任务后,将完成的产品交生产部门查点,然后转交检验员验收并办理入库手续;或是将所完成的产品移交下一个部门,做进一步加工。

### (四) 核算产品成本

为了正确核算并有效控制产品成本,必须建立健全成本会计制度,将生产控制和成本核算有机结合起来。

1. 实物流转记录

生产过程中的各种记录、生产通知单、领料单、计工单、入库单等文件资料都要汇集到会计部门,由会计部门对其进行检查和核对,了解和控制生产过程中存货的实物流转。

2. 成本会计核算

会计部门要设置相应的会计账户,会同有关部门对生产过程中的成本进行核算和控制。成本会计制度可以非常简单，只是在期末记录存货余额；也可以是完善的标准成本制度，它持续地记录所有材料处理、在产品和产成品，并形成对成本差异的分析报告。完善的成本会计制度应该提供原材料转为在产品，在产品转为产成品，以及按成本中心、分批次生产任务通知单或生产周期所消耗的材料、人工和间接费用的分配与归集的详细资料。

### （五）产成品入库及储存

产成品入库，须由仓库部门先行点验和检查，然后签收。签收后，将实际入库数量通知会计部门。据此，仓库部门确立了本身应承担的保管责任，并对验收部门的工作进行验证。除此之外，仓库部门还应根据产成品的品质特征分类存放，并填制标签。

### （六）发出产成品

产成品的发出须由独立的发运部门进行。装运产成品时必须持有经有关部门核准的发运通知单，并据此编制出库单。出库单至少一式四联，一联交仓库部门；一联发运部门留存；一联送交顾客；一联作为给顾客开发票的依据。

### （七）存货盘点

管理人员编制盘点指令，安排适当人员对存货实物（包括原材料、在产品和产成品等所有存货类别）进行定期盘点，将盘点结果与存货账面数量进行核对，调查差异并进行适当调整。

### （八）计提存货跌价准备

财务部门根据存货货龄分析表信息或相关部门提供的有关存货状况的其他信息，结合存货盘点过程中对存货状况的检查结果，对出现毁损、滞销、跌价等降低存货价值的情况进行分析计算，计提存货跌价准备。

**【例 13－1·单选题】** 生产与存货循环可以看成两个既相互独立又密切联系的系统组成，一个涉及商品的实物流程，另一个涉及相关的（　　）。

A. 加工流程　　B. 成本流程　　C. 人员流程　　D. 收付流程

**【答案】** B。

## 三、涉及的主要凭证与会计记录

### （一）生产指令

生产指令又称“生产任务通知单”或“生产通知单”，是企业下达制造产品等生产任务的书面文件，用以通知供应部门组织材料发放，生产车间组织产品制造，会计部门组织成本计算。广义的生产指令也包括用于指导产品加工的工艺规程，如机械加工企业的“路线图”等。

### （二）领发料凭证

领发料凭证是企业为控制材料发出所采用的各种凭证，如材料发出汇总表、领料单、限额领料单、领料登记簿、退料单等。

### （三）产量和工时记录

产量和工时记录是登记工人或生产班组在出勤时间内完成产品数量、质量和生产这些产品所耗费工时数量的原始记录。产量和工时记录的内容与格式是多种多样的，在不同的生产企业中，甚至在同一企业的不同生产车间，由于生产类型不同而采用不同格式的产量和工时记录。常见的产量和工时记录主要有工作通知单、工序进程单、工作班产量报告、产量通知单、产量明细表、废品通知单等。

**（四）工薪汇总表及工薪费用分配表**

工薪汇总表是为了反映企业全部工薪的结算情况，并据以进行工薪总分类核算和汇总整个企业工薪费用而编制的，是企业进行工薪费用分配的依据。工薪费用分配表反映了各生产车间各产品应负担的生产工人工薪及福利费。

**（五）材料费用分配表**

材料费用分配表是汇总反映各生产车间各产品所耗费的材料费用的原始记录。

**（六）制造费用分配汇总表**

制造费用分配汇总表是汇总反映各生产车间各产品所应负担的制造费用的原始记录。

**（七）成本计算表**

成本计算表是用来归集某一成本计算对象所应承担的生产费用，计算该成本计算对象的总成本和单位成本的记录。

**（八）产成品入库单和出库单**

产成品入库单是产品生产完成并经检验合格后从生产部门转入仓库的凭证。产成品出库单是根据经批准的销售单发出产成品的凭证。

**（九）存货明细账**

存货明细账反映各种存货增减变动情况和期末库存数量及相关成本信息。

**（十）存货盘点指令、盘点表及盘点标签**

一般制造型企业通常会定期对存货实物进行盘点，将实物盘点数量与账面数量进行核对，对差异进行分析调查，必要时做账务调整，以确保账实相符。在存货盘点之前，管理人员通常编制存货盘点指令，对存货盘点的时间、人员、流程及后续处理等方面做出安排。在盘点过程中，通常会使用盘点表记录盘点结果，使用盘点标签对已盘点存货及数量做出标识。

**（十一）存货货龄分析表**

很多制造类企业通过编制存货货龄分析表，识别流动较慢或滞销的存货，并根据市场情况的经营预测，确定是否需要计提存货跌价准备。这对于管理具有保质期的存货（如食物、药品、化妆品等）尤其重要。

# 任务二　生产与存货循环的内部控制和控制测试

## 一、生产与存货交易的内部控制

对于制造类企业而言，生产和存货通常是重大的业务循环，审计时需要了解该循环所涉及的相关内部控制，针对任务一中的八大业务活动中可能存在的内部控制如下。

### （一）计划和安排生产

针对该项业务活动，一般被审计单位的内部控制要求，根据经审批的月度生产计划书，由生产计划经理签发预先按顺序编号的生产通知单。

### （二）发出原材料

针对该项业务活动，一般被审计单位的内部控制要求：

（1）领料单应当经生产主管批准，仓库管理员凭经批准的领料单发料；领料单一式三联，分别作为生产部门存根联、仓库联和财务联。

（2）仓库管理员应把领料单编号、领用数量、规格等信息输入计算机系统，经仓储经理复核并以电子签名方式确认后，系统自动更新材料明细台账。

### （三）生产产品和核算产品成本

针对这两项业务活动，一般被审计单位的内部控制要求：

（1）生产成本记账员应根据原材料领料单财务联，编制原材料领用日报表，与计算机系统自动生成的生产记录日报表核对材料耗用和流转信息；由会计主管审核无误后，生成记账凭证并过账至生产成本及原材料明细账和总分类账。

（2）生产部门记录生产各环节所耗用工时数，包括人工工时和机器工时数，并将工时信息输入生产记录日报表。

（3）每月月末，由生产车间与仓库核对原材料和产成品的转出和转入记录，如有差异，仓库管理员应编制差异分析报告，经仓储经理和生产经理签字确认后交会计部门进行调整。

（4）每月月末，由计算机系统对生产成本中各项组成部分进行归集，按照预设的分摊公式和方法，自动将当月发生的生产成本在完工产品和在产品之间按比例分配；同时，将完工产品成本在各不同产品类别之间分配，由此生成产品成本计算表和生产成本分配表；由生产成本记账员编制成生产成本结转凭证，经会计主管审核批准后进行账务处理。

### （四）产品入库和储存

针对该项业务活动，一般被审计单位的内部控制要求：

（1）产品入库时，质量检验员应检查并签发预先按顺序编号的产成品验收单，由生产小组将产成品送交仓库，仓库管理员应检查产成品验收单，并清点产成品数量，填写预先顺序编号的产成品入库单，经质检经理、生产经理和仓储经理签字确认后，由仓库管理员将产成品入库单信息输入计算机系统，计算机系统自动更新产成品明细台账并与采购订购单编号核对。

(2) 存货存放在安全的环境（如上锁、使用监控设备）中，只有经过授权的工作人员才可以接触及处理存货。

**(五) 发出产成品**

针对该项业务活动，一般被审计单位的内部控制要求：

(1) 产成品出库时，由仓库管理员填写预先顺序编号的出库单，并将产成品出库单信息输入计算机系统，经仓储经理复核并以电子签名方式确认后，计算机系统自动更新产品明细台账并与发运通知单编号核对。

(2) 产成品装运发出前，由运输经理独立检查出库单、销售订购单和发运通知单，确定从仓库提取的商品附有经批准的销售订购单，并且，所提取商品的内容与销售订购单一致。

(3) 每月月末，生产记账员根据计算机系统内状态为“已处理”的订购单数量，编制销售成本结转凭证，结转相应的销售成本，经会计主管审核批准后进行账务处理。

**(六) 存货盘点**

针对该项业务活动，一般被审计单位的内部控制要求：

(1) 生产部门和仓储部门在盘点日前对所有存货进行清理和归整，便于盘点顺利进行。

(2) 每一组盘点人员中应包括仓储部门以外的其他部门人员，即不能由负责保管存货的人员单独负责盘点存货；安排不同的工作人员分别负责初盘和复盘。

(3) 盘点表和盘点标签事先连续编号，发放给盘点人员时登记领用人员；盘点结束后回收并清点所有已使用和未使用的盘点表和盘点标签。

(4) 为防止存货被遗漏或重复盘点，所有盘点过的存货贴盘点标签，注明存货品名、数量和盘点人员，完成盘点前检查现场确认所有存货均已贴上盘点标签。

(5) 将不属于本单位的代其他方保管的存货单独堆放并做标识；将盘点期间需要领用的原材料或出库的产成品分开堆放并做标识。

(6) 汇总盘点结果，与存货账面数量进行比较，调查分析差异原因，并对认定的盘盈和盘亏提出账务调整，经仓储经理、生产经理、财务经理和总经理复核批准后入账。

**(七) 计提存货跌价准备**

针对该项业务活动，一般被审计单位的内部控制要求：

(1) 定期编制存货货龄分析表，管理人员复核该分析表，确定是否有必要对滞销存货计提存货跌价准备，并计算存货可变现净值，据此计提存货跌价准备。

(2) 生产部门和仓储部门每月上报残冷背次存货明细，采购部门和销售部门每月上报原材料和产成品最新价格信息，财务部门据此分析存货跌价风险并计提跌价准备，由财务经理和总经理复核批准并入账。

## 二、生产和存货循环存在的重大错报风险

以一般制造类企业为例，影响生产与存货循环交易和余额的风险因素可能包括以下方面：

（1）交易的数量和复杂性。制造类企业的数量庞大，业务复杂，容易出现错误和舞弊的风险。

（2）成本核算的复杂性。制造类企业的成本核算比较复杂，虽然原材料和直接人工等直接成本的归集和分配比较简单，但间接费用的分配可能较为复杂，并且，同一行业中的不同企业也可能采用不同的认定和计量基础。

（3）产品的多元化。这可能要求聘请专家来验证其质量、状况或价值。另外，计算库存存货数量的方法也可能是不同的。例如，计量煤堆、筒仓里的谷物或糖、黄金或贵重宝石、化工品和药剂产品的存储量的方法都可能不一样。这并不是要求注册会计师每次清点存货都需要专家配合，如果存货容易辨认、存货数量容易清点，就无须专家帮助。

（4）某些存货项目的可变现净值难以确定。例如，价格受全球经济供求关系影响的存货，由于其可变现净值难以确定，会影响存货采购价格和销售价格的确定，并将影响注册会计师对与存货计价和分摊认定有关的风险进行的评估。

（5）将存货存放在很多地点。大型企业可能将存货存放在很多地点，并且可以在不同的地点之间配送存货，这将增加商品途中毁损或遗失的风险，或者导致存货在两个地点被重复列示，也可能产生转移定价的错误或舞弊。

（6）寄存的存货。有时候存货虽然还存放在企业，但可能已经不归企业所有。反之，企业的存货也可能被寄存在其他企业。

## 三、生产和存货循环的控制测试

控制测试

风险评估和风险应对是整个审计过程的核心，因此，注册会计师通常以识别的重大错报风险为起点，选取拟测试的控制并实施控制测试。表13－1列示了通常情况下，生产和存货循环存在的重大错报风险及实施的控制测试。

**表13－1　生产与存货循环的风险及控制测试**

| 可能发生错报的环节 | 内部控制测试程序 |
|---|---|
| （一）发出原材料 | |
| 原材料的发出可能未经授权 | 选取领料单，检查是否有生产主管的签字授权 |
| 发出的原材料可能未正确记入相应产品的生产成本 | 检查生产主管核对材料成本明细表的记录，并询问其核对过程及结果 |
| （二）记录人工成本 | |
| 生产工人的人工成本可能未得到准确反映 | 1. 检查系统中员工的部门代码设置是否与其实际职责相符<br>2. 询问并检查财务经理复核工资费用分配表的过程和记录 |
| （三）记录制造费用 | |
| 发生的制造费用可能没有得到完整归集 | 1. 检查系统的自动归集是否符合有关成本和费用的性质，是否合理<br>2. 询问并检查成本会计复核制造费用明细表的过程和记录，检查财务经理对调整制造费用的分录的批准记录 |
| （四）计算产品成本 | |

续　表

| 可能发生错报的环节 | 内部控制测试程序 |
| --- | --- |
| 生产成本和制造费用在不同产品之间、在产品和产成品之间的分配可能不正确 | 询问财务经理如何执行复核及调查。选取产品成本计算表及相关资料，检查财务经理的复核记录 |
| （五）产成品入库 | |
| 已完工产品的生产成本可能没有转移到产成品中 | 询问和检查成本会计将产品收发存报表与成本计算表进行核对的过程和记录 |
| （六）发出产成品 | |
| 销售发出的产成品的成本可能没有准确转入营业成本 | 1. 检查系统设置的自动结转功能是否正常运行，成本结转方式是否符合公司成本核算政策<br>2. 询问和检查财务经理和总经理进行毛利率分析的过程和记录，并对异常波动的调查和处理结果进行核实 |
| （七）盘点存货 | |
| 存货可能被盗或因材料领用/产品销售未入账而出现账实不符 | |
| （八）计提存货跌价准备 | |
| 可能存在残冷背次的存货，影响存货的价值 | 询问财务经理识别减值风险并确定减值准备的过程，检查总经理的复核批准记录 |

# 任务三　生产与存货循环的实质性程序

## 一、存货的审计目标

存货的审计目标一般包括实施审计程序以证实：

（1）账面存货余额对应的实物是否真实存在；（存在认定）

（2）属于被审计单位的存货是否均已入账；（完整性认定）

（3）存货是否属于被审计单位；（权利和义务）

（4）存货单位成本的计量是否准确；（计价与分摊认定）

（5）存货的账面价值是否可以实现。（计价与分摊认定）

存货的审计目标

## 二、存货的一般审计程序

### （一）获取年末存货余额明细表，并执行以下工作

（1）复核单项存货金额的计算（单位成本×数量）和明细表的加总计算是否准确。

（2）将本年年末存货余额与上年年末存货余额进行比较，总体分析变动原因。

### （二）实施实质性分析程序

存货的实质性分析程序中较常见的是对存货周转天数的实质性分析程序，过程如下：

（1）根据对被审计单位的经营活动、供应商、贸易条件、行业惯例和行业现状的了解，

存货监盘的作用

确定存货周转天数的预期值。

(2) 根据对本期存货余额组成、实际经营情况、市场情况、存货采购情况等的了解，确定可接受的差异额。

(3) 计算实际存货周转天数和预期周转天数之间的差异。

(4) 通过询问管理层和相关员工，调查存在重大差异的原因，并评估差异是否表明存在重大错报风险，是否需要设计恰当的细节测试程序以识别和应对重大错报风险。

## 三、存货监盘

### (一) 存货监盘的定义

存货监盘是指注册会计师现场观察被审计单位存货的盘点，并对已盘点的存货进行适当检查。存货监盘有两层含义：一是注册会计师应亲临现场观察被审计单位存货的盘点；二是在此基础上，注册会计师应根据需要抽查已盘点的存货。

### (二) 存货监盘的作用

如果存货财务报表是重要的，注册会计师应当实施下列审计程序，对存货的存在和状况获取充分、适当的审计证据：

(1) 在存货盘点现场实施监盘(除非不可行)；

(2) 对期末存货记录实施审计程序，以确定其是否准确反映实际的存货盘点结果。

**【注意事项 13-1】** 尽管实施存货监盘，获取有关期末存货数量和状况的充分、适当的审计证据是注册会计师的责任，但这并不能取代被审计单位管理层定期盘点存货、合理确定存货的数量和状况的责任。事实上，管理层通常制定程序，对存货每年至少进行一次实物盘点，以作为编制财务报表的基础，并且以确定被审计单位永续盘存制的可靠性(如适用)。

### (三) 监盘目的

注册会计师监盘存货的目的在于获取有关存货数量和状况的审计证据。因此，存货监盘针对的主要是存货的认定存在，对存货的完整性认定及计价和分摊认定，也能提供部分审计证据。此外，注册会计师还可能在存货监盘中获取有关存货所有权的部分审计证据。

**【知识链接 13-1】** 根据《中国注册会计师准则第 1311 号——对存货、诉讼和索赔、分部信息等特定项目获取审计证据的具体考虑应用指南》第 6 段所述，存货监盘本身并不足以供注册会计师确定存货的所有权，注册会计师可能需要执行其他实质性审计程序以应对所有权认定的相关风险。

**【例 13-2·单选题】** 对存货实施监盘程序最主要的目的是(　　)。

A. 审查存货的质量　　B. 确定存货的所有权

C. 确定存货保管的情况　　D. 确定存货是否实际存在

**【答案】** D。

**(四) 存货监盘计划**

1. 制定存货监盘计划的基本要求

注册会计师应当根据被审计单位存货的特点、盘存制度和存货内部控制的有效性等情况，在评价被审计单位管理层制定的存货盘点程序的基础上，编制存货监盘计划，对存货监盘做出合理安排。

**【注意事项 13-2】** 有效的存货监盘需要制定周密、细致的计划。注册会计师应当充分了解被审计单位存货的特点、盘存制度和存货内部控制的有效性等情况，并考虑获取、审阅和评价被审计单位预定的盘点程序。根据计划过程所搜集到的信息，有助于注册会计师合理确定参与监盘的地点以及存货监盘的程序。

**【例 13-3·单选题】** 存货监盘计划是由(　　)制定。

A. 会计师事务所和被审计单位共同　　B. 参与此项工作的注册会计师

C. 会计师事务所　　D. 审计单位的主管部门

**【答案】** B。

2. 制定存货监盘计划应考虑的相关事项

在编制存货监盘计划时，注册会计师需要考虑：

与存货相关的重大错报风险；与存货相关的内部控制的性质；对存货盘点是否制定了适当的程序；存货盘点的时间安排；被审计单位是否一贯采用永续盘存制；存货的存放地点；是否需要专家协助。

3. 存货监盘计划的主要内容

(1) 存货监盘的目标、范围及时间安排。

存货监盘的主要目标包括获取被审计单位资产负债表日有关存货数量和状况以及有关管理层存货盘点程序可靠性的审计证据，检查存货的数量是否真实完整，是否归属被审计单位，存货有无毁损、陈旧、过时、残次和短缺等状况。

存货监盘范围的大小取决于存货的内容、性质以及与存货相关的内部控制的完善程度和重大错报风险的评估结果。

存货监盘的时间，包括实地察看盘点现场的时间、观察存货盘点的时间和对已盘点存货实施检查的时间等，应当与被审计单位实施存货盘点的时间相协调。

**【注意事项 13-3】** 监盘的时间以会计期末以前为优；如果企业有条件进行期中盘点，注册会计师应在盘点时加以监督，同时对盘存日和会计期末之间的永续记录加以测试；如果企业的盘点在会计期末以后的时间进行，那么就必须编制从盘点日到期末的存货余额调节表，但尽量使盘点的时间靠近会计期末。

(2) 存货监盘的要点及关注事项。

存货监盘的要点主要包括注册会计师实施存货监盘程序的方法、步骤，各个环节应注意的问题以及所要解决的问题。注册会计师需要重点关注的事项包括盘点期间的存货移动、存货的状况、存货的截止确认、存货的各个存放地点及金额。

(3) 参加存货监盘人员的分工。

注册会计师应当根据被审计单位参加存货盘点人员分工、分组情况、存货监盘工作量的大小和人员素质情况，确定参加存货监盘的人员组成，各组成人员的职责和具体的分工情况，并加强督导。

(4) 检查存货的范围。

注册会计师应当根据对被审计单位存货盘点和对被审计单位内部控制的评价结果确定检查存货的范围。在实施观察程序后，如果认为被审计单位内部控制设计良好且得到有效实施，存货盘点组织良好，可以相应缩小实施检查程序的范围。

**(五) 存货监盘程序**

在存货盘点现场实施监盘时，注册会计师应当实施下列审计程序。

1. 评价管理层用以记录和控制存货盘点结果的指令和程序

注册会计师需要考虑的指令和程序包括适当控制活动的运用；准确认定在产品的完工程度，流动缓慢(呆滞)、过时或毁损的存货项目，以及第三方拥有的存货(如寄存货物)；在适用的情况下用于估计存货数量的方法，如可能需要估计煤堆的重量；对存货在不同存放地点之间的移动以及截止到期日前后期间出入库的控制。

**【注意事项 13-4】** 注册会计师可以通过询问管理层以及阅读被审计单位的盘点计划等方式，了解被审计单位对存货移动所采取的控制程序和对存货收发截止影响的考虑。在实施存货监盘程序时，注册会计师还需要观察被审计单位有关存货移动的控制程序是否得到执行。同时，注册会计师可以向管理层索取盘点期间存货移动相关的书面记录以及出、入库资料作为执行截止测试的资料，以为监盘结束的后续工作提供证据。

2. 观察管理层制定的盘点程序的执行情况

观察管理层制定的盘点程序的执行情况，有助于注册会计师获取有关管理层指令和程序是否得到适当设计和执行的审计证据。尽管盘点存货时最好能保持存货不发生移动，但在某些情况下存货的移动是难以避免的。如果在盘点过程中被审计单位的生产经营仍将持续进行，注册会计师应通过实施必要的检查程序，确定被审计单位是否已经对此设置了相应的控制程序，确保在适当的期间内对存货做出了准确记录。

**【注意事项 13-5】** 注册会计师可以获取盘点日前后存货收发及移动的凭证，检查库存记录与会计记录期末截止是否正确。同时还需要关注，所有在盘点日以前入库的存货项目是否均已包括在盘点范围内，所有已确认为销售但尚未装运出库的商品是否均未包括在盘点范围内。

3. 检查存货

注册会计师应当对已盘点的存货进行适当检查，将检查结果与被审计单位盘点记录相核对，并形成相应记录。检查的目的既可以是为了确认被审计单位的监盘计划得到适当的执行(控制测试)，也可以是为了证实被审计单位的存货实物总额(实质性程序)。

在存货监盘过程中检查存货，虽然不一定能确定存货的所有权，但有助于确定存货的存在，以及识别过时、毁损或陈旧的存货。注册会计师应当把所有过时、毁损或陈旧存货的详细情况记录下来，这既便于进一步追查这些存货的处置情况，也能为测试被审计单位存货跌价准备计提的准确性提供证据。

4. 执行抽盘

注册会计师在执行抽盘时，应当从存货盘点记录中选取项目追查至存货实物，以测试盘点记录的准确性；还应当从存货实物中选取项目追查至存货盘点记录，以测试存货盘点记录的完整性。

**【注意事项 13－6】** 注册会计师应尽可能避免让被审计单位事先了解将要抽取检查的存货项目。

除记录注册会计师对存货盘点结果进行的测试情况外，获取管理层完成的存货盘点记录的复印件也有助于注册会计师日后实施审计程序，以确定被审计单位的期末存货记录是否准确地反映了存货的实际盘点结果。

注册会计师在实施检查程序时发现差异，很可能表明被审计单位的存货盘点在准确性或完整性方面存在错误。由于检查的内容通常仅仅是已盘点存货中的一部分，所以在检查中发现的错误很可能意味着被审计单位的存货盘点还存在着其他错误。一方面，注册会计师应当查明原因，并及时提请被审计单位更正；另一方面，注册会计师应当考虑错误的潜在范围和重大程度，在可能的情况下，扩大检查范围以减少错误的发生。注册会计师还可要求被审计单位重新盘点。重新盘点的范围可限于某一特殊领域的存货或特定的盘点小组。

5. 需要特别关注的情况

(1) 存货盘点范围。在被审计单位盘点存货前，注册会计师应当观察盘点现场，确定应纳入盘点范围的存货是否已经适当整理和排列，并附有盘点标识，防止遗漏或重复盘点。对未纳入盘点范围的存货，总会计师应当查明未纳入的原因。

(2) 对特殊类型存货的监盘。对于某些特殊类型的存货，被审计单位通常使用的盘点方法和控制程序并不完全适用。这些存货通常或者没有标签，或者其数量难以估计，或者其质量难以确定，或者盘点人员无法对其移动实施控制。在这些情况下，注册会计师需要运用职业判断，根据存货的实际情况，设计恰当的审计程序，对存货的数量和状况获取审计证据。

6. 存货监盘结束时的工作

在被审计单位存货盘点结束前，注册会计师应根据自己在存货监盘过程中获取的信息对被审计单位最终的存货盘点结果汇总记录进行复核，并评估其是否正确地反映了实际盘点结果，同时，再次观察盘点现场，以确定所有应纳入盘点范围的存货是否均已盘点；取得并检查已填用、作废及未使用盘点表单的号码记录，确定其是否连续编号，查明已发放的表单是否均已收回，并与存货盘点的汇总记录进行核对。

如果存货盘点日不是资产负债表日，注册会计师应当实施适当的审计程序，确定盘点日与资产负债表日之间存货的变动是否已得到恰当的记录。

**【例 13－4 · 多选题】** 在被审计单位存货盘点结束前，注册会计师应当(　　)。

A. 复核盘点结果汇总记录，评估其是否正确地反映了实际盘点结果

B. 再次观察盘点现场，以确定所有应纳入盘点范围的存货是否均已盘点

C. 取得并检查已填用、作废及未使用盘点表单的号码记录，确定其是否连续编号，查明已发放的表单是否均已收回，并与存货盘点的汇总记录进行核对

D. 如果存货盘点日不是资产负债表日，注册会计师应当实施适当的审计程序，确定盘点日与资产负债表日之间存货的变动是否已做正确的记录

**【答案】** BC。

**【解析】** 选项AD是存货监盘结束时，注册会计师应当做的工作，而不是在被审计单位存货盘点结束前所做的工作。

**(六) 特殊情况处理**

1. 在存货盘点现场实施存货监盘不可行

在某些情况下，实施存货监盘可能是不可行的，这可能是由于存货性质和存放地点等因素造成的。例如，存货存放在对注册会计师的安全有威胁的地点。然而，对注册会计师带来不便的一般因素不足以支持注册会计师做出实施存货监盘不可行的决定。审计中的困难、时间或成本等事项本身，不能作为注册会计师省略不可替代的审计程序或满足于说服力不足的审计证据的正当理由。

如果在存货盘点现场实施存货监盘不可行，注册会计师应当实施替代审计程序。例如，检查盘点日后出售盘点日之前取得或购买的特定存货的文件记录，以获取有关存货的存在和状况的充分、适当的审计证据。

**【知识链接13-2】** 根据《中国注册会计师审计准则第1502号——在审计报告中发表非无保留意见》的规定，如果不能实施替代审计程序，或者实施替代审计程序可能无法获取有关存货的存在和状况的充分、适当的审计证据，注册会计师应当发表非无保留意见审计报告。

2. 因不可预见的情况导致无法在存货盘点现场实施监盘

由于不可预见的情况而导致无法在预定日期实施监盘有两种典型情况：一是注册会计师无法亲临现场，即由于不可抗力导致其无法到达存货存放地实施存货监盘；二是气候因素，即由于恶劣的天气导致注册会计师无法实施存货监盘程序，或由于恶劣的天气无法观察存货，如木材被积雪覆盖。

如果由于不可预见的情况无法在存货盘点现场实施监盘，注册会计师应当另择日期实施监盘，并对间隔期内发生的交易实施审计程序。

3. 由第三方保管或控制的存货

如果由第三方保管或控制的存货对财务报表是重要的，注册会计师应当实施下列一项或两项审计程序，以获取有关该存货存在和状况的充分、适当的审计证据：

(1) 向持有被审计单位存货的第三方函证存货的数量和状况。

(2) 实施检查或其他适合具体情况的审计程序。根据具体情况，注册会计师可能认为实施其他审计程序是适当的。

**【例13-5·单选题】** 下列有关存货监盘的说法中，错误的是(　　)。

A. 对所有权不属于被审计单位的存货，注册会计师在监盘过程中无须执行工作

B. 注册会计师需要监盘时获取盘点日前最后的出、入库单据编号，用于执行截止测试

C. 如果存货在盘点过程中未停止流动，注册会计师需要观察被审计单位有关存货移动的控制程序是否得到执行

D. 在监盘过程中，注册会计师需要将所有过时、毁损或陈旧存货的详细情况记录下来，为测试存货跌价准备提供证据

**【答案】** A。

**【解析】** 对于所有权不属于被审计单位的存货，注册会计师应当取得其规格、数量等有关资料，确定是否已单独存放、标明且未被纳入盘点范围。

## 四、存货计价测试

存货监盘程序主要是对存货的结存数量予以确认。为验证财务报表上存货余额的真实性，还必须对存货的计价进行审计。存货计价测试包括两个方面：一是被审计单位所使用的存货单位成本是否正确；二是是否恰当计提了存货跌价损失准备。

### （一）存货单位成本测试

1. 原材料单位成本

针对原材料单位成本，注册会计通常基于企业的原材料计价方法（如先进先出法、加权平均法等），结合原材料的历史购买成本，测试其账面成本是否正确，测试程序包括核对原材料采购的相关凭证（主要是与价格相关的凭证，如合同、采购订单、发票等）以及验证原材料计价方法的运用是否正确。

2. 产成品和在产品的单位成本

针对产成品和在产品的单位成本，注册会计师需要对成本核算过程实施测试，包括直接材料成本测试、直接人工成本测试、制造费用测试和生产成本在当期完工产品与在产品之间分配的测试四项内容。

（1）直接材料成本测试。注册会计师一般从审阅直接材料和生产成本明细账入手，抽查与直接材料相关的凭证，审查直接材料耗用数量的真实性、审查直接材料计价的正确性、审查直接材料分配的正确性，同时执行分析程序，以验证直接材料成本是否真实、合理。

（2）直接人工成本测试。注册会计师应当获取劳动人事资料、薪酬结算汇总表、薪酬费用分配表、成本计算表、生产成本明细账、产量或工时记录、考勤记录等，进行检查并计算；结合应付职工薪酬的审查，检查薪酬的计算及汇总是否正确；检查直接人工成本的分配标准与计算方法的合理性、分配率和分配结果计算的正确性；审查相关账务处理的正确性；将同一产品本年度的直接人工成本与上年度比较，对本年度若干期的直接人工成本进行对比分析，检查有无重大变动。

（3）制造费用测试。注册会计师应当审查制造费用的组成项目是否合规，有无将非本部门的制造费用和不应列入成本费用的支出计入制造费用；抽查制造费用中数额较大

及变动较大的项目，注意是否存在异常会计事项；检查有无故意多提或少提制造费用以调节成本的现象；必要时，对制造费用实施截止测试，确定有无跨期入账的情况；审查制造费用的分配方法是否适合被审计单位的生产特点，是否体现受益原则，前后各项是否一致，分配率和分配额的计算是否正确；将本年度制造费用及其构成项目与上年度比较，对本年度各项的制造费用以及各组成项目所占比例进行对比分析，检查有无重大变动。

(4) 生产成本在当期完工产品与在产品之间分配的测试。① 注册会计师审查完工产品数量的真实性(如检查产品入库凭证与完工记录是否相符，仓库的记录与财务部门的记录在品种、数量上是否相符，查明其数量的真实性。检查产品入库凭证是否附有产品检验合格证明，有无将未经检验产品或不合格产品充当合格产品入库的现象)；② 审查月末在产品数量的真实性(如检查主要产品的在产品台账，计算、核实月末在产品的数量，并注意审查在产品的加工程度及耗用工时记录，以查明其数量的真实性)；③ 审查生产成本在完工产品与月末在产品之间分配的合理性(如审查产品成本计算单、在产品台账及生产成本明细账，核对成本计算单中完工产品的品种数量、在产品的品种数量、加工程度是否和产品入库凭证、在产品台账记录相符；检查其分配方法的选用是否符合被审计单位的生产工艺特点和管理要求；审查成本计算方法的合理性、一致性，验证成本计算数据的正确性；检查产成品入库的实际成本是否与"生产成本"账户的结转额相符；审查有无高估或低估在产品数量、在产品的加工程度以调节成本的现象)。

**(二) 存货跌价损失准备的测试**

注册会计师在测试存货跌价损失准备时，需要从以下两个方面进行测试。

1. 识别需要计提跌价损失准备的存货项目

注册会计师可以通过询问管理层和相关部门(生产、仓储、财务、销售等)员工，了解被审计单位如何收集有关滞销、过时、陈旧、毁损、残次存货的信息并为之计提必要的跌价损失准备。如被审计单位编制存货货龄分析表，则可以通过审阅分析表识别滞销或陈旧的存货。此外，注册会计师还需要结合存货监盘过程中检查存货状况而获取的信息，以判断被审计单位的存货跌价损失准备计算表是否遗漏。

2. 检查可变现净值的计量是否合理

在存货计价审计中，由于被审计单位对期末存货采用成本与可变现净值孰低的方法计价，所以注册会计师应充分关注其对存货可变现净值的确定及存货跌价准备的计提。

## 概念索引

生产与存货循环　存货监盘　存货计价测试　存货跌价准备

## 项目总结

生产与存货循环同销售与收款循环、采购与付款循环的联系非常密切，原材料采购与付款循环进入生产与存货循环，而生产与存货循环又跟随着销售与收款循环中商品的结束而结束。所以生产与存货循环是不同企业之间最可能具有共同性的领域。

存货监盘指注册会计师现场观察被审计单位存货的盘点，并对已盘点的存货进行适当检查。存货监盘有两层含义：一是注册会计师应亲临现场观察被审计单位存货的盘点；二是在此基础上，注册会计师应根据需要抽查已盘点的存货。

监盘存货的目的在于获取有关存货数量和状况的审计证据，以确证被审计单位记录的所有存货是真实存在的，已经完整地反映了被审计单位拥有的全部存货，并且属于被审计单位的合法财产。注册会计师应当根据被审计单位存货的特点、盘存制度和存货内部控制的有效性等情况，在评价被审计单位管理层制定的存货盘点程序的基础上，编制存货监盘计划，对存货监盘做出合理安排。

存货计价测试的主要目的是验证存货的金额是否正确，即确认存货的“计价和分摊”的认定。其重点是针对被审计单位所使用的存货单位成本是否正确所做的测试。

## 项目练习

### 一、单选题

1. 下列有关存货监盘的说法中，正确的是（　　）。

A. 注册会计师在实施存货监盘过程中不应协助被审计单位的盘点工作

B. 注册会计师实施存货监盘通常可以确定存货的所有权

C. 由于不可预见的情况而导致无法在预定日期实施存货监盘，注册会计师可以实施替代审计程序

D. 注册会计师主要采用观察程序实施存货监盘

2. 注册会计师在企业存货的盘点工作中，应当（　　）。

A. 亲自进行独立的存货盘点

B. 参与企业盘点，并对盘点工作进行适当的观察和检查

C. 观察企业盘点，完全不必亲自盘点

D. 制定盘点计划，由企业进行盘点，将盘点结果汇入工作底稿

### 二、多选题

1. 下列有关存货监盘的说法中，正确的有（　　　　）。

A. 注册会计师在制定监盘计划时，需要考虑是否在监盘中利用专家的工作

B. 如果存货盘点在财务报表日以外的其他日期进行，注册会计师除实施监盘相关审计程序外，还应当实施其他程序，以确定盘点日与财务报表日之间的存货变动已得到恰当记录

C. 如果存货存放在不同地点，注册会计师的监盘应当覆盖所有存放地点

D. 如果由于不可预见的情况，无法在存货盘点现场实施监盘，注册会计师应当实施替代审计程序

2. 针对被审计单位提供的存货存放地点清单的完整性，下列注册会计师拟执行的程序中，恰当的有(　　)。

A. 询问被审计单位除管理层以外的营销人员

B. 检查被审计单位存货的出、入库单以确定是否存在被审计单位尚未告知的仓库

C. 检查费用支出明细账中与仓库租赁相关的项目

D. 检查被审计单位固定资产清单以了解可用于存放存货的房屋建筑物

## 三、案例题

1. ABC会计师事务所的注册会计师甲担任A公司等多家被审计单位20×1年度财务报表审计项目的项目质量控制复核人。与存货审计相关事项如下：

(1) 根据审计项目组对A公司制定的存货监盘计划，存货监盘目标为获取有关A公司资产负债表日存货数量的审计证据。

(2) B公司存货品种繁多，存货拥挤，为保证监盘工作顺利进行，审计项目组提前两天将拟抽盘项目清单发给B公司财务部人员，要求其做好准备工作。

(3) 由于C公司财务部门人手不足，审计项目组受管理层委托，代为盘点C公司异地专卖店的存货，并将盘点记录作为C公司的盘点记录和审计项目组的监盘工作底稿。

(4) 根据审计项目组对D公司制定的存货监盘计划，在存货监盘过程中，监盘人员除关注存货的数量外，还需要特别关注存货是否出现毁损、陈旧、过时及残次等情况。

(5) 因E公司存货品种和数量均较少，审计项目组仅将监盘程序用作实质性程序。

(6) 审计项目组按年末F公司各存放地点存货余额进行排序，选取存货余额最大的20个地点(合计占年末存货余额的60%)实施监盘，结果满意。

**要求：**针对第(1)至(6)项，代注册会计师甲逐项指出审计项目组的做法是否恰当。如不恰当，简要说明理由。

2. ABC会计师事务所的注册会计师甲担任A公司等多家被审计单位20×6年度财务报表审计项目的项目质量控制复核人。与存货审计相关事项如下：

(1) A公司存在大量以标准规格包装箱包装的存货，审计项目组根据包装箱的数量及每箱的标准容量直接计算确定存货的数量。

(2) 因天气原因，审计项目组成员未能按计划在20×1年12月31日到达B公司某直营店实施监盘，经与B公司管理层协商，改在20×2年1月5日实施监盘，并对20×1年12月31日至20×2年1月5日期间的存货变动情况实施审计程序。

(3) 在对C公司桶装果汁实施监盘程序时，采用观察以及检查相关的收、发、存凭证和记录的方法，确定存货的数量。

(4) D公司委托某加工厂加工部分果酱产品，年末存放在该加工厂的存货金额约为1 200万元。审计项目组成员对于该加工厂寄发询证函，未收到回函。审计项目组成员通过电话取得该加工厂对其保管的D公司存货的确认，作为未取得回函的替代程序。

(5) 对于E公司存放在外地公用仓库的存货，审计项目组主要实施检查货运文件、出库记录等替代程序。

(6) F公司于20×1年在某西部城市新建成一座仓库，专门针对西部地区客户产品调

配和仓储，库存量约为集团整体库存量的20%。由于去往该西部城市路途遥远，交通成本高，对该仓库年末存货实施存货监盘不可行，审计项目组计划直接实施替代审计程序。

**要求：**针对第(1)至(6)项，代注册会计师甲逐项指出审计项目组的做法是否恰当。如不恰当，简要说明理由。

拓展阅读资料　　思政园地

# 项目十四
# 货币资金的审计

## 知识目标

1. 了解货币资金涉及的主要业务活动和会计记录。
2. 熟悉货币内部控制及内控测试程序。
3. 掌握库存现金及银行存款审计的实质性程序。

## 技能目标

1. 能评估货币资金的重大错报风险。
2. 能对货币资金实施控制测试，找出内控存在的关键问题。
3. 能对库存现金及银行存款实施实质性程序，揭示其可能存在的重大错报。

## 案例导入

### 达尔曼案

2005年3月25日，西安达尔曼实业股份有限公司（简称“达尔曼公司”）成为我国第一个因无法披露定期财务报告而遭到退市的上市公司。从上市到退市，在长达8年的时间里，达尔曼公司极尽造假之能事，从股市和银行骗取资金高达30亿元，给投资者和债权人造成严重损失。从达尔曼公司的合并财务报表中可以看出，该公司2001年以前的货币资金余额一直在2亿元左右，2001年以后的货币资金余额都超过了6.5亿元，而公司的平均年主营业务收入仅为2.5亿元，现金存量规模明显超过业务所需周转资金数量。另外，公司账面拥有大量现金，却又向银行高额举债，银行借款规模逐年增长，2002年和2003年期末银行借款分别达到5.7亿元和7.6亿元，同期银行短期贷款利率远高于定期存款利率，逻辑上严重不合理。从2002年的财务报表附注中，注册会计师发现其银行存款有4.9亿元定期存单的事实，却没有怀疑其合理性并实施进一步审计程序，这也是证监会后来处罚注册会计师的主要理由之一。

**思考：**

注册会计师应当怎样对银行存款进行实质性程序审计？

# 任务一　货币资金审计概述

货币资金是企业资产中流动性最强的一种资产。任何企业进行生产经营活动都必须拥有一定数额的货币资金，持有货币资金是企业生产经营活动的基本条件，关系到企业的命脉。货币资金主要来源于筹措的资金（如投资者、债权人的投入）以及经营留存的资金（如营业收入），主要用于资产的取得和费用的结付。根据货币资金的存放地点及用途的不同，分为库存现金、银行存款和其他货币资金。

## 一、货币资金涉及的主要业务活动

货币资金的增减变动与企业的日常经营活动密切相关，且涉及多个业务循环，并与各交易循环均直接相关。销售与收款循环中货物的现销与赊销款项的收回，采购与付款循环中货款的预付及款项的支付，生产与存货循环的现购货物，人力资源与工薪循环中工资的支付，投资与筹资循环中资金的筹集、偿还、投出、收回等，无不与货币资金有关，并且企业发生舞弊事件大都与货币资金有关。因此，对企业进行审计时必须涉及对货币资金的审计。

**【例 14-1·多选题】** 货币资金与下列业务循环有关的是（　　）。

A. 购货与付款循环　　B. 销售与收款循环

C. 筹资与投资循环　　D. 生产与存货循环

**【解析】** ABCD。

## 二、涉及的主要凭证与会计记录

### （一）现金盘点表

为了保证现金的安全完整，企业应当按规定对库存现金进行定期或不定期的清查，一般采用实地盘点法，对于清查的结果应当编制现金盘点报告单。如果有挪用现金、白条顶库的情况，应及时予以纠正；对于超限额留存的现金应及时送存银行。

### （二）银行对账单

银行对账单是银行和企业核对账务的联系单，是证实企业业务往来的记录，也是企业资金流动的依据。企业的“银行存款日记账”应当定期与“银行对账单”核对，至少每月核对一次。

### （三）银行存款余额调节表

银行存款余额调节表是在假设未达账项全部入账，银行存款日记账和银行余额对账单的余额应相关的原理下，采用“补记式”余额调节法，在银行对账单余额与企业账面余额的基础上，各自加上对方已收、本方未收，减去对方已付、本方未付，以调整双方应有余额而编制的调节表。

银行存款余额调节表只是为了核对账目，不能作为调整银行存款账面余额的记账依据。

**(四) 有关科目的记账凭证**

货币资金审计涉及的记账凭证有收款凭证、付款凭证、销售发票、购货发票、支票存根、银行对账单、银行存款余额调节表等。

**(五) 有关会计账簿**

货币资金审计涉及的会计账簿有库存现金日记账、银行存款日记账、应收账款明细账、应付账款明细账等。

**【例 14－2·多选题】** 货币资金审计涉及的凭证和记录有(　　)。

A. 银行存款余额调节表　　B. 现金盘点表

C. 银行对账单　　D. 应收账款明细账及总账

**【答案】** ABCD。

## 三、货币资金内部控制

一般而言，一个良好的货币资金内部控制应该达到以下几点：① 货币资金收支与记账的岗位分离。② 货币资金收支要有合理、合法的凭据。③ 全部收支及时准确入账，并且支出要有核准手续。④ 控制现金坐支，当日收入现金应及时送存银行。⑤ 按月盘点现金，编制银行存款余额调节表，以做到账实相符。⑥ 加强对货币资金收支业务的内部审计。

由于企业的性质、所处行业、规模以及内部控制健全程度不同，货币资金的内部控制也各不相同，但应当共同遵循以下要求。

**(一) 岗位分工及授权批准**

**货币资金的不相容职责相分离**

(1) 岗位分工。企业应当建立货币资金业务的岗位责任制，明确相关部门和岗位的职责权限，确保办理货币资金业务的不相容岗位相互分离、制约和监督。

**【注意事项 14－1】** 出纳人员不得兼任稽核、会计档案保管和收入、支出、费用、债权债务账目的登记工作。企业不得由一人办理货币资金业务的全过程。

(2) 授权批准。企业应当对货币资金业务建立严格的授权批准制度，明确审批人对货币资金业务的授权批准方式、权限、程序、责任和相关控制措施，规定经办人办理货币资金业务的职责范围和工作要求。审批人应当根据货币授权批准制度的规定，在授权范围内进行审批，不得超越审批权限。经办人应当在职责范围内，按照审批人的批准意见办理货币资金业务。对于审批人超越授权范围审批的货币资金业务，经办人员有权拒绝办理，并及时向审批人的上级授权部门报告。

(3) 企业应当按照规定的程序办理货币资金支付业务。

① 支付申请。企业有关部门或个人用款时，应当提前向审批人提交货币资金支付申请，注明款项的用途、金额、预算、支付方式等内容，并附有效经济合同或相关证明。

② 支付审批。审批人根据其职责、权限和相应程序对支付申请进行审批。对不符合规定的货币资金支付申请，审批人应当拒绝批准。

③ 支付复核。复核人应当对批准后的货币资金支付申请进行复核,复核货币资金支付申请的批准范围、权限、程序是否正确,手续及相关单证是否齐备,金额计算是否准确,支付方式、支付企业是否妥当等。复核无误后,交由出纳人员办理支付手续。

④ 办理支付。出纳人员应当根据复核无误的支付申请,按规定办理货币资金支付手续,及时登记库存现金和银行存款日记账。

(4) 企业对于重要货币资金支付业务,应当实行集体决策和审批,并建立责任追究制度,防范贪污、侵占、挪用货币资金等行为。

(5) 严禁未经授权的机构或人员办理货币资金业务或直接接触货币资金。

**(二) 现金与银行存款的管理**

(1) 企业应当加强现金库存限额的管理,超过库存限额的现金应及时存入银行。

现金和银行存款的管理

(2) 企业必须根据《现金管理暂行条例》的规定,结合本企业的实际情况,确定本企业现金的开支范围。不属于现金开支范围的业务应当通过银行办理转账结算。

(3) 企业现金收入应当及时存入银行,不得从企业的现金收入中直接支付(即坐支)。因特殊情况需坐支现金的,应事先报经开户银行审查批准。

(4) 企业取得的货币资金收入必须及时入账,不得私设"小金库",不得账外设账,严禁收款不入账。

(5) 企业应当严格按《支付结算办法》等国家有关规定,加强银行账户的管理,严格按规定开立账户,办理存款、取款和结算。

企业应当定期检查、清理银行账户的开立及使用情况,发现问题,及时处理。

企业应当加强对银行结算凭证的填制、传递及保管等环节的管理与控制。

(6) 企业应当严格遵守银行结算纪律,不准签发没有资金保证的票据或远期支票,套取银行信用;不准签发、取得和转让没有真实交易和债权债务的票据,套取银行和他人资金;不准无理拒绝付款,任意占用他人资金;不准违反规定开立和使用银行账户。

(7) 企业应当指定专人定期核对银行账户(每月至少核对一次),编制银行存款余额调节表,使银行存款账面余额与银行对账单调节相符。如调节不符,应查明原因,及时处理。

(8) 企业应当定期和不定期地进行现金盘点,确保现金账面余额与实际库存相符。发现不符,及时查明原因并做出处理。

**(三) 票据及有关印章的管理**

(1) 企业应当加强与货币资金相关的票据的管理,明确各种票据的购买、保管、领用、背书转让、注销等环节的职责权限和程序,并专设登记簿进行记录,防止空白票据的遗失和被盗用。

票据及印章的管理

(2) 企业应当加强银行预留印鉴的管理。财务专用章应由专人保管,个人名章必须由本人或其授权人员保管。严禁一人保管支付款项所需的全部印章。

按规定需要有关负责人签字或盖章的经济业务，必须严格履行签字或盖章手续。

**(四) 监督检查**

(1) 企业应当建立对货币资金业务的监督检查制度，明确监督检查机构或人员的职责权限，定期和不定期地进行检查。

(2) 货币资金监督检查的内容主要包括以下事项：货币资金业务相关岗位及人员的设置情况；货币资金授权批准制度的执行情况；支付款项印章的保管情况；票据的保管情况。

(3) 对监督检查过程中发现的货币资金内部控制中的薄弱环节，应当及时采取措施，加以纠正和完善。

## 四、与货币资金相关的重大错报风险

货币资金业务交易、账户余额和列报的认定层次的重大错报风险可能包括以下几个方面：

(1) 被审计单位存在虚假的货币资金余额或交易，因而导致银行存款余额的存在性或交易的发生存在重大错报风险。

(2) 被审计单位存在大额的外币交易和余额，可能存在外币交易或余额未被准确记录的风险。

(3) 银行存款的期末收支存在大额的截止性错误(截止)。

(4) 被审计单位可能存在未能按照企业会计准则的规定对货币资金做出恰当披露的风险。

## 五、货币资金内部控制的测试

如果在评估认定层次重大错报风险时预期控制的运行是有效的，或仅实施实质性程序不能提供认定层次充分、适当的审计证据，应当实施控制测试，就控制在相关期间或时点的运行有效性获取充分、适当的审计证据。

**(一) 了解内部控制情况，初步评价控制风险**

注册会计可通过观察、询问等调查方法收集必要的资料，来了解货币资金内部控制制度是否建立并得到严格执行。

通过了解货币资金相关的内部控制，确定存在的薄弱环节，并且对货币资金内部控制的控制风险做出初步评价，确定是否应该信赖内部控制，以判断是否继续实施测试。

**(二) 货币资金内部控制测试**

(1) 对某些资金流程进行重点测试。对现金的收支、费用的开支、备用金的管理等应按制度规定的程序做重点的抽查。

(2) 对某些重要的业务内容进行验算。

(3) 结合销售与收款业务循环的控制测试，抽查收款凭证，并与销售发票、现金及银行存款日记账、应收账款明细账的有关记录核对，确定日期和金额是否相符；核对收款凭证与银行对账单是否相符。

（4）结合采购与付款业务循环的控制测试，抽查付款凭证，并与购货发票、现金及银行存款日记账、应付账款明细账的有关记录核对，确定日期和金额是否相符；检查付款的授权批准手续是否符合规定。

（5）抽取一定期间的现金、银行存款日记账，检查其计算加总是否正确，并与现金、银行存款、应收账款及应付账款的总分类账核对，看是否相符。

（6）抽取一定期间的现金盘点表，审验其是否定期盘点库存现金。

（7）抽取一定期间的银行存款余额调节表，审验其是否按月正确编制并复核银行存款余额调节表。

（8）抽取银行结算凭证。检查被审计单位的支票、付款委托书和汇出款项等银行结算凭证的存根和回单。应查明有无签发空头支票、远期支票的现象；银行结算凭证是否及时入账；支票丢失是否及时向银行挂失。

（9）了解实际的操作过程。例如，支付款项是否核对凭证，开具支票是否符合规定手续等。

（10）对有外币货币资金的单位，检查其外币资金的折算方法是否符合有关规定，是否与上年度一致。

# 任务二　库存现金审计

## 一、库存现金审计目标

库存现金的审计目标一般应包括：

（1）确定被审计单位资产负债表的货币资金项目中的库存现金在资产负债表日是否确实存在。（存在认定）

（2）确定被审计单位所有应当记录的现金收支业务是否均已记录完毕，有无遗漏。（完整性认定）

（3）确定记录的库存现金是否为被审计单位所拥有或控制。（权利和义务认定）

（4）确定库存现金以恰当的金额包括在财务报表的货币资金项目中，与之相关的计价调整已恰当记录。（计价与分摊认定）

（5）确定库存现金是否已按照企业会计准则的规定在财务报表做出恰当列报。（列报）

## 二、库存现金的内部控制

一般一个良好的现金内部控制应达到以下几点：

（1）现金收支与记账的岗位分离。

（2）现金收支要有合理、合法的凭据。

（3）全部收入及时准确入账，并且现金支出应严格履行审批、复核制度。

（4）控制现金坐支，当日收入现金应及时送存银行。

（5）按月盘点现金，以做到账实相符。

(6) 对现金收支业务进行内部审计。

注册会计师了解现金内部控制时,应当注意检查库存现金内部控制的建立和执行情况,重点包括:

(1) 库存现金的收支是否按规定的程序和权限办理。

(2) 是否存在与被审计单位经营无关的款项收支情况。

(3) 出纳与会计的职责是否分离。

(4) 库存现金是否妥善保管,是否定期盘点、核对,等等。

## 三、库存现金的控制测试

在已识别的重大错报风险的基础上,注册会计师选取拟测试的控制并实施控制测试。常见的库存现金内部控制及控制测试程序如下。

### (一) 现金付款的审批和复核

(1) 被审计单位针对现金付款审批通常会做出以下内部控制要求:

部门经理审批本部门的付款申请,审核付款业务是否真实发生、付款金额是否准确,以及后附票据是否齐备,并在复核无误后签字认可。财务部门在安排付款前,财务经理再次复核经审批的付款申请及后附相关凭证或证明,如核对一致,进行签字认可并安排付款。

(2) 针对该内部控制,注册会计师可以在选取适当样本的基础上实施以下控制测试程序:

① 询问相关业务部门的部门经理和财务经理其在日常现金付款业务中执行的内部控制,以确定其是否与被审计单位内部控制政策要求保持一致。

② 观察财务经理复核付款申请的过程,是否核对了付款申请的用途、金额及后附相关凭证,以及在核对无误后是否进行了签字确认。

③ 重新核对经审批及复核的付款申请及其相关凭据,并检查是否经签字确认。

### (二) 现金盘点

(1) 注册会计师针对被审计单位的现金盘点实施的现金监盘可能涉及:

① 检查现金以确定其是否存在,并检查现金盘点结果。

② 观察执行现金盘点的人员对盘点计划的遵循情况,以及用于记录和控制现金盘点结果的程序的实施情况。

③ 获取有关被审计单位现金盘点程序可靠性的审计证据。

**【注意事项 14-2】** 现金监盘程序是用作控制测试还是实质性程序,取决于注册会计师对风险评估结果、审计方案和实施的特定程序的判断。注册会计师可以将现金监盘同时用作控制测试和实质性程序。如被审计单位库存现金存放部门有两处或两处以上的,应同时进行盘点。

(2) 被审计单位针对现金盘点通常会做出以下内部控制要求:

会计主管指定应付账款会计每月月末的最后一天对库存现金进行盘点,根据盘点结果编制库存现金盘点表,将盘点余额与现金日记账余额进行核对,并对差异调节项进行说明。会计主管复核库存现金盘点表,如盘点余额与现金日记账余额存在差异且差异金额超过×万元,需要查明原因并报财务经理批准后进行账务处理。

(3) 针对该内部控制，注册会计师可以在选取适当样本的基础上实施以下控制测试程序：

① 在月末最后一天参与被审计单位的现金盘点，检查是否由应付账款会计进行现金盘点。

② 观察现金盘点程序是否按照盘点计划的指令和程序执行，是否编制了现金盘点表并根据内控要求经财务部相关人员签字复核。

③ 检查现金盘点表中记录的现金盘点余额是否与实际盘点金额保持一致，检查现金盘点表中记录的现金日记账余额与被审计单位现金日记账中余额是否保持一致。

④ 针对调节差异金额超过×万元的调节项，检查是否经财务经理批准后进行财务处理。

## 四、库存现金的实质性程序

### (一) 核对库存现金日记账与总账的金额是否相符，检查非记账本位币库存现金的折算汇率及折算金额是否正确

注册会计师测试现金余额的起点是，核对库存现金日记账款与总账的金额是否相符，如果不相符，应查明原因，必要时应建议做出适当调整。

**【例 14－3・单选题】** 测试现金账户余额的起点是(　　)。

A. 盘点库存现金

B. 核对现金日记账与总账的余额是否相符

C. 检查现金收支的正确截止

D. 抽查大额现金收支

**【答案】** B。

### (二) 监盘库存现金

企业盘点库存现金，通常包括对已收到但未存入银行的现金、零用金、找换金等的盘点。盘点库存现金的时间和人员应视被审计单位的具体情况而定，但现金出纳员和被审计单位会计主管人员必须参加，并由注册会计师进行监盘。

监盘库存现金的步骤和方法主要包括：

(1) 制定库存现金监盘计划，确定监盘时间。对库存现金的盘点时间最好选择在上午上班前或下午下班时进行，盘点的范围一般包括被审计各部门经管的所有现金。在进行现金盘点前，应由出纳将现金集中起来存入保险柜，必须时可加以封存，然后由出纳员把已办妥现金收付手续的收付款凭证登入库存现金日记账。

**【注意事项 14－3】** 对库存现金的监盘最好实施突击性检查。如果企业现金存放部门有两处或以上，应同时进行监盘。

**【例 14－4・单选题】** 下列各项中，符合现金监盘要求的有(　　)。

A. 被审计单位会计主管要回避

B. 不同存放地点的现金同时进行监盘

C. 监盘时间安排在当日现金收付业务进行过程中

D. 审计人员帮助出纳员进行现金清点

**【答案】** B。

(2) 审阅库存现金日记账并同时与现金收付凭证相核对。注册会计师一方面检查库存现金日记账的记录与凭证的内容和金额是否相符;另一方面了解凭证日期与库存现金日记账日期是否相符或接近。

(3) 检查被审计单位现金实存数,并将该监盘金额与库存现金日记账余额进行核对,如有差异,应要求被审计单位查明原因,必要时应提请被审计单位做出调整;如无法查明原因,应要求被审计单位按管理权限批准后做出调整。若有冲抵库存现金的借条、未提现支票、未作报销的凭证,应在"库存现金监盘表"中注明,必要时应提请被审计单位做出调整。

(4) 在非资产负债表日进行监盘时,应将监盘金额调整至资产负债表日的金额,并对变动情况实施程序。

**【例 14-5·单选题】** A注册会计师负责对甲公司的财务报表进行审计,20×1 年 1 月 5 日对甲公司全部库存现金进行监盘后确认实有现金数为 11 000 元,该公司 1 月 4 日账面库存现金余额为 12 000 元,1 月 5 日发出的现金收支全部未登记入账,其中收入33 000 元,支出 34 000 元,20×1 年 1 月 1 日到 1 月 4 日库存现金收入 165 200 元,现金支出总额为 165 500元,则 A 注册会计师确认甲公司 20×0 年 12 月 31 日的库存现金的实有数为(　　)元。

A. 11 300　　B. 12 300　　C. 9 700　　D. 12 700

**【答案】** B。

**【解析】** 20×1 年 1 月 1 日至 1 月 5 日入库总额=165 200+33 000=198 200(元),1 月 1 日至 1 月 5 日出库总额=165 500+34 000=199 500(元)。20×0 年 12 月 31 日的实有数=2015 年 1 月 5 日的实有数+1 月 1 日至 1 月 5 日出库总额-1 月 1 日至 1 月 5 日入库总额=11 000+199 500-198 200 =12 300(元)。

**(三) 分析日常库存现金**

注册会计师应当分析被审计单位日常库存现金余额是否合理,关注是否存在未缴存的现金。

**(四) 抽查大额现金收支**

注册会计师应抽查大额现金收支的原始凭证,检查大额现金收支的原始凭证是否齐全、原始凭证内容是否完整、有无授权批准、记账凭证与原始凭证是否相符、账务处理是否正确、是否记录于恰当的会计期间等项内容。

**(五) 检查现金收支的正确截止**

抽查资产负债表日前后若干天的、一定金额以上的现金收支凭证实施截止测试。被审计单位资产负债表的货币资金项目中的库存现金数额,应以结账日实有数额为准。因此,注册会计师必须验证现金收支的截止日期,以确定是否存在跨期事项,是否应考虑提出调整建议。

**(六) 检查库存现金是否在财务报表中做出恰当列报**

根据有关规定,库存现金在资产负债表的"货币资金"项目中反映,注册会计师应在实施上述审计程序后,确定"库存现金"账户的期末余额是否恰当,进而确定库存现金是否在资产负债表中恰当披露。

# 任务三　银行存款审计

## 一、银行存款审计目标

银行存款的审计目标一般应包括：

(1) 确定被审计单位资产负债表的货币资金项目中的银行存款在资产负债表日是否确实存在。(存在认定)

(2) 确定被审计单位所有应当记录的银行存款收支业务是否均已记录完毕，有无遗漏。(完整性认定)

(3) 确定记录的银行存款是否为被审计单位所拥有或控制。(权利和义务认定)

(4) 确定银行存款以恰当的金额包括在财务报表的货币资金项目中，与之相关的计价调整已恰当记录。(计价与分摊认定)

(5) 确定银行存款是否已按照企业会计准则的规定在财务报表做出恰当列报。(列报)

**【例 14-6·单选题】** 在对银行存款实施审计时，实施的函证程序可以证实若干项目标，其中最基本的目标是(　　)。

A. 是否有漏记的银行借款

B. 是否有充作抵押担保的存货

C. 银行存款的真实性

D. 是否有企业已经记录但是银行方没有记录的交易事项

**【答案】** C。

## 二、银行存款内部控制

一般一个良好的银行存款的内部控制同库存现金的内部控制类似，应达到以下几点：

(1) 银行存款收支与记账的岗位分离。

(2) 银行存款收支要有合理、合法的凭据。

(3) 全部收支及时准确入账，全部支出要有核准手续。

(4) 按月编制银行存款余额调节表，以做到账实相符。

(5) 加强对银行存款收支业务的内部审计。

注册会计师对银行存款内部控制的了解一般与了解现金的内部控制同时进行。注册会计师应当注意以下几个方面：

(1) 银行存款的收支是否按规定的程序和权限办理。

(2) 银行账户的开立是否符合《银行账户管理办法》等相关法律法规的要求。

(3) 银行账户是否存在与本单位经营无关的款项收支情况。

(4) 是否存在出租、出借银行账户的情况。

(5) 出纳与会计的职责是否严格分离。

(6) 是否定期取得银行存款对账单并编制银行存款余额调节表等。

## 三、银行存款的控制测试

在已识别的重大错报风险的基础上，注册会计师选取拟测试的控制并实施控制测试。常见的银行存款内部控制及控制测试程序如下。

### （一）银行账户的开立、变更和注销

（1）被审计单位针对银行账户的开立、变更和注销通常会做出以下内部控制要求：

会计主管根据被审计单位实际业务需要就银行账户的开立、变更和注销提出申请，经财务经理审核后报总经理审批。

（2）针对该内部控制，注册会计师可以实施以下控制测试程序：

① 询问会计主管被审计单位本年开启、变更、注销的整体情况。

② 取得本年度账户开立、变更、注销申请项目清单，检查清单的完整性，并在选取适当样本的基础上检查账户的开立、变更、注销项目是否已经经财务经理和总经理审批。

### （二）银行付款的审批和复核

（1）被审计单位针对银行付款审批通常会做出以下内部控制要求：

部门经理审批本部门的付款申请，审核付款业务是否真实发生、付款金额是否准确，以及后附票据是否齐备，并在复核无误后签字认可。财务部门在安排付款前，财务经理再次复核经审批的付款申请及后附相关凭据或证明，如核对一致，进行签字认可并安排付款。

（2）针对该内部控制，注册会计师可以在选取适当样本的基础上实施以下控制测试程序：

① 询问相关业务部门的部门经理和财务经理在日常银行付款业务中执行的内部控制，以确定其是否与被审计单位内部控制政策要求保持一致。

② 观察财务经理复核付款申请的过程，是否核对了付款申请的用途、金额及后附相关凭据，以及在核对无误后是否进行了签字确认。

③ 重新核对经审批及复核的付款申请及相关凭据，并检查是否签字确认。

### （三）编制银行存款余额调节表

（1）被审计单位为保证财务报表中银行存款余额的存在性、完整性和准确性通常会做出以下内部控制要求：

每月月末，会计主管指定应收账款会计核对银行存款日记账和银行对账单，编制银行存款余额调节表，使银行存款账面余额与银行对账单调节相符。如存在差异项，查明原因并进行差异调节说明。会计主管复核银行存款余额调节表，对需要进行调整的调节项目及时进行处理，并签字确认。

（2）针对该内部控制，注册会计师可以实施以下控制测试程序：

① 询问应收账款会计和会计主管，以确定其执行的内部控制是否与被审计单位内部控制政策要求保持一致，特别是针对未达账项的编制及审批流程。

② 针对选取的样本，检查银行存款余额调节表，查看调节表中记录的企业银行存款日记账余额是否与银行存款日记账余额保持一致、调节表中记录的银行存款对账单余额是否与被审计单位提供的银行存款对账单中的余额保持一致。

③ 针对调节项目，检查是否经会计主管签字复核。

④ 针对大额未达账项进行期后收付款的检查。

**【例 14－7 · 单选题】** 以下项目中，不属于货币资金内部控制测试程序的是（　　）。

A. 抽取一定期间的现金日记账与总账的余额核对

B. 抽取并检查收款凭证

C. 抽取并检查付款凭证

D. 检查现金收入是否及时送存银行

**【答案】** A。

## 四、银行存款的实质性程序

### （一）检查银行存款日记账与总账是否核对相符

（1）获取或编制银行存款余额明细表，复核加计是否正确，并与总账数和日记账债主数核对是否相符；

（2）检查非记账本位币银行存款的折算汇率及折算金额是否正确。

注册会计师测试银行存款余额的起点是核对银行存款日记账与总账的余额是否相符。如不相符，应查明原因，必要时应建议做出适当调整。

### （二）实施实质性分析程序

计算银行存款累计余额应收利息收入、分析比较被审计单位银行存款应收利息收入与实际利息收入的差异是否恰当，评估利息收入的合理性，检查是否存在高息资金拆借，确认银行存款余额是否存在，利息收入是否已经完整记录。

### （三）检查银行存款账户发生额

注册会计师对银行存款账户的发生额进行审计，通常能够有效应对被审计单位编制虚假财务报告、管理层或员工非法侵占货币资金等舞弊风险。注册会计师可以考虑对银行存款账户的发生额实施以下程序：

（1）分析不同账户发生银行日记账漏记银行交易的可能性，获取相关账户相关期间的全部银行对账单。

（2）如果对被审计银行对账单的真实性存有疑虑，注册会计师可以在被审计单位的协助下亲自到银行获取银行对账单。在获取银行对账单时，注册会计师要全程关注银行对账单的打印过程。

（3）选取银行对账单中记录的交易与被审计单位银行日记账记录进行核对；从被审计单位银行存款日记账上选取样本，核对至银行对账单。

（4）浏览银行对账单，选取大额异常交易，如银行对账单上有一收一付相同金额，或分次转出相同金额等，检查被审计单位银行存款日记账上有无该项收付金额记录。

### （四）取得并检查银行存款余额对账单和银行存款余额调节表

取得并检查银行对账单和银行存款余额调节表是证实资产负债表中所列银行存款是否存在的重要程序。银行存款余额调节表通常应由被审计单位根据不同的银行账户及货币种类分别编制，其格式如表 14－1 所示。

取得并检查银行对账单

表 14－1　银行存款余额调节表

年　　月　　日

编制人：　　　日期：　　　　　　　　　　　　　　索引号：

复核人：　　　日期：　　　　　　　　　　　　　　页次：

户别：　　　　　　　　　　　　　　　　　　　　　币别：

| 企业银行存款日记账金额（　年　月　日）　　　　项目 |
|---|
| 加：企业已收、银行未入账的金额<br>其中：1. ＿＿＿＿＿元<br>2. ＿＿＿＿＿元<br>减：企业已付、银行未入账的金额<br>其中：1. ＿＿＿＿＿元<br>2. ＿＿＿＿＿元<br>调整后银行对账单金额： |
| 加：银行已收、企业未入账的金额<br>其中：1. ＿＿＿＿＿元<br>2. ＿＿＿＿＿元<br>减：银行已付、企业未入账的金额<br>其中：1. ＿＿＿＿＿元<br>2. ＿＿＿＿＿元<br>调整后企业银行存款日记账金额： |
| 经办会计人员：（签字）　　　　会计主管：（签字） |

取得并检查银行对账单和银行存款余额调节表的具体测试程序通常包括：

（1）取得并检查银行对账单。

① 取得被审计单位加盖银行印章的银行对账单，必要时，亲自到银行获取对账单，并对获取过程保持控制；

② 将获取的银行对账单余额与银行日记账余额进行核对，如存在差异，获取银行存款余额调节表；

③ 将被审计单位的资产负债表日的银行对账单与银行询证函加函核对，确认是否一致。

（2）取得并检查银行存款余额调节表。

① 检查调节表中加计数是否正确，调节后银行存款日记账余额与银行对账单余额是否一致。

② 检查调节事项。对于企业已收付、银行未入账的事项，检查相关收付款凭证，并取得期后银行对账单，确认未达账项是否存在，银行是否已于期后入账；对于银行已收付、企业未入账的事项，检查期后企业入账的收付款凭证，确认未达账项是否存在，必要时，提请被审计单位进行调整。

③ 关注长期未达账项，查看是否存在挪用资金等事项。

④ 特别关注银付企业未付、企付银未付中支付异常的领款事项，包括没有载明收款人、签字不全等支付事项，确认是否存在舞弊。

**（五）函证银行存款余额，编制银行函证结果汇总表，检查银行回函**

银行存款函证是证实资产负债表所列银行存款是否存在的重要程序。通过向往来银行函证，注册会计师不仅可了解被审计单位资产的存在，还可了解被审计单位账面反映所欠银行债务的情况，并有助于发现被审计单位未入账的银行借款和未披露的或有负债。

**【例 14-8·单选题】** 注册会计师实施的下列各项关于银行存款的实质性程序中，能够证实银行存款是否存在最有效的是（　　）。

A. 分析非银行金融机构的存款占银行存款的比例

B. 检查银行存款余额调节表

C. 函证银行存款余额

D. 检查银行存款收支的正确截止

**【答案】** C。

(1) 函证银行存款余额，编制银行函证结果汇总表，检查银行回函时应当注意：

① 向被审计单位在本期存过款的银行发函，包括零余额账户和在本期内注销的银行；

② 确定被审计单位账面余额与银行函证结果的差异，对不符事项做出适当处理。

(2) 银行存款必须函证。

注册会计师应当对银行存款（包括零余额账户和在本期内注销的账户）、借款及与金融机构往来的其他重要信息实施函证程序，除非有充分证据表明某一银行存款、借款及与金融机构往来的重要信息对财务报表不重要且与之相关的重大错报风险很低。

如果不对这些项目实施函证程序，注册会计师应当在审计工作底稿中说明理由。

**【注意事项 14-4】** 当实施函证程序时，注册会计师应当以被审计单位名义向银行发函询证，以验证被审计单位的银行存款是否真实、合法、完整，同时要对询证函保持控制。当函证信息与银行回函结果不符时，注册会计师应当调查不符事项，以确定是否表明存在错报。

银行询证函的格式如表 14-2 所示。

**表 14-2　银行询证函**

××（银行）：

本公司聘请的××会计师事务所正在对本公司××年度财务报表进行审计，按照中国注册会计师审计准则的要求，应当询证本公司与贵行相关的信息，下列信息出自本公司记录，如与贵行记录相符，请在本函下端“信息证明无误”处签章证明；如有不符，请在“信息不符”处列明不符项目及具体内容；如存在与本公司有关的未列入本函的其他重要信息，也请在“信息不符”处列出其详细资料。回函请直接寄至××会计师事务所。

回函地址：　　　　　　　　　　　　　　　邮编：

电话：　　　　　　传真：　　　　　　联系人：

截至××年×月×日，本公司与贵行相关的信息列示如下：

1. 银行存款。

| 账户名称 | 银行账号 | 币 种 | 利 率 | 余 额 | 起止日期 | 是否被质押、用于担保或存在其他使用限制 | 备 注 |
|---|---|---|---|---|---|---|---|
| | | | | | | | |
| | | | | | | | |

除上述列示的银行存款外，本公司并无其他在贵行的存款。

2. 银行借款。

| 借款人名称 | 币 种 | 本息余额 | 借款日期 | 到期日期 | 利 率 | 借款条件 | 抵(质)押品/担保人 | 备 注 |
|---|---|---|---|---|---|---|---|---|
| | | | | | | | | |
| | | | | | | | | |

除上述列示的银行借款外，本公司并无其他在贵行的借款。

……

| |
|---|
| 结论：1. 信息证明无误。<br><br>（银行盖章）<br>经办人： 年 月 日 |
| 2. 信息不符，请列明不符项目及具体内容。<br><br>（银行盖章）<br>经办人： 年 月 日 |

**（六）查明银行存款人是否为被审计单位**

银行存款的存款人如果不是被审计单位，应获取户主与被审计单位的书面证明，确认资产负债表日是否需要提请被审计单位进行调整。

**（七）查明被审计单位存款变现限制情况**

关注是否存在质押、冻结等对变现有限制或存在境外的款项。如果存在，是否已提请被审计单位做必要的调整和披露。

**（八）审计工作底稿中说明事项**

对不符现金及现金等价物条件的银行存款在审计工作底稿中予以列明，以考虑对现金流量表的影响。

**（九）抽查大额银行存款收支的原始凭证**

检查原始凭证是否齐全，记账凭证与原始凭证是否相符、账务处理是否正确、是否记录于恰当的会计期间等项目内容。检查是否存在非营业目的的货币资金转移，并核对相关账户的进账情况；如有与被审计单位生产经营无关的收支事项，应查明并做相应的记录。

**(十) 检查银行存款收支的截止是否正确**

选取资产负债表日前后若干张、一定金额以上的凭证实施截止测试,关注业务内容及对应项目,如有跨期收支事项,应考虑是否提请被审计单位进行调整。

**(十一) 检查银行存款是否在财务报表中做出恰当列报**

企业的银行存款在资产负债表的"货币资金"项目中反映,所以,注册会计师应在实施上述审计程序后,确定银行存款账户的期末余额是否恰当,进而确定银行存款是否在资产负债表中恰当披露。此外,如果企业的银行存款存在抵押、冻结等使用限制情况或者潜在回收风险,注册会计师应关注企业是否已经恰当披露有关情况。

**【例 14-9·多选题】** 注册会计师实施的下列各项审计程序中,能够证明银行存款是否存在的有(　　)。

A. 函证银行存款余额　　B. 检查银行存款收支的正确截止

C. 检查银行存款余额调节表　　D. 分析定期存款占银行存款的比例

**【答案】** AC。

## 概念索引

货币资金的内部控制　库存现金的审计目标　库存现金的控制测试　库存现金的实质性程序　银行存款的审计目标　银行存款的控制测试　银行存款的实质性程序

## 项目总结

货币资金审计是对企业的现金、银行存款和其他货币资金收付业务及其结存情况的真实性、正确性和合法性所进行的审计。对企业进行审计时必须涉及对货币资金的审计。货币资金的内部控制内容应当包括岗位分工及授权批准;现金和银行存款的管理;票据及有关印章的管理及监督检查几个方面。

货币资金控制测试的内容包括调查了解货币资金的内部控制;抽取并检查收款凭证及付款凭证;抽取一定期间的库存现金、银行存款日记账与总账核对;抽查银行存款调节表;检查外币资金的管理情况;评价被审计单位货币资金的内部控制。

货币资金的实质性程序包括(假如是现销业务)检查库存现金日记账、总账和应收账款明细账大额项目和异常项目;现金收入的截止测试,抽查顾客对账单并与账面金额核对;盘点库存现金,如与账面应有数存在差异,分析差异原因;检查银行存款余额调节表中未达账项的真实性以及资产表日后的进账情况;检查在资产负债表上货币资金的正确性。

# 项目练习

## 一、单选题

1. 以下项目中，属于现金完整性目标的是(　　)。

A. 已收到的现金确实为企业所有

B. 已入账的现金收入确实为企业实际收到的现金

C. 收到的现金收入已全部登记入账

D. 现金收入在资产负债表上的披露正确

2. 库存现金的盘点一般采用(　　)。

A. 不定期盘点　　B. 定期盘点

C. 通知盘点　　D. 突击盘点

3. 在进行年度财务报表审计时，为了证实被审计单位在临近资产负债表日签发的支票未入账，注册会计师实施的最有效审计程序是(　　)。

A. 检查资产负债表日的银行对账单

B. 检查资产负债表日的支票存根

C. 检查资产负债表日的银行存款余额调节表

D. 函证资产负债表日的银行存款余额

4. 下列与现金业务有关的职责可以不分离的是(　　)。

A. 现金支付的审批与执行　　B. 现金保管与现金日记账的记录

C. 现金的会计记录与审计监督　　D. 现金保管与现金总分类账的记录

5. 20×1 年 3 月 9 日对某公司全部现金进行监盘后，确认实有现金数额为 1 000 元。该公司 3 月 8 日账面库存现金余额为 2 000 元，3 月 9 日发生的现金收支全部未登记入账，其中收入金额为 3 000 元、支出金额为 4 000 元，20×1 年 1 月 1 日至 3 月 8 日现金收入总额为 165 200 元、现金支出总额为 165 500 元，则推断 20×0 年 12 月 31 日库存现金余额应为(　　)元。

A. 1 300　　B. 2 300　　C. 700　　D. 2 700

## 二、多选题

1. 以下审计程序中，属于货币资金实质性程序的有(　　　)。

A. 检查未达账项在资产负债表日后的进账情况

B. 检查银行预留印鉴的保管情况

C. 检查外币银行存款年末余额是否按年末汇率折算

D. 检查现金是否定期盘点

2. 针对某公司以下与货币资金相关的内部控制，注册会计师应提出改进建议的有(　　　)。

A. 现金收入必须及时存入银行，不得直接用于公司的支出

B. 在办理费用报销的付款手续后，出纳人员应及时登记现金、银行存款日记账和相关费用明细账

C. 指定负责成本核算的会计人员每月核对一次银行存款账户

D. 期末应当核对银行存款日记账余额和银行对账单余额。对余额核对相符的银行存款账户，无须编制银行存款余额调节表

3. A注册会计师负责对B公司货币资金实施审计，针对B公司下列与现金相关的内部控制，A注册会计师认可的有(　　)。

A. 现金折扣需要经过适当审批

B. 每日盘点现金并与账面余额核对

C. 每日及时登记现金收入并定期向顾客寄送对账单

D. 担任登记现金日记账及总账职责的人员与担任现金出纳职责的人员分开

4. 注册会计师拟对某公司的货币资金实施实质性程序。以下审计程序中，属于实质性程序的有(　　)。

A. 检查银行预留印鉴是否按照规定保管

B. 检查银行存款余额调节表中未达账项在资产负债表日后的进账情况

C. 检查库存现金是否妥善保管，是否定期盘点、核对

D. 检查外币银行存款年末余额是否按年末汇率折合为记账本位币金额

5. 注册会计师寄发的银行询证函(　　)。

A. 要求银行直接回函至会计师事务所

B. 是以被审计单位的名义发往开户银行的

C. 可以证实银行存款但不能证实银行借款

D. 属于积极式、有偿询证函

## 三、判断题

1. 在结账日未开出的支票及其以后开出的支票，均不得作为结账日的银行存款收付入账。(　　)

2. 如果现金盘点是在资产负债表日后进行的，注册会计师应当将资产负债表日至盘点日的收付金额调整到盘点日金额。(　　)

3. 函证银行存款的唯一目的是为了证实银行存款是否真实存在。(　　)

4. 审查现金收付凭证时，如果凭证上所记载的内容齐全、经济事项合法，则可以认为该凭证不会存在问题。(　　)

5. 审计人员在清点现金前，应通知被审计单位，以便现金清点工作能够顺利进行。(　　)

## 四、思考题

1. 简述货币资金内部控制的主要内容。

2. 简述盘点库存现金的步骤和方法。

3. 简述银行存款函证的目的、对象、方式及必要性。

## 五、案例题

**资料：**

在对E公司20×1年度财务报表进行审计时，F注册会计师负责审计货币资金项目。E公司在总部和营业部均设有出纳部门。为顺利监盘库存现金，F注册会计师在监盘前一天通知E公司会计主管人员做好监盘准备。考虑到出纳日常工作安排，对总部和营业部库存现金的监盘时间分别定在上午九点和下午四点。监盘时，出纳把现金放入保险柜，并将已办妥现金收付手续的交易登入现金日记账，结出现金日记账余额；然后，F注册会计师当场盘点现金，在与现金日记账核对后填写“库存现金监盘表”，并在签字后形成审计工作底稿。

**要求：**请指出上述库存现金监盘工作中有哪些不当之处，并提出改进建议。

拓展阅读资料　　思政园地

# 参考文献

[1] 中国注册会计师协会.审计[M].北京:中国财政经济出版社,2022.

[2] 中国注册会计师协会.中国注册会计师执业准则[M].上海:立信会计出版社,2020.

[3] 中国注册会计师协会.中国注册会计师执业准则应用指南[M].上海:立信会计出版社,2020.

[4] 刘明辉,史德刚.审计[M].第八版.大连:东北财经大学出版社,2022.

[5] 周维培,和秀星.审计学通论[M].北京:高等教育出版社,2022.

[6] 高翠莲.审计基础与实务[M].第七版.北京:高等教育出版社,2022.

[7] 秦荣生,卢春泉.审计学[M].第十版.北京:中国人民大学出版社,2019.

[8] 宋常,王玉涛.审计学[M].第九版.北京:中国人民大学出版社,2022.

[9] 王会金,许莉.审计学基础[M].北京:中国人民大学出版社,2020.

[10] 陈丽燕,邢晨,赵婧宏.审计学[M].北京:清华大学出版社,2020.

[11] 赵丽生,高鞶莲.审计原理与实务[M].第二版.大连:大连理工大学出版社,2020.

[12] 陈汉文.审计理论与实务[M].北京:中国人民大学出版社,2019.

[13] 朱明.审计实务[M].第二版.大连:东北财经大学出版社,2019.

[14] 丁瑞玲,吴溪.审计学[M].第六版.北京:经济科学出版社,2018.

[15] 陈毓圭.对风险导向审计方法的由来及其发展的认识[J].会计研究,2004(02):58-63.

[16] 李莫愁,周红,夏立军.风险导向的审计准则是否提高了注册会计师的风险敏感性?[J].财经研究,2015(09):96-107.

[17] 仵宗礼.社会审计规制平台:构建依据与运行机制[J].当代财经,2022,(01):135-148.

[18] 殷德全,程宇冉.2021年上市公司审计情况分析报告[J].中国注册会计师,2022,(09):12-19.

[19] 杨娜娜.新审计报告准则改革与审计收费[J].国际商务财会,2022(13):25-28+50.